典当·拍卖教材丛书

中外典当

李 沙 著

學苑出版社

图书在版编目(CIP)数据

中外典当/李沙著.—北京:学苑出版社,2010.1
ISBN 978-7-5077-3433-1

Ⅰ.中… Ⅱ.李… Ⅲ.典当业-对比研究-中国、外国 Ⅳ.F830.39

中国版本图书馆 CIP 数据核字(2009)第 178135 号

责任编辑:张　翔
出版发行:学苑出版社
社　　址:北京市丰台区南方庄 2 号院 1 号楼
邮政编码:100079
网　　址:www.book001.com
电子信箱:xueyuan@public.bta.net.cn
销售电话:010-67675512、67678944、67601101(邮购)
经　　销:新华书店
印 刷 厂:北京市朝阳区小红门印刷厂
开本尺寸:787×1092　1/16
印　　张:16.5
字　　数:255 千字
印　　数:3000 册
版　　次:2010 年 2 月第 1 版
印　　次:2010 年 2 月第 1 次印刷
定　　价:40.00 元

前 言

典当是历史悠久的融资方式，它孕育了近现代金融业；典当是人类文明的重要组成部分，它在全球各地广泛传播。如今，典当业依然保持着旺盛的生命力，发挥着自己独特的功能和作用，成为世界上一个既古老又新兴的行业。

我国典当业自1987年12月复出以来，一路高歌猛进，欣欣向荣，目前典当行已有4000多家，年均发放当金2000亿元左右。截至2007年底，上海有105家典当行，全年典当金额130亿元，平均每100个上海人中就有2.8个与典当行有生意往来，当物大多是房产、汽车、黄金首饰等，而2008年其融资规模已猛增至217亿元。在北京，2008年有132家独立的典当行，31家分支机构，典当门市达到162家，这个数字在1997年是4家，2003年34家，2007年115家。在福建泉州，2008年共有典当行28家，典当金额5亿多元，实现利润2000多万元，其中一家国有典当企业的典当金额为1亿多元，位居全省第一。在安徽，2009年上半年全省122家典当行仅为中小企业融资就达36亿元，促进了区域经济的不断发展。无数事实表明，典当业作为一国主流融资渠道的有益补充，无论是对公民个人还是对中小企业，都始终发挥着扶危解困、救急济需的重要作用，其生命力也将越来越强，其市场份额也将越来越大。

以往，人们对典当业不甚了解，尤其对海外典当业缺乏认识。鉴此，本书尝试从一个侧面将世界主要国家和地区的典当业概况展现出来，旨在拓宽典当视野，寻找典当定位，普及典当知识，弘扬典当文化，使人们在回放典当业历史镜头和观察当代典当业特征之际，更加客观公正地描述、评价和对待为人类社会发展做出积极贡献的典当业，并为国内典当业的发展提供有益的经验和教训。

本书信息丰富，角度新颖，古为今用，洋为中用。你能看到中国典当业发展的轨迹，亦能触及世界典当业跳动的脉搏；无论是巨无霸式的美国典当上市公司，还是小家碧玉般的香港当铺，你都可以尽览其风采；欧美典当的连锁经营，东方典当的古色古香，都有其各自的吸引力；洋老板的经营诀窍和管理特色，海外典当的竞争技巧和营销策略，书中也一一道来。尽管国度不同、文化传统相异，然而都有着世界典当业的基本共性，这就是：从总体上说，典当机构属于袖珍金融机构，典当市场属于低端金融市场，典当行业属于微型金融行业。典当业无论作为民间金融业还是政府金融业，它都是一国金融业中必不可少的细胞和单元，并成为一国金融业中主流金融业的重要补充，这也正是本书写作的主要目的。

但最为重要的是，目前世界上绝大多数国家和地区，都将典当业列入民间金融业范畴，视典当机构为非正规金融机构，而不是正规金融机构（如银行等）和半正规金融机构（如信用合作社等），故而普遍不把典当业纳入中央银行监管序列，而仅仅作为从事小额金融信贷业务的金融行业的一个分支来对待，由政府相关部门进行一般性管理，这样更能充分发挥典当业行业自律组织的作用，这无疑值得我们很好地加以借鉴。

本书在写作过程中，曾得到国内诸多典当业同仁和专家学者的鼎力相助，在此深表感谢。同时，要特别感谢美国典当协会、英国典当协会、德国典当协会、瑞典典当协会、日本典当协会、新加坡典当协会、马来西亚典当协会等海外典当业自律组织对本书所给予的热情关注和友好支持。

李 沙

目 录

一、中国典当业 …………………………………………………………… (1)
（一）汉代至南北朝的典当业 ………………………………………… (1)
（二）唐宋至明清的典当业 …………………………………………… (3)
（二）民国至新中国的典当业 ………………………………………… (18)
（四）改革开放至今的典当业 ………………………………………… (27)
（五）港澳台典当业 …………………………………………………… (69)

二、欧美主要国家典当业 ………………………………………………… (93)
（一）美国典当业 ……………………………………………………… (93)
（二）墨西哥典当业 …………………………………………………… (111)
（三）英国典当业 ……………………………………………………… (116)
（四）德国典当业 ……………………………………………………… (125)
（五）法国典当业 ……………………………………………………… (129)
（六）俄罗斯典当业 …………………………………………………… (138)
（七）瑞典典当业 ……………………………………………………… (140)

三、亚洲其他国家典当业 ………………………………………………… (142)
（一）日本典当业 ……………………………………………………… (142)
（二）新加坡典当业 …………………………………………………… (154)
（三）马来西亚典当业 ………………………………………………… (160)
（四）菲律宾典当业 …………………………………………………… (165)
（五）蒙古典当业 ……………………………………………………… (167)
（六）哈萨克斯坦典当业 ……………………………………………… (169)

四、国际典当制度比较 …………………………………………… (172)
(一) 典当立法 ……………………………………………………… (172)
(二) 典当行业性质 ………………………………………………… (176)
(三) 典当监管体制 ………………………………………………… (178)
(四) 典当市场准入 ………………………………………………… (181)
(五) 典当企业产权性质 …………………………………………… (185)
(六) 典当企业资本金 ……………………………………………… (187)
(七) 典当企业资金来源 …………………………………………… (187)
(八) 典当服务对象 ………………………………………………… (188)
(九) 典当经营规模 ………………………………………………… (191)
(十) 典当经营范围 ………………………………………………… (192)
(十一) 典当经营模式 ……………………………………………… (196)
(十二) 典当金额 …………………………………………………… (198)
(十三) 典当期限 …………………………………………………… (201)
(十四) 典当息费 …………………………………………………… (204)
(十五) 绝当处理 …………………………………………………… (208)

附　录 …………………………………………………………… (215)
一、典当管理办法 ………………………………………………… (215)
二、香港当押商条例 ……………………………………………… (228)
三、台湾当铺业法 ………………………………………………… (238)
四、商务部设立典当行及分支机构审批程序 …………………… (245)
五、深圳申办注册典当行规定 …………………………………… (248)
六、美国当票 ……………………………………………………… (250)
七、新加坡当票 …………………………………………………… (251)
八、中国的国际典当师名单 ……………………………………… (252)

一、中国典当业

综合史料来看，中国典当业的历史发展，大致可划分为四个主要阶段，即汉代至南北朝的初兴萌芽时期，唐宋至明清的繁荣鼎盛时期，民国至新中国的衰退消亡时期，改革开放至今的复出振兴时期。此外，还有香港、澳门和台湾的典当业。

（一）汉代至南北朝的典当业

1. 汉代典当业

作为一种零星行为和社会现象，中国典当产生于封建社会初期，最早见诸文字记载的是《后汉书》的描述。东汉（25—220）末年黄巾起义，甘陵相刘虞奉命攻打幽州，与部将公孙瓒发生矛盾。“虞所赉赏，典当胡夷，瓒数抄夺之。”即刘原打算把受赏之财产典当给外族，却被公孙瓒劫掠。

这是我国历史上将“典当”二字最早连用的第一次，把典当活动作为一种社会经济活动加以记载。它表明，典当在中国至迟兴起于汉是可能的，中国是典当行为产生最早的国家之一，距今已有1800 年的历史。

《西京杂记》（东晋葛洪撰，托名汉刘歆撰）曾说，“司马相如初与卓文君还成都，居贫，愁懑。以所着鹔鹴裘就市人阳昌贳酒，与文君为欢。既而，文君抱颈而泣曰：我平生富足，今乃以衣裘贳酒，遂相与谋于成都卖酒。”即西汉才子司马相如琴挑卓文君私奔回到成都后，过得很贫穷，心情很不好。起初，为了借酒浇愁，司马相如用身上穿的鹔鹴裘（一种名贵的皮草）典当后，到酒肆中换酒，回家与卓文君欢饮。然而喝完酒后，卓文君却抱着司马相如的脖子哭着说：“我一生生活富足，今天却沦落至用身上穿的皮衣换酒喝的地步啊！”这使夫妻二人十分震动，于是便开始筹集资金，准备自立。最后他们开了一家酒馆，于是妇唱夫随，这就是后来“文君当垆”的故事。

然而，由于史料匮乏，除了《后汉书》和《西京杂记》的零星披露外，我们对两汉时期的典当情况掌握不多。

2. 南北朝典当业

南北朝典当业是中国典当发展史上的第一个里程碑。

(1) 典当业附属于寺院经济

南北朝时期，佛教势力极大，天下遍布佛寺，寺院经济也空前发达。《魏书》载:“（正光以后）自中国之有佛法，略而计之，僧尼大众二百万矣，其寺三万有余，一致于此，识者所以叹息也。”唐代诗人杜牧亦有名句：“南朝四百八十寺，多少楼台烟雨中。”

尽管不同的统计数据存在差异，但寺院经济具有广泛的社会基础则是确定无疑的，而典当业也只有借助寺院经济提供的平台才能发展起来。如《南齐书》载: 当时著名的富寺——荆州长沙寺，“僧业富沃，铸黄金为龙数千两，埋土中，历相传付，称为下方黄铁。”

在寺院经济运行过程中，寺院安排一些僧人专职或兼职从事典当活动，将多余的钱对外放贷，从而用来进一步积累寺院财富，于是典当业开始萌芽，佛教寺院成为中国典当业的发祥地。当时典当只有僧办典当一种模式，僧办典当以寺院经济为基础，尚未分离而独立，是寺院经济的一个组成部分。

(2) 典当机构没有专业名称

《南史》提到过，南朝宋（420—479）江陵令甄法崇之孙甄彬（时届南齐），曾将一束苎麻在长沙寺典当，赎当时发现麻中有五两黄金，于是送还寺库。另据《南齐书》载，齐司徒褚渊去世后，其弟去招提寺赎当他生前典当的坐褥、黄牛等。这里提到的长沙寺和招提寺，都是当时设有典当的佛寺，而佛寺中的典当行为，或是出自佛寺经营的专门典当机构，或是由佛寺中的普通仓库所兼营。总之，这类典当机构距今已有1600年的历史。

这表明，当时的典当机构还没有自己的专业名称和经营场所，设立于寺院仓库之中，故统称为“寺库”，这恐怕是我国典当机构最早的名称了。

(3) 典当物品开始丰富

无论《南史》提到有人去长沙寺的寺库用苎麻典当，还是《南齐书》提到有人去招提寺赎当坐褥及所乘黄牛等，都使我们看到，当时寺院不仅受理衣物等典当，而且受理作为交通工具的黄牛典当。

《梁史》说，隐士庾诜的邻居无力交罚款，于是他“乃以书质钱两万”，令自己的学生充当其亲戚代为付钱。此处是讲书籍典当。

《北史》载，北魏著名大臣羊敦，居官清廉，生活俭约，遇到灾荒年，官俸供给不上，就由自己家里送粮米，家里的粮米送不到，就派人到官衙外的池塘里挖藕根吃。他不仅不骚扰百姓，“遇有疾苦，家人解衣质米以供之”。即他虽食不果腹，但遇到困于疾苦的百姓，仍为之解衣质米，以济其急。此处是说以米典当。

另有资料显示，当时南朝梁还有佩剑典当，而北魏则有被褥、绢典当等等，可见，南北朝时期能用于典当的动产类型很多。

（二）唐宋至明清的典当业

1. 唐代典当业

唐代典当业是中国典当发展史上的第二个里程碑。

（1）产权性质多元化

典当自南北朝初兴之后，曾一度局限于寺院经济的范围内。然而，唐代却开始出现多种产权性质的典当，即僧办典当、民办典当和官办典当。其中僧办典当仍依附于寺院经济，但自身已有较大的独立性；民办典当指地主商人涉足，成为后世私立典当业的肇始；而官办典当则又有官僚自营和政府投资两种模式，其中前者属私立典当，后者属公立典当。唐代典当性质的多元化，打破了寺院典当业的单一典当模式和典当一统天下，从此使我国典当业跳出了仅由佛寺独家经营的狭小圈子，成为一个逐渐社会化的专门行业。

唐朝国力强盛，工商业发展加快，货币需求迅速扩大，这些都为民办典当业的崛起创造了有利条件。唐代民办典当的特点之一是当金极低、当期极短、实力最小，此类一般由地主或商人经营。

据近年来在新疆吐鲁番出土的唐代部分质库账历记载，在一家民营当铺某日的典当交易中，当金最低为 20 文，当物是一条“故白绫领巾”；而当金最高的也仅为 120 文，当物为“绢一丈四尺”；其他则分别为 50 文和 100 文。当时 1000 文等于制钱一个或一贯（缗），而贞观年间（627—649），长安斗米最便宜的也值三四个钱，建中初年（780 年）则斗米值一百钱。这表明，当时一些民营当铺的放款额确实少得可怜，当户的资金需求量也不大。其原因在于，作为缺吃少用的城乡贫民，由于家资菲薄，只能以换季衣物当些小钱；而作为本小利微的小工商业者，偶遇资金短缺，也只以索取小额贷款予以弥补。

再从当期来看，该质库账历显示，期限最短的仅为一天，最长的也只有一个月零 22 天，其他则为 5 天、6 天、19 天不等。这一方面反映了民营当铺经营方法灵活，对当期并不苛求一律，而是力图加快资金周转；另一方面也反映了民营当铺经营资本缺乏，旨在以超短期放债为主，争取尽早回笼本利。

与民办典当中资本短少的经营者相比，官办典当中的皇亲国戚、高官显宦就大不相同了。例如，《旧唐书》载，曾横行唐天下数十年的太平公主，依仗其母武则天、其父唐高宗之威，不但横征暴敛，“田园遍于近甸膏腴”；而且热衷经商之利，“市易造作器物，吴、蜀、岭南俱造，相属于路”，“货殖流于江剑”。以此富可敌国之雄厚资本，她又在家中开设质库，“财货山积，珍奇宝物，侔于御府，马牧羊牧、田园、质库，数年征敛不尽”，其规模、实力可以想见。这是官僚资本最早向金融业转移的典型例子。

相比之下，唐代政府亦设立质库从事典当活动，即所谓公私质库并举，此风亦波及五代十国。如后唐明宗天成二年（927 年）十月诏书说：“应汴州城内百姓，既经惊劫，须议优饶，宜放二年屋税兼公私债负，如是在城回图钱物及公私质库，除点简见在外，实经兵士散计者，不计年月远近，并宜蠲放。”这里是说，凡向公私质库等处押物借钱但已受兵士劫掠者，不问期限长短，一概免除债务。可见公立质库由政府经营，与私立民办典当共同存在。

（2）机构名称专业化

唐代典当无论其产权性质如何，典当机构的名称都已经专业化了，突出体现典当以物质钱的行业特征，统称为“质库”。即当户以动产质押形式向典当机构借贷，典当机构发放质押贷款则为质库。

此时的僧办典当，基本上不再使用寺库的名称，而由质库取而代之。会昌五年（845 年），唐武宗在一道敕令中指出：“即有富寺……私置质库、楼店，与人争利。”对僧办典当表示出不满。

2. 宋代典当业

宋代典当业是唐代典当业的继承和发展，但亦有其新变化。

（1）经营范围扩大

具体表现为一种新型典当业务的出现，即粮食典当，时称以谷质钱。

从事以谷质钱的当户有两种，都是向民办典当借贷。

首先是粮商，他们是谷当（亦称谷典）的主力。这些粮商出于资金融通的目的，在粮食收获之际，谷价低贱之时，将所购粮食典当到质库，然后用所得当金再去收购更多的粮食，循环往复，随当随收，收进又当，从而在一定程度上充裕了自身财力，扩大了营运规模，增加了资本周转次数。“谷典”的好处还在于，既可免去粮商筹措资金之苦，又可使其不受置仓储粮之累。而对于质库来说，以谷质钱也是一举两得，一方面能在当户多次赎当之中赚取当息，另一方面又能在当期之内择机转手倒卖获得差价。总之，典当双方皆有利可图，故以谷质钱方法，颇为后世典当业所仿效。南宋宁宗庆元元年（1195 年）六月沈诜曾奏："今来米价已高……探闻商贩之家，多有积米，藏积碓坊，质当库户，犹欲待价，欲乞指挥尽令出粜。"这是于两浙饥荒之时，反对粮食典当囤积居奇，要求皇帝干预当户赎当赈灾。

其次参与"谷典"的是平民百姓，特别是粮农。他们往往于夏秋收获之后，将粮食典当换取一些零用钱。

（2）官办典当发展

这是指宋代政府经营的典当不断出现。

北宋熙宁五年（1072 年），宋神宗正式推行市易法，开展市易务。市易法是宋神宗时期的一项重要立法，其中广泛涉及典当。市易务不是从商品交易中赚取差价赢利，而是以放贷方式获取利息。

市易法实施不久，各地就成立了"市易抵当所"，负责追讨本息，处理商户抵当事宜。

此处抵当即典当，抵当所则是北宋政府经营的典当机构，又称抵当库。

元丰四年（1081 年），宋神宗"从都提举贾青请"，由政府在开封"新旧城外内置四抵当，遣官掌之，罢市易上界等处抵当以便民"，从而扩大了抵当所的规模，使市易法的融资功能不断扩展。

抵当所发放贷款，"许以金帛质当见钱，月息一分"。抵当所监官以市易务官兼，"以岁终得息多寡为赏格"。一个月后，将抵当法"行之畿县"，称为"畿邑抵当之法"。六年初，抵当法推广至京畿以外诸路，京东、京西，河北、河东、陕西"五路各借钱十万缗，余路各借五万缗，充抵当本钱"。七年，"诏：诸路提举常平司存留一半见钱，以二分为市易抵当。"

北宋徽宗崇宁二年（1103 年），"诏：府界诸县除万户及虽非万户而路居要紧去处，市易抵当已自设官置局外，其不及万户处、非冲要，并诸镇有监官却系商贩要会处，依元丰条例，并置市易抵当，就委监当官兼领。"元丰时市易务抵当所主要设在州府，而崇宁时抵当所扩大至万户以下的县和设有监官的镇，只要是"商贩要会处"，均设抵当所。抵当所成为市易务的主要机构。

南宋初建炎二年（1128 年），"罢在京及诸路市易务，以其钱输左藏库，唯抵当库仍旧。"这表明，此时抵当库已与市易法分离而独立。

据宋陈耆卿《嘉定赤城志》载，南宋临海（今浙江临海）的抵当库，"在州治西二十步合同茶场左，嘉定四年（1211 年）黄守建。先是，军民当春冬雪寒，质贷多弗售……自十月至三月，每质不过五百，拘息一分，为簿书油索费”。著名的展子虔《游春图》上，“有台州市务房抵当库印，当是此库中物”。此外，今藏北京故宫博物院的《赵昌蛱蝶图》、《崔白寒雀图》等画上，也有“台州市务房抵当库印”。

中国旧时典当

（3）僧办典当复兴

这是指宋代寺院质库的再度发达。典当业在寺院僧侣的卵翼下自南北朝诞生以来，随着隋唐五代历朝封建统治者对佛教的崇信宣扬，数百年间蓬勃发展，登峰造极。然而，佛教在中国传播以来，也不断遇到儒家礼教和世俗势力的顽强抵抗，特别是继北魏太武帝、北周武帝之后，又有唐武宗、后周世宗的大规模灭佛运动，致使佛教受到巨大打击，寺院质库亦被关闭取缔。如会昌五年唐武宗李炎下令废佛，规定长安留四寺，洛阳留二寺，大州留一寺，每寺留僧 10 人，其余寺院一律拆毁，僧尼一律还俗。此次会昌大举灭佛，全国共拆毁佛寺 4.6 万余所，没收寺院土地数百万亩，还俗僧尼 26 万人，寺院质库锐减，损失惨重，不难想见。

但进入两宋后，由于佛教中兴，寺院质库也东山再起，数量大增。此时的僧办典当机构还有了新的名称——长生库，与质库之名同用。如《台州金石录》提到："永宁寺（今江西波阳县内）罗汉院萃众童，行本钱，启质库，储其息以买度牒，谓之'长生库'。"南宋陆游在《老学庵笔记》中言："今僧寺辄作库，质钱取利，谓之长生库。"这里关于长生库之说，一般认为仅指寺院典当。因善男信女施给寺院钱财，本意用于祈祷祖先，通称祠堂银，即长生钱或无尽财，故有长生库说。

（4）专业职务出现

北宋时，民办典当十分发达，质库已名列360行，乡镇街市随处可见。与此相适应，典当业中开始出现专业职务——质库掌事，即负责店内日常经营活动的高级管理人员，类似于现在的企业经理。质库掌事还有专门的服饰，以昭信誉，并显示其身份的重要。《东京梦华录》称："其士农工商，诸行百户，衣装各有本色……质库掌事，即着皂衫角带不顶帽之类，街市行人便认得是何色目。"

由于宋有朝奉郎、朝奉大夫等官名，故南宋以后便以朝奉作为富翁、土豪之通称，并用于民办典当机构中伙计的称谓。如元末明初成书的《水浒传》中说"庄主太公祝朝奉有三个儿子"即是指前者，而后世《儒林外史》中云："那毛胡子的小当铺开在西街上……几个朝奉在里面做生意。"

此时民办典当机构的名称除了质库外，通常还叫做解库、解典库、解典铺等。据南宋吴曾所说："江北人谓以物质钱为解库，江南人谓为质库，然自南朝已如此。"看来只是人们的习惯不同而已。

张择端画的《清明上河图》，最左端有一店招，上有一"解"字，就是解库的店招。《梦粱录》称：南宋临安（杭州）质库，"城内外不下数十处，收解以千万计"。

3. 金代典当业

金代历史虽短，但典当业却颇具特色。

（1）发展官办典当

据《金史》载，金世宗大定十三年（1173年），政府在"中都、南京、东平、真定等处置质典库，以流泉为名，各设使、副一员"。大定二十八年（1188年），又在"京府节度州添设流泉务，凡二十八所"。开设这些官办公立典当即流泉务的目的，名义上是为减轻民办典当、私立典当机构收取高额当息给当户造成的危害，而实际上是想借此"以助官吏廪给之费"，并企图在一定程度上，由国家垄断典当市场。

(2) 颁布典当法规

大定十三年，政府在开设流泉务的同时，还出台了一项有关官办典当的法规，其内容是由政府任命的官办公立典当的正副主管亲自收当评估，并对折当、当息、当期、当票、绝当等典当业务操作进行了具体规定：

凡典质物，使、副亲评价值，许典七分，月利一分，不及一月者以日计之。经二周年外，又逾月不赎，即听下架出卖。出帖子时，写实物人姓名、物之名色、金银等第分两，及所典年月日钱贯、下架年月之类。若亡失者，收赎日勒合于人，验元典官本，并合该利息，赔偿入官外，更勒库子，验典物日上等时估偿之，物虽故旧，依新价偿。仍委运司佐贰幕官识汉字者一员提控，若有违犯究治，每月具数，申报上司。

金代的这项法律，其内容十分丰富。关于当金，规定按当物估值七成折价，即所谓“许典七分”，从而使官办当铺有了统一的折当比例的客观标准；关于利息，规定月利一分，即1%，从而比当时天下其他当铺“重者五七分，或以利为本”者要大为降低；关于当期，既规定比以往延长至二年，又允许展期一个月，从而比唐宋时期对当户的苛求缓和了许多。值得注意的是，这项法律还专门提到当票的书写内容，及当物灭失后须由当铺承担赔偿责任的问题，至于设专人管理当铺、每月向上申报实情、违法必究等规定亦颇有新意。

这项法律最重要的意义在于，它是我国历史上出现最早的关于典当的完备法律，一方面反映出金代统治者对本朝高利贷活动过于猖獗的一些限制，另一方面也在客观上有利于促进封建社会典当业的不断发展和完善。

4. 元代典当业

元代典当业比较平淡，特色不多。

然而值得注意的一个现象是，在僧办典当、民办典当、官办典当三位一体典当格局不变的基础上，又出现了道教宫观典当。所谓道教宫观，类似于佛教寺院，是道教组织宗教活动的场所。由于元代道教发展，故宫观典当与寺院典当共存，只是规模较小而已。《元典章》载：“但属宫观田地、水土、庄田、竹苇、园林、碾硙、船只、解典库、浴塘、铺席、醋酵，不拣甚么，差拨休著者。”这里提到的解典库便是道教宫观典当。

在元代，典当机构的名称更加多变，除了质库，诸如解库、解典库、典解库、解典铺等都很流行。

元世祖至元三十年（1293年），曾以钞5000锭设立公当，称“广惠库”，放贷收息。这是《元史》中披露的元代官办典当的若干史料之一。

5. 明代典当业

明代典当业在历朝基础上有了新的发展。

(1) 民办典当中的商业资本雄厚

进入明代以后，民办典当中的商营典当机构空前发达，构成这时期中国典当业一个新的特点，即商人纷纷投资经营典当并且成为典当业的一支主要力量。

随着商品经济的发展，社会上出现了一批商人。由于许多商人在商品流通和商品交换过程中积累起数十万两甚至数百万两资金，因而社会上出现了空前巨大的商业资本，并且形成了财力雄厚的商人集团——商帮，如徽商、晋商、陕西商、闽商、粤商、吴越商等。他们如此巨富，除了购置土地外，便是经营盐、丝、茶、布等业及包括典当在内的高利贷。据明嘉靖朝（1522—1566）《江南县志》载："江北江南豪殖者，竞为质邸，操其奇赢，逐什之一息。"此处质邸，便为典当机构。《明季北略》上说：在北京的徽商汪箕，"家资数百万，典铺数十处。"从明代起，后世典当机构除称作典铺外，更常见的是叫当铺。

富商巨贾开办典当，不仅促使典当业迅速发展，而且极大地影响了民间投资方向，甚至开典当也成为某些社会下层出人头地的捷径。《醒世恒言》中所说贫户高赞，"后来家道殷实了，开起两个解库。"《金瓶梅》里的西门庆，"原是清河县一个破落户财主，就县门前开着个生药铺。"后来此人"发迹有钱"，"交通官吏"，居然勾结上朝中权奸太师蔡京，以恶商之躯步入官场，其贿赂资金来源之一，便有典当。

明代的《南都繁会图卷》描绘南京今城南三山街一带的市容，仅店铺招牌就有 109 种，其中最大的一个店招，即为"当"字。

(2) 官办典当中的官僚资本雄厚

明代典当业大规模发展的另一个重要标志是，官僚投资超过以往各朝。尽管明初政府就有规定，"凡公侯内外文武四品以上官，不得放债"，严禁权贵经营高利贷。但禁者自禁，违者照干不误。特别是明中叶以后，宦官权臣贪污成风，刘瑾、严嵩皆属富可敌国，他们均以典当作为营运自己手中黑钱的主要方式。

另《御龙子集》载，嘉靖时，家居湖州的礼部尚书董份，"富冠三吴……有质舍百余处，各以大商主之，岁得子钱数百万"。由此我们看到，明代达官贵人的自营典当，无论是数量之庞大，还是本息之丰厚，都令人咋舌。

(3) 僧办典当逐渐消失

元末明初，僧办典当急剧减少，开始退出历史舞台，代之而起的主要是民办典当。与此同时，道教宫观典当也日益消亡。

6. 清代典当业

清代典当业是中国典当发展史上的第三个里程碑。

（1）典当模式变化

一般来说，清代典当只有民办典当和官办典当两种模式，然而这两种模式的典当均得到丰富和扩大。

其一，官办典当的变化。

清代出现了皇当，皇当是指皇帝或皇室拥有和出资开设的典当，乃清廷独创，为历朝所仅见。皇当本质上也属于官当，是最大的官当，表现为官当的升级。

清代皇当盛行于雍、乾两朝。雍正皇帝是皇当的最初倡导者，他曾多次拨出专款派人开设当铺。据史料记载："雍正十一年（1733 年）三月内，赏给额驸策凌银二万两，交与原任大臣海望设裕和当滋生利息。"这里是说，用二万两赏银开设裕和当铺。另据史料记载："乾隆二十九年（1764 年）正月初七奉旨，世子额驸拉旺多尔济应领俸银……经臣衙门奏派郎中伊尔阿、主事穆克善开设当铺，善为生息办理。"这里是说，对于皇亲所得俸银由皇室派员设立当铺为之营运，使之增值。

皇当的产生，一方面是清代实行"生息银两"制度的具体运用，另一方面是皇室统一安排宫廷财政的有效手段。

其二，民办典当的变化。

鸦片战争后中国开始出现买办资本家，而买办资本家经营典当则构成了清代民办典当一个突出的特点。

如 1863 年继任英国上海怡和洋行买办的唐廷枢，早年任香港殖民当局翻译时，就在当地开有两家当铺。用他自己的话说："我在香港曾经是两家当铺的老板，前后搞了 4 年。每年都能赚到 25%～45% 的盈利。"基于此，在其从事买办活动的 10 年中，唐廷枢便更加大力投资于典当。他曾建议怡和洋行老板收购当时上海的一家大当铺，并准备入股经营。

唐氏采取与人合股，特别是与财力雄厚的外商合股的方式投资典当，反映了清代后期买办兼营典当的经营思路，即借助外力搞多种经营，既提高商业信誉又减少金融风险。原上海《申报》曾载："光绪十年八月（1884 年 8 月）刻闻广源洋行之西人，拟在江北岸地方开设质当，以便民生，六月为满，三分起息……"即上海洋行外国人及买办打算开办典当，从事典当活动。

广东老当铺

（2）典当机构增加

清代由于民当和官当并存，加上皇当的出现，且空前发达，因而成为我国典当业最为繁荣兴旺的朝代，尤其表现为典当经营主体的快速增加。

据不完全统计，康熙二十四年（1685 年），全国共有当铺 7695 家，其中直隶最多，为 2266 家；江苏居次，1507 家。至雍正元年（1723 年），全国当铺 9904 家，增长了 28.67%。其中山西最多，达到 2602 家；直隶次之，2060 家。乾隆十八年（1753 年），全国当铺多达 18075 家，又增长了 82.5%。其中山西仍居榜首，为 5175 家；直隶、江苏、陕西、山东、浙江分别为 2922 家、1935 家、1372 家、1351 家和 1006 家。至嘉庆十七年（1812 年），全国当铺数量增加到 23139 家，创下中国典当发展史上的最高纪录。其中山西、广东、贵州当铺最多，分别为 4695 家、2688 家和 2667 家（另说 1800 年全国当铺 2.5 万家）。

以上表明，康、雍两朝我国典当业属稳定发展时期，而乾、嘉两朝我国典当业则属蓬勃发展时期，清代的确是我国典当业发展的黄金时代。

案例1　胡雪岩当铺旧址

2007年2月，浙江省德清古镇新市南区建筑工人在从事古建筑修复时，从几千吨古旧石料堆砌场中，发现了一块珍贵的“胡庆余典”墙界石刻。

该石刻质地为青石，长100厘米，宽24厘米，厚9厘米，重百余斤。正面楷书“胡庆余典，墙外界趾”，侧面楷书“北至南三弓五分”。书体阴刻，入石三分，刻工高超，神韵流动，为民间工匠的倾心之作。据当地文物部门初考，此界石为杭州晚清胡庆余堂老板、江南药王胡雪岩发迹后，在湖州府德清县新市镇置业所开当铺之界碑石。

史料记载，晚清同治年间，在新市已有6家当铺的情况下，胡雪岩在新市唐宋老街北街购了约数千平方米的地块，开设了“同益当”。此次发现的界碑在同益当北墙界。一位80岁的当地老人说，他当年曾亲见同益当的盛况，石库铁包大门，封火墙高耸，天井有数百平方米，均用大规格青石板铺设，有大气磅礴之感。内厅柱子高大粗壮，楼木结实，密密麻麻，由此可见胡雪岩之实力。他还介绍，同益当后被湖州府归安县南浔镇大老板刘氏收购，改名“同昌当”。抗战始，1938年11月，日军扫荡新市镇，同昌当从此倒闭，改名百乐市场，成为古镇新市的一个娱乐场所。

1950年，同昌当正式成为新市戏院，著名演员六龄童、小毛宝等均在此处演过京戏。1983年，同昌当主体古建筑拆除，建造了新市电影院。2000年10月，附属建筑也被拆除，胡庆余典界碑石亦在拆除之列，但无人知晓。幸运的是，翌年初，这批古旧石头有幸存放在新市镇古石料堆砌场，在几千吨古石中沉睡至今，得以重见天日。

7. 典当的历史作用

典当在商品经济发展过程中的历史作用是不言而喻的。这种作用可以从旧时典当行所具有的社会职能方面体现出来。

（1）典当是货币流通的重要渠道

马克思认为，货币在流通领域中不断地离开出发点，又在不同所有者之间转手的运动，叫货币流通。货币流通的过程是货币不断作为流通手段和支付手段，为商品流通服务的过程。货币一经问世就成为流通手段，即充当商品交换的媒介。随着商品经济的不断发展，货币又成为支付手段，如农民使用货币缴纳地租，债务人使用货币支付利息等。人类早期货币借贷活动的频繁，导致货币的支付手段作用日益加强，而这种加强又促进了货币流通的发达。正是封建社会货币流通发展到一定高度，才不可避免地产生了唯一的、专营货币借贷的信用机构——典当行。

典当行出现以后，在原有的货币流通渠道之外，又形成了一个新的货币流通渠道，即以典当行为中心、完成货币投放和回笼的渠道。当年最早的典当行——寺院质库的运作，就深刻地反映了这种情形。

佛教自东汉初期传入我国以后，历代统治阶级对其推崇备至，经三国两晋南北朝到隋唐广为传播，渐布全国。上至帝王下至平民，皆笃信佛教，并对寺院施舍大量钱财。如南朝梁武帝，在位期间曾三次舍身同泰寺为奴，每次又由群臣公卿凑足一万万钱或两万万钱将其赎回。官僚富豪也竞相把他们的私蓄托僧尼保管，或由其代为放款取息。而寻常百姓则认为寺院神圣不可侵犯，丝毫不敢赖债或盗窃寺院财物。此外，政府还给予僧尼种种优待，如免役、免税等。这些都使寺院财产最为稳妥且迅速膨胀，堪称“十分天下之财而佛有七八”，为其经营货币借贷创造了有利条件。

寺院质库利用手中握有的巨额资本，在社会上大规模放债取利。它一方面满足统治阶级上层如官僚地主的需要，另一方面也满足城乡下层人民如农民、小工商业者的需要。作为信用机构，质库把货币贷给不同类型的当户，使货币得以从质库流向社会；经过一定时期的周转，当户则将这些货币以债和利息的形式返还质库，从而使货币又从社会流向质库。正是这一过程，形成了封建社会前中期特有的货币流通渠道。据史料记载，中国5—10世纪时，寺院僧侣大都程度不同地利用质库从事放贷活动，其目的并不在于谋得生活必需品之购买费用，而在于发财致富，这无疑是使以典当行为中心的货币流通渠道得以畅通无阻的基本动力。如唐中期福田寺的常俨法师，“与常住铺店，并收质钱舍屋，计出镪过十万余资”，便是明证。

（2）典当是商业募资的有效途径

典当行在本质上是具有商业性的金融组织。作为商品经济的产物，它必然要参与商品交换并为其服务，从而赚取利润，维持自身生存。

典当行的商业性首先表现为，它在产生初期主要担负着筹措资金的任务。自南北朝（420—589）以来出现的质库，虽然是人类最早的信用中介，但颇受封建商品经济发展水平的制约，故实际上还是尚未独立的、完全依附于寺院的一个经济部门，或者说，是寺院经济多种经营方式中的一种。

当时，佛教与商业有着十分密切的联系。这是因为，上层僧侣坐食空谈，奢侈腐化，过着“不拼而食、不织而衣”的寄生生活，平均每人一年的衣食费用“约三万有余”，“五丁所出，不能致此”；而要满足僧尼如此庞大的开支，寺院除了勾结统治阶级、欺骗善男信女获取布施外，必须自筹资金，充盈无尽藏。出于这种目的，寺院的三大经济部门——地产、商业和高利贷便各显神通。然而，广占良田，带来的只是实物地租，这使经营商业成为寺院积累货币的主要手段。与此同时，初具规模的质库作为高利贷的一个分支，则起着为商业募资的作用。

早期的寺院庙宇，常常坐落在市场附近或城乡商业最繁华的街道上，因而大大便利了寺院经营的商铺、邸店、质库开展的经营活动。质库为南来北往的客商人等提供服务，通过放款收息，增加寺院的总体财富，从而为寺院经济更重要的部门——商业的兴旺发达提供一定的资金保障，这也是后世商业资本和高利贷资本相互渗透、融为一体的开端。

典当行的商业性还表现为，它在一定条件下直接从事市场活动。随着封建社会商品经济的发展，典当行的财力日趋加强。特别是在其成为独立的金融机构之后，典当行便开始兼营商业或其他副业，从而于借贷生息之外，另辟一条增殖其自身资本的新途径。

进行粮食买卖就是典当行经商的典型例子。明末清初，手工业中资本主义因素的不断增长，极大地刺激了商业资本的活跃。“豪商大贾，挟其金钱，买贱卖贵，子母相救，岁入或数万金”，甚至“富者或以数百万数十万计”。商业资本的嚣张，突出地表现为对重要生活资料如盐、粮的垄断。在这种垄断过程中，典当行也扮演了十分重要的角色。

清乾隆初年，江浙、安徽一带的典当行与商人相互勾结，大搞粮食投机，类似宋朝“谷典”。即商人每到秋收粮贱时，便以较低的买入价收购大量谷米，然后转手以较高的卖出价当给典当行，取得质钱后再去买粮，好比批发商，通过“随收随当，辗转翻腾”，“资本无多，营运甚巨”。而典当行则得以先利用当金折扣赚取差价，再将收当的粮食囤积起来，待到青黄不接之际、商人未赎之时，高价抛售，有如零售商，只等“市价一腾勇，顿取数倍息”。对此，一些朝廷命官也感到不安。乾隆十二年（1747 年），陕西道监察御史汤聘在《请禁囤当米谷疏》中指出：“近闻民间典当，竟有收当米谷一事，子息甚轻，招来甚众，囤积甚多。在典商不过多中射利，而奸商刁贩，遂恃有典铺通融，无不乘贱收买。”这段话，生动地描述了商业资本和高利贷资本彼此结合、共牟其利的景况。

（3）典当行是国家财政的补充来源

在封建社会里，由于统治阶级穷奢极欲，加之各种战争比较频繁，致使国库空虚、入不敷出。为了解决财政困难，封建统治者往往采取各种手段进行搜刮，或通过加重赋税来支撑局面。

朝廷搜刮的对象遍及各行各业，典当行自然也在劫难逃。唐朝中期以来，自安史之乱后，中央大权旁落，藩镇割据日盛，兵祸连年不断。建中三年（782 年）四月，唐德宗因虑河南、河北“用兵月费度支钱一百余万”，而府库不支数月，于是下诏，“大索京畿富商”，并美其名曰为“借”。规定凡蓄积钱帛粟麦者，皆借四分之一。但由于受到商民抵制，政府虽动用严刑酷法，甚至逼死人命，造成“京师嚣然如被盗贼搜刮”的惨况，也仅得到八十万贯。在这种情况下，为了达到筹措军费、充盈国库的目的，政府便把罪恶之手伸向典当行等信用机构，遂有“少尹韦祯又取僦柜、质库法拷索之，才及二百万”。可见，尽管典当行的钱是被抢走的，然而其资金储备却是很丰厚的，它和柜坊中专门代人保管贵重财物的僦柜，在暴力剥夺之下，已成为封建国家维持财政的一个重要来源。

典当行成为国家财源的另一个标志是交纳当税。封建国家的赋税剥削非常严酷。除了作为正税的夏税、秋粮之外，历朝历代还有多如牛毛的苛捐杂税。不仅有中央政府的公开加派，而且还有地方官吏的暗中加派。明朝末年，内廷宦官多达 10 万人，宫女 9000 人，其宗室的消费无限扩大，仅工部每年用于内廷的营建费便需银 200 万两。最小的开销，即宫女的胭脂费，每年用银也高达 40 万两。为权转颓势、新辟税源，天启年间（1621—1627），政府曾拟向典当行征税。具体办法是，按照典当行资本数额税 1/10，预计全国每年可收 20 万两。尽管此举尚未实施明王朝就土崩瓦解了，但典当行纳税问题却已经提上了政府的议事日程。

清朝入关执政后，国家迅即开征当铺税。据《大清会典》记载：“康熙三年题准，当铺每年纳银五两”。当时每年可征得 11 万多两，无疑在一定程度上弥补了政府财政不足。雍正六年（1728 年）政府又规定，见民间开设典当，均须领取“当帖”，即营业执照，并缴纳“帖捐”，同时照例按年缴纳当税。清朝末年，当税改为预支缴纳。光绪十四年（1888 年），因河工需款，政府令各省每家典当行缴银 100 两，作为预完 20 年之税；光绪二十年（1894 年），复因海防等饷，每家典当行又须捐银 200 两。除此之外，当税税额亦开始陆续提高，且各地还有许多陈规陋习。

民国初期，北洋政府也在当税上打主意。1913—1925 年，全国每年平均当税预算为 70 万元左右，其中山西、山东两省，年缴数额约达三四万元。尽管当税收入不多，但它毕竟已是政府一项不愿放弃的税源。

(4) 典当行是调节经济的辅助部门

古代典当行是特殊形式的信用机构，故常受到统治阶级的倚重，封建国家有时还把它作为调节社会经济发展、推行某种经济政策的辅助部门加以利用。

经济学常识告诉我们，通货紧缩，必然造成物价下跌；货币贬值，肯定导致物价腾升。纵观中国古代经济发展，两种情况往交替存在，且均给社会带来不良影响。唐宋以来，货币的供求矛盾十分尖锐。一方面，由于商品经济日益发展，特别是唐行两税法、明行一条鞭法，导致货币流通量急待增加；而另一方面，由于铸造官钱缺铜，加之民间藏钱和毁钱改制器物之风很盛，又使得流通中的货币数额远远不能满足需要，甚至出现“钱荒”。如唐建中初年（780年），粟价斗值钱一百，而到元和五年（810年），则仅值二十钱，可谓暴跌，皆因通货短缺所致。每逢此况，政府或采取措施强迫商人出钱易货，以减少流通壅滞；或乞援于典当行，令其营运小额货币缓解乏钱局面。如清初闹钱荒时，政府自乾隆九年（1744年）后，在铸钱时加入少量黑锡，以防商人毁钱制物；同时，下令允许唐宋、元明各朝所铸铜钱统统进入流通，但社会上钱仍不够用。于是，政府便拨出一批银两，给当时北京城内外的六七百家大小典当行充作资金，要它们千方百计收当，或兼营兑换业务，从而吸收民间手持铜钱送官局发卖，以便通过典当行所具有的能够操纵钱价的力量，去稳定因钱荒造成的物价波动。

案例2　乌镇老当铺

浙江乌镇中市的常丰街是一条传统商铺街。其中有一家叫汇源当的当铺，在应家桥和南花桥之间，五开间的门面，楼上楼下，高高的柜台（高1.8米），煞是气派。

乌镇是两省三府七县交界地，是周围地区的商业中心。明末清初，乌镇东南西北四栅连成一片，“民物藩阜，第宅园池盛于他镇”。乌镇典当行最多时达13家，太平天国前还有7家。在太平军和清军的交战中，乌镇的西栅、北栅受灾严重，到处断垣残壁。民国初年，乌镇经济稍有复苏，典当行也死灰复燃，恢复到5家，它们是东栅葆昌当、南栅宝生当、西栅丰泰当、北栅淳泰当和中市汇源当。20世纪二三十年代，前四家或因亏损，或因湖匪洗劫，或因民生凋敝，市场萧条，相继关门。到1931年，只有汇源当还支撑着，到日寇入侵时期，当物也只出不进，不久即告停业。

自汇源当关门大吉，乌镇典当行的历史画上了句号。如今存留的当铺成了旧中国时金融业的一个缩影，二扇斑驳的铁门后留下了太多的悲怆与凝重。

清光绪年间的当票

封建国家不仅靠典当行来对付钱荒，而且也利用典当行来推行政府的通货膨胀政策。官钱私铸，是中国历代币制的主要问题，也是中国历代通货膨胀的重要原因。私铸之弊，在于伪造者不用足铜、好铜，致使货币减重、变质。而劣钱一经流通，商民为保本赢利，往往卖少收多，因而造成物价上扬，导致通货膨胀。对此，历代统治者或制定严刑酷法打击私铸伪造，或整顿币制流通以图调节经济。然而，统治者每遇战乱不已、民穷财尽的非常时期，却实行大钱制度，即官钱提高面值，减少含铜量，从而节省铸钱原料和铸钱费用，此举乃与私铸殊途同归之法。如王莽曾铸大钱，企图挽救西汉末年财政亏绌；明未曾铸大钱，旨在筹集军费用于镇压农民起义。无独有偶。清咸丰年间也开始铸造大钱。因鸦片战争耗去巨额战费赔款，加之太平天国革命兴起影响江南税源却增加军费开支，致使国库空虚，财政拮据，政府只得实行通货膨胀政策。咸丰三年（1853 年），当十、当五十、当百、当五百、当千大钱相继问世，一经流通，引起货币迅速贬值，市面物价飞涨。与此同时，政府还于当年发行官票和宝钞，规定用于课税及一切上缴之款。由于大钱、票钞受到商民抵制，于是政府要求典当行负责协助推行。即利用典当行放款取息之机，采用强迫性的搭收搭付办法，保证大钱和票钞的流通。咸丰四年（1854），户部侍郎、即马克思在《资本论》中唯一提到的中国人王茂荫就上奏提出“典铺出入均搭现钞”。但是，典当行在经营过程中，往往只吃进制钱（官铸标准货币），而抛出大钱或票钞。据史料记载，直隶玉田县曾有典当行，对“当物者以大钱赎当时不收大钱”，并勾结官府“反将用大钱之人责打，锁押数月不放”。另外，尽管平民“所当之物仅值数百文”，典当行却“与以当百，当五十大钱数枚”。如果要求付给制钱或搭配零钱，典当行不是“以仅有大钱并无零钱为辞”，就是拒绝收当，“将原物掷还”。

（三）民国至新中国的典当业

1. 民国典当业

民国典当业在中国典当发展史上具有比较特殊的地位。

（1）典当走向衰落

清末民初，尽管当铺的业务范围有所扩大，但由于种种原因，当铺的发展却几起几落。准确地说，中国的典当业正是从这一时期开始走上下坡路，逐渐衰落起来。这种局面，经半封建半殖民地社会后期军阀混战、抗日战争，更是愈演愈烈。

其一，数量急剧减少。

早在清同治、光绪两朝，我国典当业已开始呈现下滑趋势，光绪十四年（1888 年）全国当铺已从 70 多年前的 2.3 万多家减少到 1 万多家。进入民国则此种困境更甚，无法挽回。

以山西为例，光绪十三年（1887 年）全省共有当铺 1713 家，而到民国十年（1921 年），已成 731 家，减少五成强。又到民国二十二年（1933 年），全省仅剩当铺 306 家，数量降至最低点，即 45 年间当铺减少了 81%，大大超过了光绪初年以前的当铺数量的下降速度。

另以广东为例，光绪十一年（1885 年）全省共有当铺 1964 家，而民国二十一年（1932 年）已经减少到 1276 家，衰落局面十分明显。

这时期，北京典当业也同样越来越不景气。1900 年前，全市共有当铺 210 余家，1912 年减为 170 余家，1940 年再减为 87 家，下降幅度亦属不小。

其二，资本难于周转。

一是当期长造成赎当不利，导致当铺流动资金被大量挤占，财力严重不足。自金元两代始，官定当期均为 24 个月左右。明清以来，各地当期也是以长多见，特别是在一些大中城市。由于当期过长，当铺贷款本息回笼皆十分缓慢，致使资本周转乏力，甚至停滞枯竭。19 世纪 60 年代，上海巨商杨坊经营的泰记当铺，名冠全沪，号称有 15 万两资本，"营业额每月平均 2 万两"。但"由于长达 30 个月，因此当物占用了全部资本"，故迫使杨坊决定先期放弃 3 万多两贷款的利息，以鼓励提前赎当。然而终因资金周转不灵，于 1864 年 9 月宣告停业。后经将当期缩短为 12 个月，并追加数万资本，才得以重新开业。

二是炒卖当票影响赎当，造成当铺不能按期收回贷款本息，严重阻碍了资本的周转。由于当票是无记名有价证券，故一些投机者便专事其炒卖业务，通过压价收购，从中牟取高利。如一件价值 30 元的大衣，对折当金 15 元，当期 12 个月，月息 3 分，但当票买主一般仅按票面全额的 1/3 出价，即只付给原当户 5 元，待赎当时付清本息 20.4 元后，倘若原价销售的话，则能净赚 4.6 元，近乎 100% 的利润。因此，炒卖当票一时间成为人们趋之若鹜的主要活动。民国时期，北京还出现了一些专门收买当票的机构，称"当票局子"，仅前门外珠市口大街就有六七十家。他们利用一些穷困当户到期无力取赎的机会，极力压价收购，而这些当户认为，与其让当票过期作废，不如换些小钱先花，所以炒卖当票居然火爆京城。有些还辗转倒手几次，造成当铺贷款迟迟不归。为此，北京当业同业公会曾呈清政府严令取缔，但尽管当局布告全市，却无奈收效甚微。

其三，业务日益萎缩。

近代以来，中国当铺的经营活动常遭受各种大的挫折，其中通货膨胀的影响最为严重。通货膨胀期间，由于货币贬值，一些当户便不愿以物质钱，从而防止被当铺转嫁危机，又由于物价腾贵，造成当本相应增多，故典当双方难于成交。咸丰年间（1851—1861），清政府鉴于财政极端窘迫，一方面滥铸造大钱，使铸币加速贬值，一方面滥发纸币，推出官票和宝钞，双管齐下，大步走向通货膨胀的绝境。结果造成商民抵制，当户对当铺以大钱、票钞放款，更是很少有人问津，除非当户"需钱甚急，无可如何，只得领大钱而去"。在这种情况下，以质押放款为生的当铺便苦于顾客减少，业务量陷入低谷而纷纷"止当歇业"。1861 年，仅北京地区为逃避日益恶化的通货膨胀而关门的当铺就不下数百家。币制紊乱造成通货膨胀，致使当铺大受苦的例子民间更多。

1926年，军阀张宗昌率领直鲁联军北上，随军滥发不兑现的军用票，强令商民使用，并声称拒绝者军法从事。而此票仅及市面流通货币二三折甚至更低，故造成早当晚赎都赶不上其贬值的速度，因此典当双方成交量迅速下滑。

抗战初期，国民党政府企图运用行政手段控制通货膨胀，也殃及当铺。1939年10月，政府为垄断金类收购大权，支撑岌岌可危的财政，曾颁法允许银行、钱庄、当铺接受金质器饰或生金进行质押放款两个月后，又出尔反尔，宣布取缔这些机构的专营权，从而造成当铺日常当物大宗进项受到沉重打击，业务更加趋于萧条。

此外，行业竞争对于当铺业务的冲击也十分严重。近代银行等金融机构出现以后，官款及绅商富户之款存放当铺的历史传统渐被打破，大批款项充入银行。过去这些存户不相信钱庄、票号，此时则转而不再相信当铺了。这无疑是釜底抽薪，它既使当铺营业范围缩小，又使当铺资金发生匮乏。

再从质押放款本身来说，民国时期也受到相近行业的强烈挑战。如当时在北平，有所谓“打小鼓的”和“买破烂的”两种经营类似信托商店业务的行商，他们经常走街串巷，打鼓吆喝，专门收购金银首饰、珠宝玉器、古玩字画、细毛皮货、绸缎布匹、衣服杂物等等。由于其上门服务，只折价成交，不取利息，因而一些人图省事方便，则不去当铺，致使当铺又减少了一些客源。再如20世纪30年代抗日战争爆发，北平沦陷后，由于日伪“中国联合准备银行”发行的联银券不断贬值，引起黑市贷款利率大幅度上扬，月息高达18%。但因日伪政权疯狂地掩护“联银券”和打击法币，不仅连续宣布法币贬值，甚至禁止其流通，所以尽管当铺月息仍为3%，却无力筹集更多的日伪流通货币，大量开展业务。乘此机会，日、朝两国一些商人便在北平开设出售毒品的“白面屋子”同时兼营小押业务，按黑市利率进行收当，迫使国人所开当铺明显竞争不过而相继倒台。至1945年日本投降前夕，北平的所有当铺关门停业，直到1946年才得以恢复72家。

（2）典当模式更新

尽管民国典当业已从清代典当业发展的顶峰跌落下来，但民国时期的典当模式却出现了一些新变化。

其一，外资典当机构的大量出现。

外资典当机构本质上属于民办典当，即由外国自然人或企业在中国境内投资经营的当铺。民国时期，在清末外资典当零星出现的基础上，由于西方列强特别是日本等国势力的侵入，日资典当及朝鲜人开办的典当最为多见。

据史料记载，1923年在辽宁金县一带，日资当铺251家，发放当金131.8

万元；1931 年在山东青岛，日资当铺 32 家，资本金最高 3 万元，最低仅 500 元，当金利息 5～7 分不等。

案例 3　青岛外资典当

1897 年 11 月，德国借口“巨野教案”侵占胶州湾，并于 1898 年 3 月强迫清政府订立了丧权辱国的《胶澳租借条约》（又名《胶澳租界条约》），租期 99 年，从此山东沦为德国殖民地，德国将新市区命名为“青岛”。

德国侵占青岛后，随着人口的增加，典当业有所发展。1904 年 11 月，德占当局为维护殖民者利益，发布了《开设中华当铺条规》，其中特别规定：“……凡西人衣服及他项需用各物，非西人自己来当，不准收当……”

1914 年 11 月，日本乘第一次世界大战爆发取代德国侵占胶澳，使青岛又沦为日本帝国主义的殖民地。

此后，日本的典当商便乘势挤入青岛。1914 年，日商松仓三平出资 1 万日元，在乐陵路 81 号开设了青岛第一家日商当铺，名为“越后屋”。1916 年以后，又相继开设了胡屋、木村屋、高桥商会、沼津屋等日商当铺，从事典当业。日商当铺利率比华商当铺高出 1 倍多，但因华商当铺少，且资金不足，故使日商在青岛占有了大部分市场。日商制定的当金利率标准是：120 元以上 4 分，120 元以下 5 分，60 元以下 6 分，12 元以下 7 分。这样一来，无疑为生活在底层的贫苦民众雪上加霜。

抗日战争爆发后，平津地区这类当铺也很多见，但有些已成为日本、朝鲜黑社会在华势力的工具。如 1939 年日本人谷内嘉作纠集一批日本浪人、朝鲜人在天津开设许多小押当，专门欺行霸市，盘剥当户。

其二，官办典当机构的经营改革。

综前所述，中国历代官办典当的资金来源无非是官僚和政府两种形式，但民国时期这种情况开始改变。由于现代金融机构银行的出现，民国典当业特别是官办典当中的公立典当即政府投资开办的典当，便与银行产生了密切的联系。其中又有两种经营模式。

一种是银行自办典当，政府支持。如 1935 年 6 月改立的旧中国四大官僚资本银行之一——中国农民银行，就十分热衷于典当事务。它除了向民办典当机构发放贷款营利外，还自办典当营利。据该行 1935 年的营业报告显示：“本年度除九江惠农典、沙市裕农典均继续订约抵押放款外，其由本行自办者，有赣之南昌、鄂之黄陂、蔡甸、湘之长沙、豫之新乡、浙之塘栖、苏之仪征等处，放出之款达一百五十六十万元。”对此，1936 年 6 月，兼任该行董事长的蒋介石曾以国民政府军事委员会委员长的名义发布了一项指令："令中国农民银行总经理徐继庄……为补报盘接仪征肇大公典改组农贷所情形，抄呈合同祈予察核备案，并赐将款利率办法代电苏省府转行该县知照由。"可见，蒋介石不但亲自过问该行的公立典当事宜，而且对于当铺执行的放款利率备加关心。

另一种是政府投资典当，银行支持。1947 年 3 月，中国农民银行决定："农民银行自行选择示范典当，已设农仓或简易农仓之地，可由仓库兼办典当业务，各地典当可申请农行约为'特约典当'，农行贷给款项，并派员督导。""公典基金应请地方政府筹四成，中央政府拨六成……各地典当资金存在农民银行。"十分明显，此项决定已把中央、地方、银行三方拴在一起，政府充当典当业特别是公立典当的强大金融后盾。

（3）典当业务拓展

此处所指是民国典当机构除从事典当业务外，还从事一些中间业务。

其一是货币发行。

受近代钱庄、票号、银行兴起和发展的影响，民国时期许多信誉卓著、财力强盛的当铺也开始经营信用货币的发行业务。即当铺收当时，不付现钱或现银，而是付给当户本铺发行的、可以随时兑换的同额钱票或银票充项，由于这些钱票、银票均可上市流通，故实际上成为信用货币。1930 年晋钞跌价后，山西省政府曾特准一些当铺享有这种发行之权。当时全省 510 家当铺，有 158 家获准发行当铺兑换券，总发行额 134.6247 万元。

其二是货币兑换。

20 世纪 30 年代中期，世界银价上涨，白银大量外流，给中国经济造成沉重灾难。为了挽救颓势，禁银出口，1935 年 11 月 4 日，国民党政府以紧急法令的形式，发布《财政部改革币制布告》，规定："自本年 11 月 4 日起，以中央中国交通三银行所发行之钞票定为法币。"同时公布《兑换法币办法》，要求银币、银类持有者，"3 个月以内，就近交各地兑换机关换取法币；兑换机关除中、中、交三行及其分支行或代理处外，还有三行委托之银行、钱庄、典当……"明确授权一些当铺可以进行货币兑换业务。

其三是黄金收购。

1939 年 8 月，国民党政府公布《取缔收购金类办法》，规定"金类的收购由中、中、交、农四行收兑金银处指定四行的分支行及其委托的各地金融机关、银楼、典当等办理，未受委托的任何团体、机关、个人均不得收购金类，违者没收"，从而授予典当机构金类收购权。

案例4 上海典当沿革

明清时期，上海地区当铺分布广泛。清康熙中叶上海县有典质铺89家。乾嘉年间，上海地区华亭、上海等8县有典质铺195家，典税银976两，其中华亭县17家、85两，上海县23家、149两，青浦县19家、96两，金山县14家、70两，奉贤县26家、130两，南汇县40家、200两，娄县28家、140两，宝山县23家、115两。

上海开埠后，随着社会经济的变迁，都市商业发达，上海的典当业也更见兴旺。咸丰三年（1853年）小刀会起义时，南市当铺为避免战火，纷纷迁入北市租界内。当时的典当集中在金门路，形成了历史上的“典当街”。据光绪三十一年（1905年）调查，全市共有典当行150多家。20世纪20年代外国廉价丝织物倾销上海，金价、衣价大跌，满期当物因当户不来赎取而大量积压，大当铺业务萎缩，纷纷歇业，到民国二十年（1931年）全上海资本在3万元以上的当铺仅44家。小典当铺则因市民生活贫困，当借人很多，营业反而兴旺，民国二十六年（1937年）抗日战争前夕，有600多家小当铺。战时租界成为“孤岛”，小型押店竟多达1000多家。抗战胜利后，国民政府取缔日伪统治时期开设的当铺，故至1949年5月新中国成立前夕只存282家。

2. 新中国典当业

新中国典当业特指新中国建国初期的典当业。

（1）旧式典当的延续（1949—1956）

1949年中华人民共和国的成立，宣告了中国半封建半殖民地社会制度的彻底结束。然而新中国成立后，旧式典当并没有马上被铲除，而是存在了一段时间。

首先，建国初期在金融领域采取了一些利用资本主义、发挥多种经济成分作用的灵活政策使旧典当得以延续。

如1948年12月《中共北平市委关于如何接管北平工作的通告》提出：“对于私营银行、钱庄及当铺，暂不忙处理，可以按照新民主主义经济发展的要求，先规定暂行条例，限令遵守，违者予以惩处。”于是，旧式典当业依然运行。

在天津，1949年前后典当业已名存实亡。1952年，中国人民银行设立小额质押贷款处，并完全依照过去当铺的经营方式，向社会公众办理贷款业务。当时，该市曾先后在河西区苏州道原“公茂当”、和平区教堂前原“万成当”、河东区建国道——银行仓库和南开区西门里原“德华当”开设了4处这类金融机构。小额质押贷款处的经营方针是以便民为宗旨，不以取利为目的：贷款月息0.9分；贷款期限9个月；质押物品以服装为主，同时包括自行车、照相机、钟表和金银饰品等动产。这种贷款业务被人们称为“国家资本主义典当”。但至1959年，天津这种新型典当业也走向消亡，开始出现真正的典当空白。

天津万成当（图中右侧建筑）

上海的典当空白出现得较晚。上海解放前夕，由于战乱等原因，典当业几乎全部停业。解放后，上海市人民政府为恢复经济，繁荣市场，采取“暂不取缔，加强管理，逐步淘汰”的方针和措施，致使1949年底当铺增至529家。经限制“高利盘剥”后，停业的甚多，1950年8月剩315家，当金总额380万元，若按米价折合，仅为一家中型典当的资本额。1950年9月，市政府颁布《私营典当管理暂行办法》规定：当铺注册资本金不得少于2000万元（旧人民币，1万元等于新人民币1元，下同）；凡开业者必须重新登记；人民银行为典当业主管单位，负责登记、验资等，并规定只能经营小额质押贷款业务。不久，由中国人民银行和工商行政管理部门分别审核，发给营业执照者206家。1956年公私合营，上海的当铺相应裁并改组，按地区分设小额质押贷款处，典当性质逐渐淡化。

其次，建国初期严峻的经济形势促使国家在金融领域采取区别对待的方针使旧典当得以延续。

当时国内面临严重的经济困难，通货膨胀，物价上涨，失业加剧，迫使各地政府大力整顿金融秩序，重点打击金融投机，如上海查封证券交易大楼，广州取缔地下钱庄等，但对典当却采取了比较宽松的政策，旨在发挥其解决广大城乡人民临时经济困难的积极作用。政务院曾经批示，指出各地当铺应由中国人民银行“对其采取能继续经营者让其继续经营，能转业者辅导其转业，已无存在条件者让其逐步淘汰的方针”。根据这项方针，全国有许多旧式典当得以幸存下来。

在江苏省常州市，解放后的典当业同样经历了“存在—改造—消亡”这样一个三部曲的发展过程，在全国颇具典型意义。

1949年4月常州解放。同年7月，原典当业失业员工合资向常州市人民政府工商局申请复业，经审核批准7家当铺，均于同年9月开业。起初，这7家当铺注册资本金总额为1.05亿元（旧人民币，1亿元等于新人民币1万元，下同），后至1950年3月增资到3.60亿元，另从其他途径筹款1.92亿元，从而保证了各家当铺业务正常开展的需要。有资料显示，当月7家当铺中的6家，其典当余额合计就高达5.91亿元。

然而，因解放初期人民生活水平不可能在短时间内迅速提高，故常州市7家当铺的资产量仍远远不能满足各种类当户的典当需求。在这种情况下，市政府除允许当铺向私营行庄借款外，还由人民银行向这7家当铺分别发放贷款给予融资支持。如1951年5月，人民银行发放临时贷款8500万元，同年11月又增至1.07亿元，这使常州典当业如虎添翼，典当市场日益繁荣起来。

常州市典当业复业初期，隶属于工商局和人民银行双重领导。1950年11月，典当业划归人民银行直接监管，《苏南区典当业暂管理暂行办法》也同时颁布实施。于是，在人民银行监管下，常州市的所有当铺重新办理登记，全面整顿业务，建立统一的会计科目，革除附加的典当费用如手续费、看包费等，旨在减轻广大当户的负担。值得注意的是，常州市典当利率的降低，是使典当市场逐渐兴旺的根本原因之一。据统计，自1950年8月1日至1952年11月1日，在两年零三个月的时间内，常州市典当业曾6次降低典当利息。

经过6次减息，常州市的典当月利息总共降低了15.2分，已达到4.8分，这就在社会公众面前塑造了新型典当业的一个良好形象。与此同时，常州市典当业每次降息，还有一些相应的改革举措出台，十分有力于吸引广大当户从事典当活动，并对促进典当业自身发展起到了重要作用。如第一次降息，当期由2个月缩短为1个月，允许展期10天赎当。

（2）旧式典当的改造（1957—1966）

随着国家财政经济状况的根本好转，中共对农业、手工业和资本主义工商业的社会主义改造运动逐步兴起，这使旧式典当的日子开始越来越不好过。

1954年11月23日，中国人民银行总行召开了一次反高利贷座谈会，指出社会主义和资本主义在借贷方面的斗争日益尖锐化，明确在农村应以信用社的利率作为借贷利率的合法标准，从而对坐落在一般村镇的当铺构成一种新的限制。

1956年初，中国的旧式典当业完全实行了全行业公私合营。在一些城市，当铺成为中国人民银行有关分支行领导下的专门办理小额质押贷款的独立经营机构——小额质押贷款处。至此，旧式典当在中国内地彻底绝迹。

在上海，1957年由中国人民银行上海市分行设立小额质押贷款处进行统一管理，成为为社会服务的低息信贷机构，贷款利率降为1分2厘，以质押品收据代替当票。

同年4月，建成闸北区公私合营小额质押贷款管理处，将合营前12家典当改造成小额质押贷款营业所。1958年，撤并七浦路（金安）营业所。同年“大跃进”开始，就业面扩大，工商企业组织关心群众生活，帮助赎贷，小贷业务减少。经精简撤并，仅存塘沽路（金安）、海宁路（升兴）、大统路（义盛）、西宝兴路（锦兴）4家营业所。三年困难时期，贷户增多，并出现贷多还少现象，增设天潼路860号1支弄1号和新疆路31弄46号2家营业所。1962—1963年，天潼、新疆等6家营业所贷款金额高达70万元。

但此时的小贷处仍有当铺的影子，基本上沿用典当模式运作，故实际上是旧式典当业的一种转型或改造，属于旧式典当业向典当消亡期的过渡形式。然而，由于全国各地的经济发展状况并不平衡，典当空白的出现亦有早晚。在天津，1959年小贷处撤销；在上海，1966年10月小贷处撤销。

1956年4月，典当业全行业公私合营，由人民政府批准设立唯一的一家常州市小额质押贷款处，下设惠民、惠元和永盛3家分处，使常州市典当业进入了社会主义改造阶段。该处由中国人民银行常州市支行负责监管。同年4月23日，贷款利率下降为月息1.5分；1963年7月1日，又降低至月息0.72分。同年8月1日，人民银行江苏省分行修改营业章程，允许放宽贷款额度，规定小贷处从每笔贷款上限6元，可增至20元，并延长贷款期限，由原来的50天增至6个月。另外最重要的改革是，如质押物品死当出售后，小贷处扣除本息之外的溢价部分，一律通知债务人领回，使其不致遭受额外损失。

20世纪60年代初期，常州市小贷处的质押贷款业务最为发展。1963年7月，全月贷款总数6万笔，贷款总额高达53万余元，平均每天贷款2000多笔，创下历史最高纪录。以后则有所下降，如1965年6月为41万余元，1966年6月为34万余元等等。

1966年9月，受"文革"冲击，常州市小额质押贷款处被令关闭，不放新贷，清理旧贷。截至1968年5月一年零八个月的清理，一方面免息催赎，一方面销售逾期贷款（即绝当）押品，常州市小贷处终于完成了自己的历史使命，从此销声匿迹。

（3）旧式典当的消亡（1967—1986）

即旧典当的取缔。它使新中国有近20年没有典当存在，甚至于连小额质押贷款处这样的替代金融机构也被赶下了历史舞台。

（四）改革开放至今的典当业

1. 典当业复出概况

斗转星移，沧桑巨变。20世纪80年代末期，曾被定为剥削制度残渣余孽的典当在中国内地消亡30余年之后，竟又奇迹般地重新出现了。1987年12月，四川省成都市开办了中国改革开放后第一家典当行——成都市华茂典当服务商行，率先恢复了古老的典当业。这个头一带，好比提起一道泄洪的闸门，兴办典当行的大潮迅即随之而来，不久就遍及全国。

说来有趣，华茂的催生剂竟是分别刊载于《经济参考报》和《参考消息》报上的两篇短文。1987年9月，《经济参考报》摘登了一篇文章，题目是《"当铺"在东京香火旺盛》，介绍了日本东京一家当铺的经营情况。这则短消息，令成都市华茂金属丝网公司正副经理黄福玉女士和赵克强先生深受触动，他们随即萌生了创办一家当铺的念头。同年11月3日，他们在《参考消息》报上又读到了另一篇文章《莫斯科的当铺》，得知当时的苏联首都共有8家国有典当行，典当余额7800万卢布，每年上缴国库的利润多达1000万卢布。于是，他们更坚定了创办当铺的念头，并在11月10日以企业的名义草拟了一份报告——《关于开设"典当商店"的构想》，决心投身典当业。

当天，他们手持报告，首先迫不及待地走访了成都市政府办公厅，得到接待人员的支持和鼓励，并请他们与市体改委接洽。找到市体改委，其构想正与体改委的深化城市改革的思路不谋而合。体改委立即派专人帮助他们制订议案，并决定将其列为成都市、区两级体改的试点。

当开办典当服务商行的报告正式递交后，市、区有关部门很快研究，并召开联席会议进行协调。会上，工商、税务、物价、公安等部门都表示：新东西没有比照物，先干起来再说。成都市委、市政府、西城区委、区政府的主要领导人也都亲自过问此事。市体改委、西城区体改办还分别派出专人协调，使各有关部门很快签字、盖章。不久，北京也传来消息，国家体改委有关负责人对此事表示赞赏和支持。这样，从提出设立典当构想后仅仅 40 多天，华茂典当服务商行便于 12 月 23 日领取了正式营业执照。对此，新闻界反应极快。12 月 22 日，《经济参考报》抢先发了消息。同一天，中新社也向海外播发。12 月 28 日，成都市体改委举行记者招待会，蓉城出现典当的新闻广泛流传。在以后的一段时间里，全国有 60 多家新闻媒体先后做过报道，华茂开始名扬四海。

1987 年 12 月 30 日，成都市西御街 72 号门前鞭炮鸣放，热闹非凡。“成都市华茂典当服务商行”正式开业，标志着在中国内地沉寂几十载的典当业从此复出。

华茂的出现，引起了各界强烈的社会反响。许多人从四面八方来了解情况，学习取经，考察调研，一致认为典当的复出是改革向禁区的挑战。但也有一些人感到不理解和疑虑，甚至忿忿然。如辽宁阜新的一位先生写信称赞：“真是有点胆量，你们做出了别人不敢做的事！”江苏溧阳县一位三代开过当铺的先生则热情地为华茂出点子、提建议。相比之下，有人却认为，“越搞越倒退，把旧社会的当铺也接过来了！”

与此同时，世界各国也十分关注华茂典当。美国驻成都总领事馆高级行政助理丁道谦和欧阳旦先生，奉上级之命专程到华茂访问，称这家典当商行是“红色当铺”。

后来，美国驻成都总领总领事白瑞德先生也很有兴趣地亲自到访，提出华茂由哪个部门批准，为什么新中国第一家当铺不出现在北京，而是在成都开办？华茂今后靠什么来维持经营和生存等问题。另外，新加坡华裔家族大福当、五强当、联昌当联号公司从报上知道大陆首家当铺开张的消息后，其董事会成员及员工们都感到无比兴奋，于是由董事兰钦然给华茂写来一封热情洋溢的信表示祝贺。信中说：“终究血浓于水，作为黄帝的子孙，我们对中国人民的事业也还是事事关心的”，我们很想“为中国（祖国）尽一点海外赤子之心，也许还能为建设繁荣的新中国尽一点力”。

按照《成都市华茂典当服务商行试行方案》的规定，关于典当期限：一般物品1个月，贵重物品或高值难赎物品2～4个月。关于收费标准：典当月利率6%，并视当物体积等情况收取保管费。关于比率：当物可销价格应在100元以上，折当率为50%。

开业第一天，共有数位顾客走进华茂典当行。其中剪彩仪式刚完就上门的3位农村建筑队承包人，是与华茂洽谈头笔典当生意的客户，他们打算以几间私房典当速融资。接着，一位顾客想当一间10平方米的私房未能如愿，一位百货经营者则典当成功价值1万多元的金银首饰，还有一位企业员工用1台14英寸彩电典当了几千元。开业10天，华茂共做成13笔典当生意。其中在1988年1月3日，成都蓉东金属结构机械厂成为新中国第一个光顾当铺的企业。这是一家集体所有制企业，为履行供货合同用厂里价值1万多元左右的积压物资典当，经估价折当，实际获取了急需的3000元资金周转。截至同年2月25日，华茂开业近两个月来，总共成交近百笔典当生意，发放当金9万多元，综合费用进项8000元。

毫无疑问，成都华茂为新中国典当业的复出和发展，作出了不可磨灭的重要贡献。继华茂之后，历史镜头便对准了温州金城。

当时典当业复出的一个特点是，分布广泛，地域宽阔，大多数集中于城市，极少数位于乡镇，且为富区带动穷区，沿海带动内地，内地带动边疆，典当之风由南向北而刮。尽管四川成都是新中国典当业的策源地，但东南沿海地区更是“当”字招牌高挂。原因之一是中共十一届三中全会以后，沿海兴办特区，经济迅速发展，改革开放的步伐比内地和边疆要走得快些，故而典当业在中国南方省份也恢复得早些。

如浙江省的典当业是从最先富裕起来的温州市发源的。1988年2月9日，温州市金城典当行正式开业，这是改革开放后，温州市和浙江省第一家、全国第二家典当行。其典当业务十分红火，很快就超过了成都华茂，受到广大当户的青睐和好评。该行当年典当生意3479笔，累计典当金额2758万元，其中8月底当金余额1011.5万元，11月中旬当金余额731.6万元。

同年3月16日，温州市第二家、浙江省典当业拓荒者之一——温州市鹿城典当行随金城之后挂牌营业。鹿城利用自身商业繁华地段、营业面积大、员工素质高等优势，很快成为省内外典当业的佼佼者。

截至1988年11底，温州市共成立了42家典当行，其中实际开业的34

家，遍布除洞头县（市）二区。这些典当行一般都实行董事会领导下的经理负责制，员工一般为10～12人。典当经营范围包括动产典当和不动产典当两大类。动产类以日用品、家用电器、金银饰品、交通工具及企业闲置设备为主，不动产类主要是房屋，有时也搞有价证券典当即权利质押。

这些典当行的典当一般规定为：当期最短10天，不到10天提前赎当的，按10天计算收费。当期最长3个月，期满不赎当的，可在期满前3天提出展期申请，展期15天。服务费按典当金额月率2.4%～4.8%计算，仓储费和保险费均按典当物品的价值高低和体积大小以0.3%～0.9%的月率计算。典当行的整体综合费率高于城市信用社同期贷款利率，但低于温州当地的民间借贷利率。各典当行都制订了具体的经营管理章程，其中对典当物品的折当方法为：动产质押视市场情况，如黄金饰品一般是按市价的70%～75%折当，不动产一般按估价的50%左右折当。

典当行营运资金来源多元化，主要有三个方面：一是自有货币资本金。34家典当行自有资金1578万元（其中集体股300万元），占资产总额25.7%；资本总额最高的一家为150万元，最低的为30万元。二是“内部集资”，或向上级主管部门及一些企业单位借款。34家典当行总共贷款943万元，占资产总额15.4%。三是向金融机构贷款，34家典当行共向各类金融机构贷款3600余万元，占资产总额58.9%。

典当行的服务对象大都是从事生产经营的个体工商户、区街企业和少数居民。其资金投向，据调查统计，90%以上投向生产与经营领域，只有少数典当资金是用于解决社会公众生活临时急需。典当行还普遍规定，当期届满除展期外，还可以续当；如果发生绝当，典当行拍卖变现扣除应付费用后，多余部分必须返还当户。这表明，新型典当与旧式典当相比，尽管形式相同，然而内容却有本质区别。

温州当铺的大量涌现，引起社会各界议论纷纷，褒贬不一。而且，由于多头审批，管理比较混乱，特别是金融机构大量注入资金，又缺乏必要的法规制约，事实上存在着很大风险。为此，1988年9月16日，温州市人民政府发布《关于加强典当行业管理的通知》；同年11月3日，温州市人民银行发出《关于清理、整顿我市典当业的通知》。但是，这些地方法规并未得贯彻执行，对温州典当业的监管缺乏力度，致使典当业的发展实际处于自流状态；有的困难重重，步履维艰；有的经营不善，自行闭歇。

1988年兴办典当的还有辽宁、山西、广东、福建、海南、吉林、贵州等省。

山西典当行

5月，沈阳市商业典当行挂牌亮相，成为东北地区最早成立的典当行之一。其服务宗旨是："发展经济，服务群众，诚实守信，方便快捷。"其经营范围包括服装、家用电器和金银饰品等。当时，由于北方地区社会上对典当认知和了解的人比较少，典当业务难于很快拓展，故其年度典当总额仅为100多万元。

7月，山西省运城地区稷山县典当商行露面。这是一家由几个农民合伙成立的典当行，它除从事典当外，还有违法超范围经营的情节，后来在清理整顿非金融机构的过程中被停办。

8月，广州长寿典当行成立。它是广州市改革开放后设立最早的典当行，一开始就以发展经济为目标，贯彻执行"忠诚守信，方便群众"的宗旨，日常服务对象的重点是公民个人，经营范围以黄金饰品、高档手表、家用电器为主。由于广州地区经济比较发达，人们的思想意识比较开放，故利用典当方式融资的人很多，致使该行每天从早到晚客流如云，员工忙得不亦乐乎，全天连续营业12个小时，节假日也不休息。

上海也在1988年重新兴办典当。那里的第一家典当行是上海恒源当铺，该当铺由上海市虹口区商业服务公司组建。他们得知成都等地出现典当行后，便很快设立了典当筹备组，一方面赶赴四川等地调研考察，设计方案，另一方面派出人马奔走于所在区人大、工商局、公安局、银行等有关主管部门。得到的回答，有赞成试点的，有心生疑虑的，更多的是问："什么店不好开，却要开当铺?"有的干脆拒绝，明确表态不允许。然而毕竟是在改革开放的年代，几经周折和等待，1988 年 9 月，上海恒源当铺终于开张营业了。

恒源当铺的诞生，标志着典当业在中国最大城市的复出，它无疑对国内其他大中城市产生了更加重大和深远的影响，为促进日后新中国典当业的强劲发展，贡献了自己的力量。

据不完全统计，截至 1988 年 10 月底，全国有 21 个省、自治区和直辖市恢复了典当业，共有典当机构 180 余家，从业人员 1200 人，累计当金发生额 5 亿元左右。

案例 5　上海恒源首单业务

也许不会有人想到，1988 年 9 月上海恒源当铺设立后接到的第一单典当业务竟是自来水管。

由于开张后一直没生意，当铺领导就带领员工骑着自行车挨门挨户发放宣传资料。最后，大家渐渐发现去集贸市场发传单比较管用，那里的个体户老板们似乎对这个有点兴趣。实际上，第一位当户时就是在集贸市场上看到了他们发放的小卡片，到了 9 月 24 日也就是开张后的第七天才上门来的。

据知情人回忆，当户是浦东人，小包工头，当铺开张的时候正在附近搞装修。"他来典当的是1000 多米的自来水镀锌管。当时，他的一个装修工程刚结束，新的工程还没开始，就在想办法怎么储存这些水管。他当时大概算过账，要租房子来存放，还要找人看管，成本很大，看了我们的小广告后才找过来。其实，他开始也是有怀疑的，只是先上门试探一下我们收不收，等得到明确答复了他才把水管搬来，存放在我们南浔路的仓库里。"这笔首当业务最后并没有形成绝当，两个月后小老板有了新工程就把水管赎回去了。

2. 典当业复出原因

典当在中国绝迹 30 多年以后又梅开二度，重新登上历史舞台，并非一朝一夕之功，而是有着极其深刻的经济、政治、思想、社会乃至国际的原因。

（1）市场经济发展的需要是典当恢复的根本原因

1992 年 10 月召开的中共十四大，确定了建立社会主义市场经济体制的政策，这是对中国改革开放十几年来各方面成功经验的系统总结。实际上，自从党的十一届三中全会以来，随着兴办特区、发展私营工商业、搞农村家庭联产承包制等一系列重要经济体制改革的进行，市场经济的步伐早已迈开。

市场经济的进一步发展，要求有更多种类型的金融机构为之服务。对此，中国金融界开始寻找对策，酝酿改革，彻底打破金融领域长期以来“只此一家，别无分店”的沉闷局面。1979 年 2 月，中国农业银行恢复；3 月，中国银行从中国人民银行中分设出来；10 月，中国国际信托投资公司成立；1981 年 12 月，中国投资银行诞生；1984 年 1 月，中国工商银行组建。

然而，尽管金融机构重大改革、各类银行破土而出，给蓬勃发展的社会主义经济注入了新的活力，但它对于私贷业务日益增大的广大人民群众来说，仍有许多不便之处。总之，国有银行的私贷业务远远不能适应市场经济中非公有制经济成分逐步扩大和发展的需要。在这种情况下，典当行作为能在一定程度上开展私贷业务的金融机构，就理所当然地具备了重新问世的客观条件。

（2）改革开放政策的实行是典当恢复的前提条件

市场经济的发展为典当行东山再起提供了良好机遇。但要抓住这一机遇，把可能性变为现实性，还依赖于中国改革开放政策的进一步实行。

随着市场经济的不断升温，中国金融领域的改革力度也在加强。

中国金融界在实践中开始认识到，除信用放款形式之外担保放款形式的重要性，并逐步加以提倡。而这种提倡，正是以专营质押放款为业的典当行得以复兴的前提条件，它反映了中国改革开放步伐在市场经济发展过程中的加速行进，和金融体制改革在金融机构结构方面面对市场经济大潮扑面而来所进行的有益探索。

（3）思想政治观念的转变是典当恢复的重要原因

典当行自 20 世纪 50 年代后期在中国内地走向坟墓以后，几十年来，人们对它的评价无一不是戴着有色眼镜给予严厉指责，而且各种偏见根深蒂固，甚至直到 90 年代初期仍骂声未绝。《辞海》（1979 年版）在解释“典当”辞条时称其为：“旧中国以收衣物等动产做质押，向劳动人民进行放款的高利贷机构。……利率极高，剥削严重。”同年出版的《现代汉语辞典》也说：典当行是“旧社会专门收取抵押品、放高利贷的店铺”。1985 年版《经济管理大辞典》指出，典当行是“旧中国以实物抵押为条件的一种高利贷”。1990 年版《中国金融百科全书》认为，典当行是“重利盘剥贫民的信用机构”。而 1991 年出版的《简明资本论辞典》则这样描述：“向当铺借款的多数是农民和城市贫民，当铺对他们进行惨重的剥削。”以上论断，并非来自中国全部权威出版社，但从中我们已经可以看到，人们对典当行的认识是何等的固执和偏颇，明显带有片面性却不求改正。

究其根源，就在于“左”的思想的长期影响，造成认识论上的形而上学。

随着思想解放程度的提高，人们对典当开始有了比较客观公正的认识。1988 年版《辞源》说，典当行是以“经常押物借钱的店铺”。1990 年出版的《物源百科辞书》指出：“从历史的观点上看，典当只是一种经营方式。”1992 年版《中央银行知识辞典》也说：“典当商行是经营小件动产抵押放款的信用机构。”这里我们看到，对典当的解释已没有了政治色彩，而是实事求是地予以评价。实践告诉我们，若要在中国内地上从事改革，推行市场经济体制包括重新恢复典当业，必须有股闯劲，甘冒风险，不怕有点资味，而这一切，都离不开思想认识的彻底转变。只有摘掉有色眼镜，实事求是地看待一切事物，才能在各个领域，包括金融领域里迈出新的步伐。典当的复兴，正好从一个侧面说明了这一点，它是人们思想政治观念彻底更新的产物。如北京出现的第一家

澳门典当行

典当行——金宝典当服务行，早在 1992 年 5 月就开始筹建，但因主管部门及有关市领导迟迟拿不定主意，就是批不下来。后经市最高负责人批示“先试办一个”，才得以从同年 11 月 20 日挂牌试营业。

（4）历史文化传统的存在是典当恢复的社会基础

典当在中国源远流长，一直存在了千余年，已如前述。它反映了典当业不仅是商品经济领域里卓有成效的金融行业，而且也反映了中国人民在商品货币关系发展过程中对典当行这种民间金融机构的传统接受程度。这种历史文化传统表现在两个方面。

第一是在借贷方面。中国过去是小生产者的汪洋大海，小生产者长期满足于自给自足的自然经济，信奉万事不求人的思想。偶遇生活及少量的生产急需，也仅以取得小额贷款为主。在封建社会金融机构缺乏的情况下，只有经营质押放款业务、利息尚可接受的典当行，最适合他们的需要。除此之外，小生产者则被迫求助于民间直接信用即高利贷。近现代钱庄、票号、银行相继出现之后，小生产者的这种借贷传统仍未有大的改变。进入社会主义社会，由于典当行的消亡，受小生产者历史文化传统深刻影响的广大人民群众，在往行社筹款不易的情况下，便把借贷方向主要转到民间借贷这种唯一被其早已习惯的借贷方式上来。新中国成立以来至今，民间借贷始终存在，且政府屡禁不止就是证明。

第二是在放贷方面。典当行是中国历史上出现最早的金融机构，并且延续的时间最久。这种情况导致历代造就和培养了相当一批经营典当业的专业人才，同时在许多省区形成了根深蒂固的经营典当业的历史传统。以山西省为例。山西人善于经商，由来已久，著称中外，尤其是在金融业方面，均营放贷的票号、账局、典当号称三大支柱。晋商开当，规模宏大，蔚为壮观。清乾隆九年（1744 年），全国典当行万余家，山西一省就占 4695 家；光绪十三年（1887 年）前后，北京以外的典当行有 7000 多家，山西一省则有 1713 家；清末民初，北京有典当行 200 家左右，而其中殷实大户皆为晋商，各把持一二十家或二三十家典当行不等，至少约占京当数目的一半以上，人称“山西屋子”。时有民谣云：“西商妙算果通神，典当重开用现银；就便亲爹能出世，三分一律不饶人。”如此开当传统，对后世颇有影响。尽管新中国成立后典当行已经销声匿迹几十年，但毕竟有人对此轻车熟路、兴趣浓厚，随着社会主义市场经济的不断发展，晋商开当之风再度兴起。最早经营典当行的是山西运城地区、临汾地区和晋东南地区的晋城县，尤以运城地区为盛。

（5）国外典当潮流的影响是典当恢复的动力之一

典当业是人类历史上最古老的金融行业，典当行作为世界各国普遍出现的金融机构，千百年来沧桑多变、盛衰交替。然而，在中国典当业处于人为消亡的年代里，尽管国外典当业也由于生产力发展、社会富裕程度提高、银行业务繁荣等因素趋于低潮，但却始终存在，尤其值得注意的是，近一二十年来国外典当业又开始重新崛起，且渐有趋于兴旺之势。

国外典当潮流的再度涌动，有两个十分明显的特点。

第一，典当行数量猛增，生意格外兴隆。从欧美国家来看，20 世纪七八十年代是典当行步入衰落谷底的阶段。例如在英国，截至 70 年代，典当行的总数已不足 50 家，与当年伦敦一地就有 240 家典当行的盛况，绝不可同日而语；在美国，自战后以来，典当行数目便呈逐年下降的趋势，到 80 年代已陷入阴云密布之困境。然而，随着社会经济发展魔术般的变化，一些发达国家的典当业又开始走出低谷，出现复苏，并再次进入黄金时代。1990 年，英国典当协会的会员增加到 200 家，其中较大的一家典当行拥有 29 家分店，而到 1992 年底，会员已跃升到 250 家。美国近 10 年来，典当行总数增加了 33%，而得克萨斯州一地的典当行则翻了一番，其中一家还在许多州设有分店，1991 年经济效益高达 2 亿美元。目前俄罗斯首都莫斯科也有 10 多家典当行，这是前苏联时期少见的社会经济现象。

第二，经营范围扩大，服务方式改进。在收取当物方面，几乎一切动产都可以质押，而且物品已从过去的低档为主转为中、高档居多。如墨西哥的典当行，除服装以外，所有物品均可质押。现今典型的当物是电视机、电冰箱、摩托车等耐用消费品，从而取代了过去的衣服、家具。而在英美等国，高级名贵轿车、稀世名画佳作则是典当行里常见的质押物品。在日常服务方面，典当行表现得更加提倡灵活性和更加强调优质化。如美国，典当行十分注意改善与顾客的往来关系，通常实行电话预约、派人上门服务等方式处理业务。在德国，典当行则明知一些家庭主妇春当棉被厚衣，为的是把典当行当做保管处以备冬天再赎回穿用，但却绝不因利小、麻烦而不为。另有一些国家，富人在外出度假前，往往将家中贵重细软拿到典当行质押，待度假结束后再赎回，把典当行当做保险库；有的商人则在物品淡季把商品质押，等到旺季来临再赎回，把典当行当做周转库；对此，典当行也从不予以拒绝，一般采取利大大干、利小小干的原则，致使业务空前发展，声誉甚至超过银行。

上述特点，无疑成为国外典当业由衰入盛、起死回生并最终蓬勃兴旺的重要原因。随着中国改革开放的不断深入，世界各国及地区的典当发展概况方面的信息也大量传入，特别是典当在资本主义国家社会经济发展中的积极作用，各国经营、管理典当行的方式、方法，都对中国走向社会主义市场经济利用典当业有所裨益，应当受到中国金融界的重视，并予以研究借鉴。从这个角度出发，可以说，国际上典当业潮流的强有力的影响，已经不可避免地成为中国典当从消亡到恢复的动力之一。它向我们提出了一些值得注意和思考的问题，诸如：在现代金融机构空前发展的条件下，兴办典当有什么必要？典当行在社会经济生活中的基本作用是什么？怎样处理好典当行与银行等金融机构之间的关系？如何依法加强对典当的宏观管理和调控等等。很明显，面对这些问题，我们只有在经营典当行、适度发展典当业的实践过程中，才能找到正确的答案。它从根本上取决于我们对典当的正确认识，并且需要我们积极地吸取国外兴办典当的有益经验，同时不断探索适合国情、符合社会主义市场经济条件下经济规律的办好典当的正确做法。

3. 典当业重新发展

新中国典当业自复出以来，迄今为止已度二十几载。其中，它经历了一个由小到大、由弱变强特别是由乱到治的过程。这个过程共分四个阶段。

（1）典当业无序发展阶段

本阶段从1987年12月起至1993年6月止。这一阶段最突出的特点是，市场准入混乱，多头审批典当行，没有典当法规和全国统一的典当业监管部门。当时，相继有22个部门审批了3013家典当行，但注册资本金仅9亿元。

由于各地经济环境、客观条件、具体实践不同，有关部门还未就典当业形成比较完整详尽的法规或条例，尤其是关于典当组织规范的法规不健全，故导致一些地区各自为政，非法典当行泛滥成灾。许多典当行违法经营，严重干扰了国家正常的金融秩序，破坏了国家金融市场的稳健运行。具体表现为：

其一，无照经营。

未经有关部门特别是当地人民银行批准，非法开设典当行，违反国家禁止私人经营金融业务的法令。如1993年山西全省共有典当行51家，其中18家是以个人名义开办的，其他的虽以集体名义开办，但实质上也是个人开办的，属于私人经营金融业务。

其二，超范围经营。

打着典当的幌子集中主要精力经营存款业务，从而混淆了典当行的经营性质，背离了典当的主要任务，严重超越了典当业的经营范围。如1993年4月头20天，山西运城地区农业银行储蓄存款比3月底下降了1750万元，而该区下辖的新绛县典当行成立3年来变相吸收存款达3000万元，致使当地存款大搬家，一些储户挤提行社存款旋即又转存典当行，造成银行和信用社存贷“双紧”恶性局面的形成。

（2）典当业规范发展阶段

本阶段从1993年7月起至2000年6月止。这一阶段的主要特点是，全国统一的典当业监管部门确立，典当法规出台，典当业经过全面的清理整顿后，开始规范稳定的发展。

其一，确立典当行的金融机构地位。

1993年7月，全国金融工作会议召开，部署整顿金融秩序。8月19日，中国人民银行下发《关于加强典当行管理的通知》，明确指出："典当行是以实物质押形式，为个体工商户和城乡居民提供临时性贷款的非银行金融机构，其主管机关是中国人民银行。"从此，我国典当行被作为金融机构看待，典当行的社会地位在一定程度上得到了提高。

其二，出台典当法规。

为了加强对典当业的治安管理，保护合法经营，预防和打击违法犯罪活动，中华人民共和国公安部于1995年9月施行《典当业治安管理办法》，这对于人民银行和工商行政管理机关清理整顿国内典当业是十分有利的配合，起到了十分重要的作用。

1996年4月，中国人民银行颁布实施了《典当行管理暂行办法》，标志着新中国典当业进入了一个更加健康规范的持续发展阶段。1998年，人民银行还统一了全国的"当票"，并统一实施了《典当行会计基本制度》，在全国范围内促进了典当业的经营与管理方面的建设。

其三，清理整顿典当业。

早在1993年7月全国金融工作会议结束后，各地已开始对典当业进行清理整顿。在1996年4月《典当行管理暂行办法》施行后，清理整顿工作更加卓有成效。1997年10月，清理整顿工作取得了阶段性成果，中国人民银行向1354家典当行发放了《金融机构法人许可证》，将典当行正式纳入中央银行监管序列。这1354家典当行按《办法》要求增资扩股，注册资本金总额达到80亿元，从业人员1万多人。

（3）典当业改革发展阶段

本阶段从2000年6月起至2003年4月止。这一阶段的主要特点是，全国典当业监管部门发生变化，国内新批设了近500家典当行。

其一，取消典当行的金融机构地位。

2000年6月，国家经贸委接管典当业监管职责，宣布"取消典当行金融机构的资格"，将其"作为一类特殊的工商企业，交由国家经贸委统一归口管理"。从此，典当行脱离中国人民银行监管序列，不再被视为金融机构。

其二，颁布施行新的典当法规。

2001年8月，国家经贸委颁布施行《典当行管理办法》，放宽典当行的市场准入条件，允许典当行从事动产和财产权利质押并从事房地产抵押业务，允许典当行设立分支机构，从而使我国典当业获得了新的发展空间。

其三，批设新典当行。

2000年6月，国家经贸委共接收典当行1110家，经过清理整顿后，余890家。从2001年开始，国家经贸委以新《办法》为尺度，在全国范围分三批共批设新建典当行485家及分支机构34家。

2001年12月，新批设114家和5家分支机构，全国典当行注册资本达到65亿元。2002年7月，新批设150家和14家分支机构，全国典当行注册资本金达到75亿元。2003年3月，新批设221家和15家分支机构，全国典当行注册资本金达到95亿元。本阶段全国共有典当行1375家。

（4）典当业继续发展阶段

本阶段从2003年4月起至今。中华人民共和国商务部组建成立，国家经贸委撤销，由商务部负责全国典当业的监管工作。

2003年12月，商务部下发《关于加强典当业监管工作的通知》，对我国典当业的继续发展提出了一些新的思路，并着手修改《典当管理办法》，于2005年2月颁布和4月施行，进一步促进典当业的发展，目前全国共有典当行3000多家。

2006年，我国典当业总体运行态势良好。典当行总量增加，规模扩大。救急解难，拾遗补缺，便利融资的传统优势功能继续彰显；创新理念，优化服务，完善内控，提升形象等工作逐步深入。

其一，典当行业迅速发展。

典当作为特殊工商企业（实际上是金融机构），其融资、仓储和商品流通等属性，顺应了当前民营经济和中小企业的发展需求，同时也吸引了信誉好、实力强、资产优的企业和投资者进入。截止2006年底，全国共有典当行2494家，累计注册资本246亿元。2005年以来新增典当行户均注册资本1265万元。

其二，典当业务大幅增长。

《典当管理办法》降低了典当综合费率上限，减轻了当户的负担，兼顾了社会公平。全行业抓住这一发展机遇，扩大经营规模，改善硬件设施，创新业务品种，完善服务功能，努力提升行业的社会公信度。2006年已营业的典当行2052家，分支机构81个，注册资本总额170多亿元，从业人员近1.8万人，典当总额960亿元，比上年增长40%。

其三，中小企业成为典当主要服务对象。

中小企业创业发展阶段对短期融资的需求为典当业的发展提供了市场空间。典当服务"随时、随地、随客"，高效便利的操作流程，方便了中小客户尽早获得短期周转资金。2006年，服务中小企业的典当业务量超过了典当总额的一半，当金多用于盘活存量资产、应急货款、创业基金和支付农民工工资等方面，涉及房产、建筑装潢、机械加工、服装加工、流动贸易、商业服务、餐饮娱乐及高科技等近50余种行业，一定程度上促进了生产经营，维护了社会稳定。

然而自然人典当也不可忽视。

自然人典当指个人典当，亦称大众典当，其中包括个体工商户的典当。这类当户是典当行的常客，他们急用钱典当时往往能如愿以偿。

目前在我国，自然人典当的业务笔数占大头，远远超过中小企业典当，然而典当贷款总额却低于后者。也就是说，自然人的典当融资规模小于中小企业的典当融资规模。

据我国商务部2007年9月发布的有关统计数据显示，2007年上半年，从经营对象看，中小企业和民营经济是国内典当业的重要服务对象。但全国2000多家典当行，累计对居民提供当金99万笔，同比增加8%，典当金额199亿元；为中小企业提供当金3.8万笔，同比增加18%，典当金额222亿元。自然人典当是中小企业典当的26.05倍，自然人已成为当户的主力军。

因此，面向城乡居民放款，是当前我国典当行普遍开展的两大业务之一。如2000年春节前夕，福州市隆达典当行有一天的当户竟然突破了700人次，高居国内典当界榜首，许多人典当融资是为了置办年货，致使这家典当行门前车水马龙，员工忙得不可开交。

类似这种当户爆满、生意兴隆的场面，在上海、广州等地的典当行内也可以看到。2002年，上海23家典当行共接待了当户28万人次，典当人次比上一年增加了10%，平均每百人中就有1.8人次进过当铺。

一天，正下着大雨，一位年轻的女士急急忙忙跑进典当行，一边将手中的闪亮钻戒取下递给柜台业务员，一边说：请赶紧放贷1万元。细问后方知，原来她的好友借用轿车外出办事，路上不慎撞倒了一位七旬老人，现已急送医院抢救。因身上现金不够，无法交付医院费用，无奈之下向她紧急求助。而她本人恰好身边也没有太多的现金，急中生智，她来到典当行求助贷款。

在典当行办理了规定手续后，这位女士拿着1万元贷款直奔医院而去，很快帮朋友交了押金及手术费用，及时救治了受伤的老人，避免了一场不必要的悲剧发生。事后，她感慨地说："10分钟内要借1万元，真不容易，多亏了有典当行！"

其四，典当企业经营能力不断增强。

《典当管理办法》放宽了典当企业设立分支机构的限制。2006 年底，全国共有分支机构 134 个，初步形成一批具有特色服务、专业分工、连锁经营、管理创新的品牌典当行。这些品牌企业不但稳定了一批中高端客户群，还承担了正确引导客户理性典当的社会责任，避免了因典当炒股等不理性行为带来的风险。品牌企业的涌现带动了整个典当行业经营水平和社会地位的提升。

其五，区域经济发展助推典当业。

典当业的发展与区域经济发展和个私经济活跃程度密切相关，浙江、江苏、山东等经济大省的典当资金周转期和典当总额均大大优于同样资本规模的内地省份。以浙江为例，2006 年，浙江省 95 家典当企业累计注册资本 11 亿元，户均注册资本 1158 万元，全年实现典当总额 152 亿元，占全国的 16%，上缴税收 5750 万元，绝当率 1‰。

其六，监管体系日趋完善。

针对典当作为特殊工商企业的定位，商务部坚持“先规范，后发展，重监管”的思路，联合公安部门颁布了《典当管理办法》，建立了典当联合审批工作机制，开展了典当风险防范和监管机制研究，推进了典当从业人员培训及执业资格工作；各级商务部门及公安、工商等部门，在实践中协调配合，强化监管，形成合力；行业协会积极完善行业自律制度，开展行业诚信承诺，主动营造公平竞争、规范经营、和谐发展的典当经营环境。

案例6　我国典当业日益壮大

我国典当业自1987年在四川成都复出后，至今已有20年。随着社会经济的发展和改革开放的深入，典当业日益壮大起来，典当投资总量不断增长。

1993年，全国3013家典当行，注册资本金9亿元；1996年全国1354家典当行，注册资本金80亿元；2003年全国1375家典当行，注册资本金95亿元；2005年全国1791家典当行，注册资本金146.5亿元；2006年全国2052家典当行，注册资本金170亿元，比3年前净增了75亿元，达到20年来的最高点。

而且，2001年国家经贸委批设首批典当行时，注册资本金在5000万元以

内蒙古典当行

上的仅有4家；但2005年商务部批设首批典当行时，注册资本金在5000万元以上的已有10家。为了扩大典当业务，增强企业实力，许多典当行开始增资扩股，如目前北京有一家典当行，已经增加注册资本金高达1.7亿元。

在浙江，“开当铺”成了时下最耀眼的经济热点之一。因为典当对于一般传统行业来说，其盈利水平还是相当有吸引力的。钱生钱、财聚财，“开当铺”已让各方老板欲罢不能。

在民间资本基础雄厚的浙江，拥有开设典当行的能力并非是什么稀罕事。来自浙江省经贸委的数据表明，2007年浙江的典当机构共有111家，其中2005年获批39家。分支机构有11家，全省典当从业人员近千人。利润率普遍在15%以上是吸引众多民资涌入典当行的根本因素，显然来自行业的普遍盈利水平。2007年，浙江省的典当行累计发放当金上百亿元（不包括新增部分典当行），实现利润8500万元，税金3000万元。

从市场分布看，相对较为集中。全省111家典当行中，杭州、温州、宁波

北京典当行

三地最多。其中，前两者分别以 22 家并列第一，宁波则以 17 家排名第三。此外，从投资规模看，杭州的典当行最大，注册资金普遍在 2000 万元以上。

据分析，以一个注册资本 1000 万元的中型典当企业为例，如果资金利用率可达到 80% 左右，全年可完成营业额近 1 亿元，平均按 3.5% 收费可得营业收入 350 万元；支出包括营业税 17.5 万元、营业场租金及员工薪资 50 万元，广告、差旅、折旧、水电邮等经营性支出合计一般需要 50 万元，企业所得税 33% 计 76 万元；不计算公积金、公益金以及分红税，在扣除上述费用后实际可以分配的利润 154 万元左右，投资回报率在 15% 左右。

截至 2007 年底，山东省典当企业共有 130 家和 5 个分支机构，注册资本总额达到 20.9 亿元，从业人员 1279 人。参加年审的 115 家典当企业，实收资本总额 17862.9 万元。全省 130 家典当行和 5 个分支分布在 74 个县市区，业务总量稳步提升。2007 年正常营业的 113 家典当行，完成业务笔数 26398 笔，同比增长 12.5%。其中，对法人 7539 笔，对自然人 18859 笔；年发放金额 64.6 亿元，同比增长 53%；全行业 2007 年实现营业收入 19155 万元，上缴税金 2613 万元，实现利润 5245.6 万元，同比分别增长 37%、40% 和 18.8%。

相当一部分典当企业已经形成了在同行业中的竞争优势，社会影响力逐步提高，向着做大做强的目标迈进，如临沂沂州、烟台中援、聊城昌润等。

4. 新旧典当业的区别

众所周知，典当自产生以来，在任何社会形态中都属于金融行业。但是，在当前社会主义市场经济条件下出现的新型典当，却与旧式典当有许多不同。换句话说，旧式典当在社会主义社会获得了彻底新生。新旧社会典当的根本区别，主要有以下几个方面。

（1）所有制不同

旧式典当是私有制经济的产物，新型典当则包含多种经济成分。早期官办多，民办少，还有事业单位，目前普遍改制，但国有股占大头的也不少。

20 世纪八九十年代中国出现的各类当铺，绝大部分是民办性质的，但也有一些属于官办，即国有企业。其中前者早期还包括集体所有制，有些是股份制。如北京当时仅有的两家当铺，一家是北京金宝典当服务行，它是中国人民保险公司北京市分公司下属的第三产业；另一家是北京市阜昌典当行，系由北京市西城区物资回收公司所办。而后者为全民所有制，如经上海市人民政府财贸办公室批准组建的上海市贸易信托总公司下辖的 8 个直属单位之一——上海典当行。由于当时中国现行法律明令禁止私人从事金融业，如《中华人民共和国银行管理暂行条例》第二十八条指出："个人不得设立银行或其他金融机构，不得经营金融业务。"又如《中华人民共和国私营企业暂行条例》第十二条规定："私营企业不得从事军工、金融业的生产经营"，故中国的所有合法民办当铺均非私人兴办和经营，这是新型典当业的显著特点之一。

（2）经营目的不同

旧式典当以剥削为宗旨，唯利是图，不择手段；新型典当以服务为宗旨，排忧解难，方便客户。

所有制不同是新旧社会典当最本质的区别，由此又决定了这两类典当经营目的的差异性，可以从两个方面突出地表现出来：

其一是贷款对象发生了变化。

旧式典当是以广大劳动人民的高度贫困化为基础建立的，贫富差别扩大，穷人逐渐增多，则典当自然发达，成为穷人充当经常性当户的带有施舍性的金融机构。而在社会主义社会，由于从根本上消灭了剥削人的社会制度，尽管仍存在着贫富差别，甚至很大，但广大劳动人民已经普遍解决了温饱问题，特别是中国改革开放以来，类似旧社会那种多数人食不果腹、衣不蔽体的景况早已消失，因此，如今去当铺借贷的人，绝大部分都是穿着笔挺、颇为体面的生意人，正所谓"昔日穷人来，今朝大款入"。当铺门前无穷人，已经成为社会的一种进步现象。

其二是贷款用途发生了变化。

旧式典当放款，主要是为了救穷，广大当户因为贫穷而走投无路，便只得向当铺求救，从而企望谋求一点生活费用。而新典当却与之恰好相反，它放款主要在于帮助当户解决生产或经营资金不足问题，流行的说法叫做：救急不救穷，当急不当穷。例如在乌鲁木齐某典当行，一次来了一位维吾尔族个体户，进门就说："老板，我做成了一桩大生意，现在急需5000元现金，我情愿用4台日立录像机质押。"话毕，双方验货、签合同。很快成交以后，这位个体户便高高兴兴地手持5000元现金，火速离开当铺。

（3）经营范围不同

旧式典当以有形财产典当为主，新型典当扩大到无形财产，如股票等，还从事房地产抵押业务。

当铺的经营范围主要反映在当物的种类方面。如前所述，旧式典当收取的质押品主要是动产实物形态，即有形财产，一般以估衣、首饰、铜锡等为大宗，且新旧不论。它的经营范围是由其经营目的所决定的。通常，当物都是广大劳动人民充当经常性当户，仅为贷取生活费用而交当的日常物品。新型典当则因其经营目的发生质的变化，故经营范围空前扩大，与旧式典当的经营范围有着明显的区别。

如早期《北京金保典当服务行业务简介》中规定：“本行接受作为质押的物品，主要包括：（一）工商企业和个体户的闲置设备、积压产品、过季商品、多余原材料、运输工具等。（二）城乡居民金银饰品、珠宝翠钻、古玩字画、有价证券、家用电器、照相器材、高档裘皮、汽车、摩托车等贵重物品。（三）其他作为质押品的物品。”这里我们看到，其中有许多可做质押的物品如生产资料、工商企业的产品和商品、个人手中的中高档耐用消费品等，或者是旧式典当所未曾见过的，或者是旧式典当所根本不收的。而更值得注意的是，允许以有价证券充做当物，即不仅仅限于收取有形财产，而且兼收动产非实物形态的无形财产，则充分反映了新型典当经营范围的进一步扩大。同时，收当有价证券也符合国际惯例。如美国法律通常规定，当物既可以是一般实物，也可以是有价证券，包括公司股票、政府债券、投资债券、人寿保险单或其他类似票据等。英国法律也明确规定，各类票据甚至手稿都可充当质押品。

当前中国新型典当收取质押物品种类的扩大和增多，还可从一些当铺日常大量贮存的当物方面反映出来，如在乌鲁木齐最早开办的华西典当拍卖公司，只见灯光明亮的营业厅里，铝合金柜台上摆放了照相机、电子琴、进口手表，仓库有高级轿车机械设备、各式电脑；这些当物如今都是最普通、最常见的质押品，从而充分说明，在经营范围上，新型典当与旧式典当早已不可同日而语了。

除此之外，如今在中国一些当铺中，收取服装做押的条件十分苛刻。如北京金宝典当服务行规定，服装类只能列入可收可不收的“其他当物”之内，且穿过的绝对不收。另有一些当铺规定，凡单件服装一律不当，新衣只要成批的，如几十件（套）、上百、上千件（套）方可，为的是怕服装过季太快，绝当后难以拍卖出手，从而挤占当铺库房和资金，甚至造成财务亏损，影响经济效益。此举无疑使旧式典当的头号大宗当物——估衣的地位直落九千丈。

（4）经营方式不同

旧式典当压低当金，提高利息，绝当处理溢价不返还；新型典当合理折当，依法收息，绝当处理溢价返还。旧式典当经营手段陈旧，手写当票等；新型典当运用科技手段经营，机打当票等。

新旧典当经营方式的区别，首先表现为当金不同。旧式典当从剥削角度出发，往往压低当金，即所谓折当比例常常在50%以下。新型典当则普遍将当金数额定得较高，目的是最大限度地保护当户的利益，真正满足其生产经营或消费的需要。在这方面，当时中国有关部门曾作出详细规定：“典当的折当比例，一律按当品评估的价值计算，最低折贷金额不得低于现值60%，最高可达90%。”不难看出，此处规定的当金起点是相当高的，其幅度也是相当大的。据此，国内大多数典当行在实际执行过程中虽有所变通，但基本上符合国家高当金的指导性原则。

其次，新旧典当经营方式的区别还表现为利息的不同。这种不同并非利息高低多寡之差异，而是在利息结构、利息与当期的关系方面存在着差异。

关于利息结构，旧式典当只公开收取单一利息，通常不收附加费用且受法律禁止。如清乾隆二十二年（1757年），苏州昭文县对于典当行除利息外加收栈租费予以查禁称“该县乡典苛索出栈，应请勒禁”，并严厉宣布：“嗣后乡民当赎米麦花豆，典当毋得利外苛索出栈钱文。商民属遵定例，永远遵守。倘敢阳奉阴违，一经访闻，或被告发，定行通详重究，决不宽假。”但这并不等于各地典当行私下不收，也不表明旧式典当剥削不重。相比之下，新型典当根据社会历史条件、客观经济状况的变化，公开提出收取广义的当息——服务费。如北京的两家典当行当年都一致规定“按典当金额收取服务费（包括利息、税金、管理费、保险费、栈租费等）”，并声明“服务费在支付当金时即行扣除。”利息结构的如此扩大，是中国现行法规所允许的，据当初有关部门规定：“典当利息标准可以只收利息，不收其他费用（如保管费、保险费、手续费等），也可既收利息，又可以收其他费用。”

关于利息与当期的关系，旧式典当表现为当期越短利息越高，二者之间成反比；而新型典当则类似银行，表现为越长利息越高，二者之间成正比。再以北京当铺为例，起先金宝典当服务行规定：服务费“费率一个月期按4%，两个月期每月按5%，三个月期每月按6%”执行。阜昌典当行则规定：“费率一月期按5%，二月期按6%，三月期按7%”执行。

案例7　典当业南强北弱

2007年，我国共有各类典当行2930家，然而整体发展并不平衡，明显呈现“南强北弱”的格局。

东南沿海一带的典当业最为发达，其中以浙江为最。2005年，浙江95家典当行累计发放当金近百亿元，而2007年前6个月，该省111家典当行的典当总额已高达74.76亿元，比上年同期增长了20%。从当户结构来看，企业当金35.52亿元，自然人占39.24亿元；从业务结构来看，房地产42.18亿元，占56.42%；动产17.54亿元，占23.46%；财产权利15.04亿元，占20.12%。

2005年上海67家典当行典当交易38.38万笔，发放当金64.40亿元，其中放款亿元以上的典当行有18家。

相比之下，2005年上半年新疆23家典当行交易38839笔，当金2.34亿元。同年陕西54家典当行交易7248笔，当金5亿元。

由此可见，今后北方省份及中西部地区的典当业尚需大力推进，这无疑从根本上取决于当地经济发展的拉动，同时也包括人们融资观念的更新。

5. 新型典当的地位

所谓典当的基本地位，是指它作为一种特殊的融资方式和金融业与流通业中的一种边缘业种和业态，在一个国家、一定的社会经济制度之下所处的经济地位和所发生的社会影响力。

（1）客观地位

典当是人类文明的组成部分，典当业历史悠久，是人类最古老的行业之一。迄今为止，典当至少已经历了奴隶制度、封建制度、资本主义制度、社会主义制度等人类历史上的大多数社会形态。无论在何种社会形态中，由于社会经济的不断发展，人们的融资需求都始终存在。于是，典当作为一种特殊的融资方式，便充当了能够满足一些人日常融资需求的有效手段，成为伴随着社会经济发展的一种客观经济现象。

古巴比伦（公元前1894—前729）时期，许多商人为做生意，曾经以粮食、金银和珠宝等典当借贷。在我国唐代（618—907），典当业也十分发达。如在新疆一些民营典当行的日成交生意中，当物为“领巾”、“绢”之类，当金最低为20文，最高为120文等。欧美国家自封建社会在德国、法国、意大利等国家相继出现典当后，一直延续至今，其中既有私立典当行，又有公立典当行，致使典当市场得到长期的、多元化的、日益成熟的发育和成长。

典当的客观存在与社会经济的发展有着密切的联系，因而它绝不是人为因素或者某种社会政治力量所能轻易否定掉的。如近代法国大革命时期和巴黎公社时期，有关当局都曾明令取缔或者限制典当业的存在和发展，但最后典当业仍然顽强地生存下来了。再如新中国成立后一段时间内曾将典当赶下历史舞台，然而实际上，典当行为并未就此绝迹，相反只是从公开转入地下。所以到1987年12月，随着改革开放大潮的涌动，新中国典当业便再次复出。

这表明，典当千百年来客观存在的社会经济地位是无法否认的。作为社会经济发展的必然产物，更由于它是人们可以有效利用的融资方式和融资渠道，故典当始终具有特殊的生命力，是每个历史时代有些人不熟悉且从未从事过，但却是另一些人很熟悉且经常从事的客观社会实践。

(2) 独立地位

在任何社会中，典当都具有相对独立的社会经济地位。典当的这种独立地位主要表现为以下两个方面。

其一，典当业的发展与社会经济的发展可能不同步。

一般来说，社会经济的发展是典当业生存和发展的前提条件，典当业与社会经济状况的好坏共进退。如我国清代康、雍、乾三朝盛世期间，全国典当业的发展亦呈逐年上升的趋势，直至嘉庆十七年（1812 年）达到历史的最高峰，全国城乡典当行约有 2.3 万家之多。另在美国，20 世纪末期是其国民经济连续 10 余年稳定发展的时期，而美国的典当业也随之日益发达起来。1988 年美国全国有持照典当行 6900 家，至 1998 年则迅速增加到创历史纪录的 1.5 万家。

然而，典当业与社会经济发展不同步的现象同样大量存在。如 1997 年亚洲金融危机爆发以来，东南亚一些国家的经济严重倒退，许多行业空前萧条，但此时这些国家的典当业却出人意料地得到发展甚至繁荣。一面是银行等金融机构纷纷倒闭，企业破产；另一面却是典当行生意红火，车水马龙，许多人因手中的存款丧失或者债券、股票被套牢，而被迫以实物资产向典当行借贷，以求周转度日，改善自身财富缩水的窘境。

这表明，典当业的发展与社会经济的发展并非总是正相关的关系。换句话说，经济繁荣时期，典当业具备发展的基础和条件；经济衰退时期，典当业同样具备发展的环境和空间。典当业的这种特殊的独立经济地位是其他行业所少有的。

其二，典当融资方式与其他融资方式相分离或者相区别，总是独立发挥作用。

在世界许多国家和地区，典当的历史远远长于其他融资方式、融资机构的历史，集中表现为先有典当及典当行，后有银行等金融机构。从我国来看，南北朝时期已有典当行（当时称质库）存在，而中国第一家民族资本银行是 1897 年在上海成立的中国通商银行，典当及典当行的出现比银行信用的问世至少早 1400 多年，二者之间的分离显而易见。就是在美国，独立战争前的 1657 年在纽约已有典当行存在，而美国第一家银行——北美银行却直到 1781 年才成立，二者之间也相差 100 多年。

由此可见，典当在社会经济发展的历史过程中，有相当一段时期是独立存在的。其独立地位的取得，在于典当不同于其他融资方式，典当行不同于其他融资机构。因而，这种不同在当今世界经济高速发展时期，仍能成为支撑起典当独立存在的客观经济基础。如前所述，典当行发放以动产质押为主的小额、短期贷款，其服务对象是不同国家和地区中的一些固定的社会群体，诸如西方发达国家中的贫困人口、部分中产阶级等，我国现阶段中的一些工薪阶层、中小企业等；典当涉足的领域往往是其他融资方式所不涉足或者很少涉足的领域。因此，尽管在市场经济条件下，社会上存在着五花八门的融资渠道和融资方式，但典当却仍能适者生存，拥有一席之地，独立地、有效地发挥出其特殊的融资作用。

（3）从属地位

典当是一种客观独立的社会经济现象，但由于种种原因所致，典当在整个社会经济发展过程中，特别是在当代世界各国和地区的国民经济体系中，还处于一种依附的、从属的地位。

其一，典当业是边缘业态。

典当业具有金融性质和商业性质，是金融业和商业的组成部分，但它只是整个金融业和商业中的一个分支或称边缘业态。典当业是非主流金融业和商业，与金融业中的重要支柱如银行业、证券业、保险业、信托业等无法相比，与商业中的重要支柱如批发业、零售业等也无法相比；典当业只能是主流金融业和商业的补充，并依附和从属于主流行业，发挥其拾遗补缺的积极作用。

从世界范围来看，美国是全球典当业最为发达的国家。1998 年，美国典当业的贷款总额高达 90 亿美元，约合 750 亿元人民币。然而，这在美国金融领域中仅为沧海一粟，它不可能有比各类银行或非银行金融机构更大的作为，而只是填补其他金融机构尚未涉足的融资领域的空白。另以美国最大的典当行——美国国际典当公司为例，1999 年全年共发放当金 4.40 亿美元，而销售各类商品（主要是绝当物品）仅为 1.59 亿美元；前者的业绩不足以与其他金融机构相提并论，后者的业绩更是大大落后于其他商品流通主体。在加拿大，典当在金融领域和商业领域中所处的依附和从属地位也相当明显，1999 年加拿大典当业全年共发放当金 9.5 亿加元，约合 53.01 亿元人民币。在新加坡，1998 年该国典当业全年共发放当金 11.6 亿新元，约合 56.56 亿元人民币，典当业在金融领域中和商业领域的依附和从属地位也同样十分突出。

其二，典当业是边缘业种。

典当业是特殊的金融业和商业，这使它能够成为国民经济体系中一个独立存在的行业，但它只是整个国民经济体系中的一个并不重要的行业或称边缘业种。典当业是非主流产业，它不是国民经济的支柱产业，对国民经济既无控制力也无很大的影响力，与其他产业如工业、信息产业、文化产业、教育产业等都无法相比，典当业只能是主流产业的补充，并依附和从属于主流产业，发挥其拾遗补缺的积极作用。

在世界许多国家和地区，典当业并不计入一国国内生产总值的统计范围之内，其政府监管部门亦非严格的专业对口，这就充分反映出典当业在社会经济领域中所处的实际地位。美国典当业的监管职能由各州政府的消费信贷部门和治安管理部门分别行使，而联邦政府则没有全国统一的典当业监管机构。如佛罗里达州是“农业和消费者服务部”，纽约州则是“消费者事务管理部”等等。英国典当业由英国政府贸易和工业部中的公平交易处负责监管，日本典当业的监管部门是各地公安委员会，马来西亚典当业的监管部门是中央政府的房屋与地方政府部，而新加坡典当业的监管部门是政府律政部。

相比之下，美国银行业由美国中央银行——美国联邦储备系统监管，证券业由美国证券和交易委员会监管；香港金融业由中国香港特别行政区政府金融管理局监管；我国大陆银行业、证券业、保险业也分别由中国人民银行、中国银监会、中国证监会、中国保监会负责监管。因为这些行业是一国或地区的国民经济的支柱产业，对国民经济具有很强的控制力和重要的影响力。

（4）弱势地位

典当业是具有跨行业性质的边缘行业，它在社会经济发展过程中的从属地位又决定了其弱势地位，即规模有限的特殊地位。综观世界各国典当业的发展特别是中国近年来的典当实践，剖析典当赖以存在的相关载体，以量化的标准衡量，可以说，古往今来的典当及典当业均属于“三小”性质，即小机构、小市场、小行业。

其一，典当行是兼有金融和商业性质的小机构。

更确切地说，它甚至属于“袖珍”机构。因为世界各国的典当行均不大，无论是在资金运营、业务范围、客层规模方面，还是在数量分布、营业面积、劳动力容纳方面，都是如此。

如中国台湾原《当铺业管理规则》第五条规定：申请经营典当者，其门店须“面积12平方公尺以上”，即12平方米大小便可。香港典当行的使用面积也很小，当厅一般在8～10平方米左右。另外，海外的典当行多为私营企业，资本金不多，业务量不大，内部分工不细，属于粗放型的、商业性质很强的金融单元。如在美国，得克萨斯州规定开设典当行需有净资产15万美元，印第安那州则是7.5万美元，而密苏里州仅为5万美元即可。在我国，人民银行监管典当业期间，规定典当行的注册资本金下限为500万元人民币；而国家经贸委接手典当业监管职责后，则将典当行的最低注册资本金下调为300万元人民币。

其二，典当市场是兼有金融和商业性质的小市场。

在一国庞大的金融和流通市场当中，典当市场的规模一般都十分有限，其所占的份额微乎其微，属于名副其实的“低端”市场。这主要是由于该市场需求的程度所致，并且极易受到经济大环境和政策法律环境变化的直接影响。

从海外来看，尽管典当机构较多，利用典当融资的人也不少，但这类群体的保有量同样比较稳定，增减起伏始终不大，故典当生意也不可能做得很大。在美国，佛罗里达州是该国典当业十分兴旺的一个州，然而辖区内各地的典当市场并不平衡。如1997年劳德代尔堡市28家典当行，一年典当交易7万笔，每家年平均2500笔，合日平均6.8笔左右。另在该州主要城市迈阿密，25家典当行每天成交数千笔，平均每家也就在100笔左右。1995年，台北市1400家典当行共发生典当交易3万笔，平均每天82笔，每家年平均21.4笔，日平均则为负数。这表明，典当市场的确是一个合理化存在的金融和流通市场，但却不可能成为一个高速膨胀发展的金融和流通市场；它能满足不同国家和地区中的一部分人的融资需要，但却不可能成为所有人都去利用的融资途径和方式；因此，典当市场的规模和容量必然受到需求恒定的制约，其繁荣时不会过度火爆，其衰退时亦不会走向消亡。

其三，典当行业是兼有金融和商业性质的小行业。

国际通说认为典当业是人类最古老的行业之一，迄今已有几千年的历史。但这个行业又是一个在形态上长不大的行业，与其他行业相比，典当业甚至可以说是“微型”行业。更重要的是，作为金融业的组成部分，典当业在海外并非都被视作政府金融业，实际上许多国家都将其划归为民间金融业领域，如欧美一些国家、台港澳地区等。而作为商业的组成部分，海外一般都将其与旧货业相提并论，如美国的一些州、澳大利亚等。

先从借贷角度看，1998年财政年度，美国商业银行发放的汽车消费贷款为0.1599万亿美元，房地产消费贷款为1.2303万亿美元，不含其他类型的贷款，这两项之一就与前述1998年美国典当业全年发放当金90亿美元形成天壤之别。在我国，1999年仅4家国有独资商业银行个人住房贷款余额就达1260亿元，这同样是全国1000多家典当行所根本无法望其项背的。另以上海为例，1999年该市商业银行个人消费信贷余额为318亿元，而同年该市12家典当行总共发放当金才5.7亿元，二者反差极大。

再从机构数量和分布的角度看，美国现有1.5万家典当行，平均每1.67万人一家，是世界上典当业最为发达的国家。但美国仅商业银行（不含其他金融机构）就有1.2万家，人均为2.08万人一家。尽管商业银行的人均拥有量略低于典当行，然而若计入二者的分支机构，则美国商业银行的人均拥有量将大大超过典当行。如美国最大的商业银行之一美洲银行，在国内21个州有

4500家分行，2000年总资产高达6720亿美元；而美国最大的典当行美国国际典当公司，在国内16个州只有412家分行，2000年总资产为4.176亿美元。另在我国澳门特别行政区，各国和地区的商业银行共22家并下辖138家分行，合计平均每3000人拥有一家银行，这比澳门共有60多家典当行、人均约1.6万人一家的比例还是高多了。

由此不难发现，世界各国和地区典当行业参与整个国家金融领域内融资的机会不多，融资范围狭窄，融资对象较少，融资规模不大。至于典当业在商业流通方面，亦属于这种情况。

珠海典当行

6. 新型典当的类型

典当的特点及社会功能，使其具有广泛的社会群体适应性。依据当户的不同层面、当户的不同性质等角度划分，典当的基本类型大致包括以下几种。

(1) 应急型典当与非应急型典当

从当户融资迫切程度的角度出发，可将典当划分为应急型典当与非应急型典当。

其一，应急型典当。

当户的融资需求十分迫切，表现为急需用钱，为的是应付突发事件，如天灾人祸、生老病死等。这类当户以广大普通社会公众居多。为解燃眉之急，他们往往用自己的金银首饰、家用电器等典当，向典当行押款，因为“急事告贷，典当最快”，所以应急型典当很受老百姓欢迎，属于大众融资渠道之一。

其二，非应急型典当。

当户的融资需求并不迫切，表现为不急需用钱，但却愿意从事典当交易，希望通过典当融资，只是获取当金后并非用于应付突发事件。

(2) 投资型典当与消费型典当

从当户融资目的的角度出发，可将典当划分为投资型典当与消费型典当。

其一，投资型典当。

当户融资的目的是为了从事生产或经营，如做生意用钱、上项目调头寸等。这类当户通常是个体老板、一些中小企业。他们往往利用手中闲置的物资、设备等，从典当行押取一定数量的资金，然后投入到生产或经营中，将死物变成活钱，利用投融资的时间差，获得明显的经济效益。

其二，消费型典当。

这类典当又可具体划分两种。

一是正常消费型典当。

当户融资的目的既不为应急也不为赚钱，而纯粹是为了满足某种生活消费，如出差典当些路费、旅游典当些零花钱。

二是非正常消费型典当。

当户融资的目的尽管是为了满足消费，但却不是正常消费，而是畸形消费。如通过典当融资参与赌博活动或者吸食毒品等。

(3) 借贷型典当与变卖型典当

从当户交易目的角度出发，可将典当划分为借贷型典当与变卖型典当。

其一，借贷型典当。

这类典当表明当户有当有赎。其典当交易的目的在于融资，故一旦典当期限届满，当户就会还本付息，清偿债务，从而赎回当物。

其二，变卖型典当。

这类典当表明当户有当无赎。其典当交易的目的通常不在于融资，而是要将当物借典当方式卖掉，故在典当期限届满时，当户便不会还本付息，清偿债务，赎回当物。

然而在有些情况下，当户有可能确因无力偿还当金及其息费而被迫绝当，从而造成事实上的变卖型典当。

（4）融资型典当与保管型典当

从当户交易目的角度出发，可将典当划分为融资型典当与保管型典当。

其一，融资型典当。

这类典当表明当户存在资金需求，其典当交易的目的在于融资，看好典当行以物换钱的融资功能。这类当户资金短缺，利用典当方式达到筹款目的。

其二，保管型典当。

这类典当表明当户不存在资金需求，其典当交易的目的在于仓储，看好典当行对当物的保管功能。这类当户并不缺钱，而是将自己的贵重物品送至典当行保管，利用典当方式达到贮物安全的目的。

（5）动产型典当与权利型典当

从当物性质的角度出发，可将典当划分为动产型典当与权利型典当。

其一，动产型典当。

动产型典当即以动产作为当物向典当行融资的典当类型。这类典当在世界各国和地区普遍流行，属于常见的传统典当类型。

其二，权利型典当。

权利型典当又称财产权利型典当，即以财产权利作为当物向典当行融资的典当类型。这类典当不如动产典当的交易数量大，属于后起的新兴典当类型。

7. 新型典当的功能

典当的社会功能主要表现在三个方面，称为三大功能。其一是它的资金融通功能，其二是它的当物保管功能，其三是它的商品销售功能。这是典当作为一种既有金融性质又有商业性质的、独特的社会经济现象的本质所在，亦是千百年来典当得以生存和发展的客观基础。

（1）资金融通功能

这是典当最主要的、首要的社会功能，是典当的货币交易功能。在典当过程中，该功能总是独立发挥或是先于典当的其他功能而发挥出来。简言之，当户借助典当融资，无论是否出现赎当，典当的融资服务功能都显而易见。

然而，典当的融资服务成本往往较高，通常高于其他金融机构如银行、信用社的融资成本，这使人们一方面享受着典当融资的方便、快捷，一方面又以典当的“高利息”、“高价格”对典当进行抨击，从而掩盖了典当融资功能的长处和光辉，似乎典当等于高利贷，乘人之危，一无是处。

事实上，典当行从事的是贷款“零售”，其交易成本、融资服务成本自然要高于从事贷款“批发”的银行和信用社等金融机构。而且，银行等金融机构以票据业务为主，发放信用贷款居多，交易过程是单一的金融行为；但典当行则以非票据业务为主，主要发放质押贷款，交易过程是复杂的商业性金融行为，故当户接受典当的融资服务付出较高的代价，应说无可非议。

（2）当物保管功能

这是典当附加的、居于第二位的社会功能，是典当的商业服务功能。在典当过程中，该功能或者与典当的其他功能同时发挥或者先于典当的其他功能而发挥出来。简言之，当户借助典当融资，在赎当情况下，典当的当物保管功能便随着典当的资金融通功能同时发挥；而在绝当情况下，典当的当物保管功能则将在典当的资金融通功能消失后继续发挥。

由此可见，典当的当物保管功能的存在，来自两方面的客观要求。

从赎当方面看，它是典当双方当事人维护自身权利义务的需要。作为典当行，收取当物发放当金，享有占管当物的权利，但同时须承担在当期内妥善保管当物的义务。只有积极发挥当物保管功能，充分保证当物的安全性，才能为当户赎当时顺利返还当物创造条件。相对而言，当户要承担偿还当金本息的义务，同时亦享有回赎完好当物的权利。

从绝当方面看，它是典当行弥补自身损失或变现盈利的需要。作为典当行，积极发挥当物保管功能，不仅是为了赎当时向当户返还完好当物，而且是为了绝当时能够利用自己占管的绝当物品迅速合理地变现，从而达到最大限度地化解风险并追求利益最大化的目的。

事实上，典当的当物保管功能具有承上启下的作用。赎当发生，它终结于当户偿债之时；绝当发生，它则终结于绝当变现之时。

（3）商品销售功能

这是典当次要的、居于第三位的社会功能，是典当的商品交易功能。在典当过程中，该功能总是不独立发挥或是晚于典当的其他功能而发挥出来。简言之，当户借助典当融资，只要出现绝当，典当的商品销售功能便会随着典当的资金融通功能的消失而充分发挥。

然而，典当的商品销售利润有时较高，通常高于其他商业机构如商店、旧货店的销售利润，这使人们长期以来习惯于以典当绝当物品变价后的“高价差”对典当进行抨击，认为典当收当时压低当物估价并按估价打折发放贷款，而在处分绝当物品时则会赚取高于当金本息及其他费用之上很多的利润，似乎典当等于奸商，敲诈盘剥，巧取豪夺。

事实上，典当行向当户发放当金数额的尺度，是其对本身贷款安全的考虑和对当物绝当后市场行情的判断。当物估价过高，当金折当率过高，当户有可能会变借钱为卖货，即乘机制造绝当，陷典当行于绝当物销售时无价差空间或价差空间过小的不利境地；而当物估价过低，当金折当率过低的现象，在剥削阶级社会的确大量存在，但即便如此，也并不能保证每笔绝当物变价都有高额利润可赚，商品销售成功与否，最终还取决于变化多端的市场。况且，当户有权拒绝显失公平的典当交易。

典当除了上述三大功能之外，还有其他一些功能，诸如对当物的鉴定、评估、作价等服务功能。而且，相对于一次典当交易来说，典当的三大功能也许不会全部发挥出来，或者有先有后相继发挥出来。

例如，某当户以一枚金戒指向典当行质押贷款 2000 元，当期一个月。当期届满，客户赎当，则典当的资金融通功能和当物保管功能便相继得到发挥，而典当的商品销售功能却并未发挥。再如，该当户在当期届满时未能赎当，但却办理了一个月的续当手续，则在全部典当交易过程中的第二个月当期之内（也可将续当看做是一次新的典当交易过程），典当的商品销售功能仍不会发挥出来。又如，该当户在续当当期届满时，既不赎当也不续当，则表明绝当发生。于是，典当行就将其用于借贷担保标的的金戒指及时变现处理，这便是典当的商品销售功能继典当的资金融通功能和当物保管功能之后的充分发挥。

然而，面对多次典当交易来说，由于收当、赎当、续当、绝当业务的大量存在和交叉相错，故典当的三大功能便会伴随着典当行每日的全部经营活动，频繁地、不断地共同发挥出来。这是典当三大功能的差异性和完整性的相对统一。

典当的三大功能相互联系、相互作用。资金融通功能是典当的核心功能，制约着其他两项功能的发挥。当物保管功能是典当的辅助功能，分别协助其他两项功能而发挥。商品销售功能是典当的派生功能，只能在一定条件下发挥。在空间上，只要有典当交易活动，典当的资金融通功能和当物保管功能就必定存在，而典当的商品销售功能只能因绝当发生而存在。在时间上，只要有典当交易活动，典当的资金融通功能便产生于收当或续当，其发挥过程通常与典当期限同步；当物保管功能则或者与当期同步或者超过当期，因而发挥时间可能最长；而商品销售功能产生于绝当，因而发挥时间可能最短。

8. 新型典当的作用

典当及典当业在历史上是一个时间跨度很长的融资方式和行业。其历史作用有些已经退化，而其现实作用却正在发挥和加强，主要集中在以下一些领域，包括若干个方面。

（1）金融领域内的作用

作为特殊的融资渠道和融资方式，典当在金融领域内的作用最为突出，是典当最本质、最主要的作用。

其一，典当对拓宽融资渠道的补充作用。

即在与银行业的关系上，是拾遗补缺、调余济需的作用。当今世界许多国家和地区，都普遍实行多元化融资渠道和多元化融资方式，从而形成自己的金融产业架构并促进金融产业发展。其中银行、股市等属于主流融资渠道，而典当等则属于非主流融资渠道。毫无疑问，在任何情况下，典当都是主流融资渠道的一种补充，它不可能超越主流融资渠道发挥作用，当然在不同条件下，典当还有可能会成为一种重要的补充。这一点即使在西方发达国家，也是十分明显的。

据统计，目前美国3亿多人口中，有2500万个家庭，超过7500万人没有银行账户，这部分人很难从银行等主流融资渠道获得信用卡或消费信贷，故他们的融资需求，往往通过非主流融资渠道进行解决，其中大多数人是通过典当贷款，以达到日常融资的目的。在美国，除了典当行外，常见的非主流融资渠道还包括小额贷款公司、信用协会和民间借贷等，它们都对主流融资渠道具有相应的补充作用。这种补充作用的发挥还在于，有些持有银行账户的人通常也难于从银行贷款。进而言之，同是非主流融资渠道，小额贷款公司的借贷条件并不宽松，客户融资存有难度；信用协会属存贷款互助组织，须加入者先投入一笔资金，方能在急需融资时伸手求援，申请相应的额度。另外就是亲朋好友之间的民间借贷，通常利息高还要搭人情。如此种种，便使典当行在非主流融资渠道方面的地位逐渐得到加强，从而成为拓宽社会融资渠道的有力补充。

在我国，尽管近年来金融体制改革、金融业务创新的广度和深度空前加强，银行等金融机构的服务对象、经营范围、金融产品更加广泛，但在许多方面尚有“空白”和“死角”，造成一些中小企业和社会公众在日常融资方面还远不尽如人意。如前面提到的动产质押借贷，银行几乎不对个人开展业务；银行提供的个人消费信贷也仅限于不多的一些类型，尚无法满足公众各方面的需求；加上银行借贷在手续和时间、额度和用途等方面的种种不便和限制，致使典当作为一种特殊的融资渠道和融资方式，仍有用武之地和较强的生命力，对银行等金融机构或多或少地起到了一些弥补不足、调剂余缺的积极作用。

其二，典当对发展社会经济的促进作用。

即在与企业的关系上，是支持生产、活跃流通的作用，这一点在我国最为明显。特别是对于中小企业来说，作用更加突出。

据统计，目前我国共有中小企业450万家，占国内企业总数的99%，占国内就业人数的75%，已成为国民经济的重要组成部分。然而，至今我国金融体系中还没有一类专门为中小企业融资的金融机构，致使融资难一直是国有、集体、私营、股份制、股份合作制、合伙制和个人独资等各类中小企业所面临的共同问题，中小企业的贡献大，获支持小的局面始终未能改变。如1996年，集体及个体工商业贷款仅占国有银行贷款的5%～6%，其中个体工商业贷款则仅占0.46%，比例之低，表明广大中小企业在利用主渠道融资方面，饱受不平等待遇甚至歧视待遇。

当然我们应当看到，社会主义市场经济体制确立后，越来越多的中小企业步入了自主经营、自负盈亏的独立核算的轨道，这就不可避免地使一些企业产品滞销、库存积压，生产经营处于被动局面。在这种情况下，由于企业经营状况不好，它们往往难以得到银行信贷的支持。另外，私营经济在发展过程中对资金的需求增加，但由于它们经济实力相对薄弱，以及商誉、市场等问题所致，造成从银行获贷也比较困难。

有鉴于此，中小企业欢迎典当这种融资方式，甚至成为一些企业惯用的运作手段。

而向各类企业和个体工商户放款，当前已经成为中国典当行的又一项主要的日常业务内容。在社会主义市场经济大潮的冲击下，由于竞争激烈，营销不易，加上银行信贷压力骤增，致使为数不少的企业因资金不足，生产面临困境，特别是那些经济效益差、贷款风险度高的企业，融资更难。因此，当典当业恢复后，一些企业的厂长便想到了典当行。如某印刷厂，为重振企业雄风，走出衰落低谷，决心筹措巨资从深圳引进一套高新设备。但努力的结果是，还差6万元。眼看交款限期日益逼近，如向银行贷款，信誉条件不具备，难有所获；如向兄弟单位伸手，时下谁都缺钱花，爱莫能助；最后，厂长只得抱着试试看的心情来到了一家典当行，经协商，典当行同意以该厂闲置的老化设备做质押，一次性贷给企业6万元，使其如期引进设备，从而救活了这家原本濒临倒闭的印刷厂。

为企业排忧解难，在银行融资主渠道之外做些有利于市场经济发展的、力所能及的事情，一开始就成为不少典当行的服务宗旨。北京阜昌典当行业务章程指出："办理工商企业、个体工商户的机构设备、金属材料、机电产品、五金交电、建筑材料、化工产品、运输工具、房地产等。”北京金宝典当行则把话说得更明白，提出“闲置设备、积压产品、过季商品、多余原材料”全要，真正做到给急需质押贷款的企业留有充分的当物余地。典当行的经营方针和业务项目，果然受到一些企业的热烈欢迎，故引来不少法人当户上门洽谈生意。1992年度，北京某企业时值年关将近，银行一般只收贷不放贷之际，为给单位职工谋些福利，于是到金宝典当行当了一批电子元件，价值几万元，基本上达到了筹款目的。另河南省郑州某厂，为筹足年终还账的发工资款，专程来到北京，将一批针织品当在金宝典当行，得款2万元，暂时缓解了困境。北京阜昌典当行还办理过一宗以酒为当物的业务。原因是京城某单位从外地购进上万瓶天麻灵芝酒，后其库房翻建需要预付施工费，于是该单位便把几百箱酒悉数送来典当行质押，换回现金数万元先用。此例表明，如今典当行的经营范围仍在不断扩大，只要合理合法，有利于生产发展，搞活流通，的确作用很大。

典当行对个体工商户来说，救急济需、方便融资的作用也十分引人注目。随着社会主义市场经济的发展，国家关于个体工商户的政策越来越宽，这使个体经济空前活跃，不少个体户已通过劳动致富。然而，尽管个体户财大气粗，但在经营过程中也有资金短缺的时候。这时，一些个体户便光顾典当行，通过质押贷款满足融资上的急需。

2003年春节后的第一天，一位中年男人手拿汽车钥匙走进福建某典当行，询问能否办理汽车典当业务，在得到肯定答复后，这位赵先生向营业员介绍，自己承揽一项建筑工程，应交付定金3万元，今天是最后一天，原本通过其他渠道筹集，但未能办到，只得一大早用车来典当，否则业务就得泡汤。为了解这燃眉之急，营业员随即对汽车进行一番检测和估价，给予当金3万元支持。他户便手拿现金，道谢而去。

有资料显示，在国内一些典当行的日常借贷中，个人当户一般占全部典当交易量的90%，中小企业当户只占10%；但质押放贷比例却恰好相反，10%的中小企业当户，占到了典当行90%的质押贷款额，有些地区甚至占比高达95%～98%。由此可见，典当是我国一些中小企业完全可以信任和依赖的融资渠道和融资方式，典当行为它们提供了资金，使其借力发展，搞活了经济。

其三，典当对方便人民生活的辅助作用。

即在与公民个人的关系上，是扶危济困、救急解难的作用。这一点最集中地体现在世界各国和地区的应急型典当中，典当行已成为广大社会公众方便快捷的融资渠道之一。

在国外，参与典当融资的人口比例相当大。20世纪90年代以来，美国典当业平均每年直接为3450万社会公众提供典当服务；加拿大每年有10%的成年人口从事典当融资，当户高达3500万人次；墨西哥每年接受典当服务的人口为400万。

另据美国典当研究机构1998年的一项调查显示，美国广大当户向典当行融资的基本原因大致有七个方面。其中面对某种压力和出于未便公开的个人原因居于较高比例，支配着美国当户的典当动机，分别为31.9%和32.4%；声称自己是为了支付医疗账单的人占到4.8%的份额，而利用典当借贷为购买或修理汽车而支出的人则高达13.5%；另外贷款送礼的为4.7%，自我开销的为8.8%。可见在美国的典当市场上，典当类型的多元化结构同样存在，但应急型典当如面对压力、求医问药、汽车修理等占比最大，达到50%以上，而消费型典当亦有一些，如请客送礼、餐饮购物等。

与此同时，调查中还有一组数据表明广大当户对典当行的依赖程度，即在12个月内这些当户的典当交易次数分别为：1次约占21.7%，2次的占24.0%，3次的占18.4%，4～6次的占17.3%，6次以上的占18.6%，足见

英国典当行

许多人频繁前往典当行融资，其中平均一年两次以上的就占 78.3%，还有近 20% 的人平均每两个月便去典当行借一次钱。

在我国，平民百姓在日常生活中，也难免有急用钱一时手头不便的时候，像婚丧嫁娶、求医问药、购房置物、出差旅游及因失窃等意外事故而陷入困境等。那么，向他人举债有碍面子或不可能，到银行贷款不符合条件或来不及，变卖身边心爱之物舍不得或难出手等，于是，典当就可以成为广大社会公众的一条新的融资渠道，或称“渡水之小舟，过河之小桥”，总比达不到目的被困死强。而典当融资“认物不认人”的特点，经营灵活且方便高效的优越性，最适合广大城乡居民解燃眉之急，这也正是典当“救急不救穷”作用的突出体现。

面向城乡居民放款，是当前中国典当行普遍开展的两大业务之一。北京阜昌典当行开宗明义提出，“典当行是经营服务性企业，遵守国家金融方针政策，以发展经济为目标，诚信当头，方便群众，合理估价，为国有、集体、私营企业、个体工商户和人民群众解决临时资金困难提供优质服务。”该行还模仿旧式当铺的传统，将一扇屏风置于入口处，上书“便国利民，缓急相通”八个大字。毫无疑问，利民、便民已成为典当行的经营宗旨和贷款目的，也是典当行实际业务操作的基本过程，它使典当行在不少方面做了银行想做而做不到的事情。

其四，典当对稳定社会秩序的保障作用。

即在与民间借贷的关系上，是抑制民间高利贷、维护社会安定团结的作用。

民间借贷或称民间信用，在我国具有几千年的历史，远比典当起源早。新中国成立后，我国许多地区，特别是在广大农村，民间借贷仍十分流行，即使是在强调信贷应集中于国家银行的年代如大跃进、“文革”时期，也从来没有绝迹过。这些年来，民间借贷再度活跃，并且有相当快的发展。据国家统计局的资料显示，1992 年底我国城乡居民个人除去在银行的存款余额外，手中尚有现金 3000 亿元，其中的相当部分又以民间借贷的形式汇进市场经济的大潮，总额已逾 300 亿元。而至 1996 年，我国民间借贷总额已高达 1000 多亿元，目前则在数万亿元左右。

对于民间高利贷，改革开放以来，政府有关部门虽然一改过去那种打击、禁止的态度，而采取引导、管理和改造的办法，但总的来说收效不大。然而典当业恢复以后的实践却证明，典当能够成为在抑制民间高利贷，维护社会经济秩序和安定团结方面有效发挥其作用的一支重要力量。

第一，典当行实行法定利率，使部分债务人的融资方向有所改变。在市场经济发展的推动下，各方面对资金的需求量日益增大，然而由于融通渠道有限，加上其他原因，使民间高利贷颇有市场。20 世纪 90 年代初期，政府有关部门曾经规定，典当行的“息费合计，可以高于同期流动资金贷款利率的25%”。从当时北京的两家典当行来看，北京金宝典当行的利率（即包括利息、税金、管理费、利润等在内的服务费率）一月期为4%，两月期和三月期分别为5%和6%，而北京阜昌典当行则三值均仅比前者上升一个百分点，即5%、6%和7%。如此利率，尽管高于银行同期（按最短期 6 个月计算）流动资金贷款月利率6.75‰（1993 年 5 月 15 日起调整为7.35‰）数倍，即1～3个月约为0.7%、1.4%和2.1%，但却远远低于民间高利贷，故颇受一些融资者的欢迎。由于典当利率低，没有超过债务人所能承受的合理负担，因此能够依赖借贷对象的自行转移，挖走民间高利贷的一部分客源，从而使民间高利贷的势力在一定程度上受到削弱。

第二，典当行采取质押贷款，使借贷对象能够免去人情之苦。因为民间高利贷通常发生在一个十分狭小的圈子内，借贷双方都必须有较近的血缘、亲缘、乡缘或者友缘等关系，否则你根本无法参加进去，这使债务人借到的实际上都是人情之款。相比之下，典当行认物不认人，只要债务人担保物品符合条件，则贷款时来者不拒。典当行这种唯当物是从、不讲人情的间接信用特点，使不少融资者深感满意。

第三，典当行依法营运资金，可以避免民间高利贷造成的各种纠纷。由于民间借贷有利可图，特别是高利贷早已超出了互通有无、互相帮助的范围，纯粹是以赚取高利息为目的的放债行为。于是在高利贷盛行的情况下，各种纠纷随之而起。为此，最高人民法院在各地审理民间借贷纠纷诉讼案件日益增多之时，针对“利息争执”一类案件，曾专门制定出《关于人民法院审理借贷案件的若干意见》于1991 年 8 月下发施行，规定：“民间借贷的利率可以适当高于银行利率……但最高不得超过银行同类贷款利率的 4 倍（包括利率本数）。超出此限度的部分不受法律保护。”按前述银行流动资金贷款月利率计算，4 倍之数也就是月利率2.8%左右。这就告诉我们，最高人民法院的司法解释对于民间高利贷本身所起的限制作用并不大，而只是解决民间借贷引起纠纷时适用。换句话说，月利率在2.8%以上的民间高利贷国家现行法律既不保护，也不干涉，完全听其自便，任其存在。鉴此，典当行的设立则有助于从贷款形式上杜绝和防范债权人和债务人之间的借贷冲突，一般不会因赖账、造假、行骗等引起法律诉讼。原因是它按照一定的经营规范，依法实行质押放款，使上述不当行径难有发生的余地。

第四，典当行作为融资机构，有利于制止民间高利贷的泛滥。高利贷历史悠久，在市场经济条件下更呈上升趋势。特别是在广大农村，农民因建造房屋、生产投入、婚丧喜庆等，本身资金不足，负债规模增大，针对民间高利贷的强势力，以致银行、信用社也难与之匹敌，并受其影响。面对这种情况，典当行完全能够在与高利贷抗衡方面发挥其融资机构的重要作用。

其一，典当行能与银行、信用社相互配合，依靠整体力量对付民间高利贷。当年马克思曾经说过，公立当铺的产生就是为了打击高利贷。如今，社会主义市场经济条件下典当行的复兴，理应且先天具备这种功能。典当行不仅是质押放款机构，而且是间接信用机构，这使它比银行、信用社具有在某种程度上限制、替代民间高利贷的更显著的优势。许多债务人倾向高利贷，一方面是银行、信用社贷款条件严格，经营方式死板，另一方面是他们长期以来已习惯于直接信用形式，对质押形式的间接信用十分陌生。因此，典当行的出现能够逐步起到使一般债务人利用新型融资渠道、熟悉新型融资机构的作用，从而在加入银行、信用社行列与民间高利贷争夺贷款对象的过程中，共同占据更大的地盘。

其二，典当行能通过自身优势针对民间高利贷的变化特点开展经营。当前，类似钱庄业的借贷形式开始增多，如在浙江、安徽、吉林等省，一些人既能把钱轻易地集中起来，又能较快地放得出收得回，专吃高额利差，造成农村金融秩序紊乱，行社储蓄严重分流，信贷压力随之增大。在这种情况下，典当行完全能够凭借合法融资机构的地位，最大限度地抵消钱庄业民间高利贷经营方式在贷款方面所带来的影响，通过渐布网点，广泛宣传等措施，在业务上与民间高利贷一争高下，并达到早日排挤它并战而胜之的目的。

案例8　民间借贷不如典当

民间融资成本高，借款人既免不了人情债，又往往会遇到各种纠纷和风险。有位生产刀具的王老板，数年前因转贷需要，向朋友暂借了100万元以解燃眉之急。事后朋友请求为其亲戚开饭店的60万元贷款做担保，因王老板借过朋友的钱情面难却而做了担保。但该饭店因经营不善，血本无归，导致王老板连带赔偿60万元。今年10月，王老板的企业贷款再次面临到期转贷，王老板教训在先，拒绝民间借贷，转而求助典当行。典当行只用了2天的时间即为他办理了动产质押5天的短期融资，使王老板在最短的时间内、用最少的支出解决了融资难题。

（2）流通领域内的作用

作为特殊的商品流通渠道和流通方式，典当在流通领域内的作用亦很突出。

其一，仓储作用。

这是典当所具有的当物保管功能的具体体现。典当行从事动产和财产权利质押，必须对各类当物包括各类权利证书进行短期妥善保管，其仓储能力如仓储设施、仓储技术和安全系数的状况，都直接关系到典当双方当事人权利义务的正常履行，这是任何一家典当行都应当具备的必要经营基础和基本业务素质。

早在旧时典当业兴盛期间，典当行便对自身的仓储作用、安全保管功能普遍十分重视。在我国，典当行房屋的整体建筑形式因时代不同而异。从清末民初或者更早来看，一般都是根据其所在地区的具体情况而定。如繁华闹市，地皮拥挤，同行较多，典当行门脸或许并不很大，房屋建筑面积也相对较小。但城市中信誉卓著、资本雄厚之典当行或位居于乡镇独霸一方之典当行，则建筑颇有特色。

这些典当行，房屋建筑通常是方印式，祟垣环围，窗棂狭小，但都坚固无比。有些建筑还十分高大挺拔，赫然矗立于街市屋群之中，甚是威严。举目望去，人们即使未见标识字号，亦皆知其为典当行。此类深墙厚院，外观宏伟，气派不凡，欲称“当楼”，绝非一般小当、小押可比。据 1879 年到过中国广东省，后曾著有《中国漫游》一书的英国作家戈登·卡明女士在一篇日记中称：“村庄中点缀着典当行，每座均为砖砌的坚固四方结构，约有 4 层高，看上去就像一个古老的边境要塞。”事实确实如此。这类典当行为了保证自身安全、防备盗贼袭扰及火灾发生，常在楼顶两端贮放石块石灰，有的还备有硫酸瓶之类；在偏僻地区，屋顶设有炮楼的也不在少数，防卫能力甚强，故总给人以壁垒森严之感。就连较小的典当行，也因其牢狱式的大门如铁门槛、栅栏门等令人望而生畏，起码是不太舒服。

无独有偶。1965 年美国上映了一部著名影片《当铺老板》，观众可以从画面上看到肮脏杂乱的典当行内部环境，而典当行周围则是带倒钩刺的铁丝网，并有武装警卫和狼狗守护，令人来此典当感到心惊肉跳，但它却从一个侧面反映了典当行必须提高仓储能力，加强安全防范的一些情况。

旧时典当行在发挥仓储作用时，往往非常重视内部仓库的建设。

仓库是典当行整体建筑的重要组成部分，往往占房较多，面积较大。仓库一般分成两类，一类是首饰房，另一类是普通房，俗称号房。

首饰房用于保管贵重细软，故构造复杂，要求亦高。通常在典当行院内单辟一两间屋，既作为保管珍贵物品的库房，又是所谓内账房。内有供收藏玉件、瓷器、座钟等物用的木橱，供收藏首饰、表饰等小件珍品用的屉柜，供存储银钱用的钱柜等。橱、屉、柜内又分有各类尺寸不一的小格，避免相互碰撞及便于编号。另外，还有算账用的桌、椅、橱等。总之，首饰房是典当行之银钱重地，属于禁区，类似现今的银行金库，非得特许不得擅入。

至于普通库房，是专门用于保管当进衣物的地方，它存储除珍贵物品以外的全部财产，一般能占房一二十间，有些是二层以上的楼房结构，是典当行内部建筑的大头。所有库房都装满长方形木制货架，自地至顶，高及数米。货架分层分格，每层宽约1米，高约2尺，深约1尺5寸，底装薄板，用于架盛储当物；每格宽度则根据需要确定，不求统一。架柱均标明字号，按次排列，以便寻取。两排货架中间留出走道，相距约容一人出入之地。另外，这类库房还设有折梯、高凳若干，用于提取物品。在从前科学不发达的时代，所有典当行、库房，在建筑设计时都优先考虑到防火、防潮、防鼠、防虫，其基本措施是尽力做到空气流通。因典当行所收押品，系受千家万户之委托，关系甚大，不论绫罗绸缎、布衣寒衫，均有义务善意待之，妥为保管，且保管优良。对人利在物品，对己利在资本，故使库房空气流通，以免物品霉烂、发酵、虫蛀，实为上策。如库房潮湿气重，将会影响衣服的贮存，特别是对于丝织品和高档皮毛制品，稍微处理不当，即会导致典当行本身的财务损失。

光线充足也是旧时典当行建筑设计必须考虑的重点。典当行接当，在乡镇自然多为粗老笨壮之物，但在城市则多贵重物品，珠光宝气、轻裘细罗，鉴别甚难，故如果当厅光线不足或房屋昏暗，便更易导致真伪难辨，甚至收进赝品。而在库房，也只有光线充足才能方便存贮及按号检物。因此，在缺乏现代科技手段的旧社会，典当行在建筑中对于光线的要求是很高的。

正因为典当行具有良好的仓储安保能力，旧时一些富商巨贾、官僚政客乃至小康之家，极好将自己的贵重物品押寄典当行，以求平安保险。这时，他们大多并非出于资金困难，而实为避社会治安不良之举。

即使在现实社会中，国内外有许多客户也十分看好典当行的当物保管功能，专门找到典当行代其存放贵重物品。其目的不为融资，只为保管，属于典当行利用当物保管功能开办的一项中间业务。如英国最大的典当行——哈维·汤普森当铺就在伦敦开办了代客保管贵重珠宝的业务，原因是越来越多的人在出国度假期间，希望典当行为自己的“细软”保驾护航。另如我国无锡市五爱典当行，近来也在国内率先拓展了节日期间代客保管贵重物品的业务，同样是为客户提供典当融资之外的服务。

典当行代客保管，一方面安全性高，仓储技术到位；一方面收费低廉，不增加客户负担，故深受人们欢迎。这与银行开办的保管箱业务相比，后者的租金费用较高，客户承受力有限，且保管箱并不适宜所有动产，是与典当行当物保管设施功能相异的一种特殊仓储工具，缺乏典当行的某些竞争优势。

当前要进一步加强典当行的仓储作用、保管能力和安全措施，下大气力提高科技含量、充分运用高科技手段则更是一条必由之路。

其二，营销作用。

这是典当所具有的商品销售功能的具体体现。从当前世界各国和地区的典当实践来看，典当行发挥自身特有的市场营销作用，一般是通过变卖、拍卖、寄售和零售等四种运作方式来进行的。

典当行发放质押贷款，一旦遇有当户不赎而出现绝当，就必须对绝当物品进行处理，或者变卖或者拍卖，最终变现回收贷款本息并力争有所盈利。因此，典当行变卖或拍卖的对象全部是绝当物品，故典当行的市场营销作用也主要是围绕着旧货而发挥，其中绝当物品的变卖生意最为红火。

就美国典当业而言，其市场营销作用发挥得淋漓尽致，典当行的绝当物销售主要有两个特点。这就是市场畅通，效益理想。

美国典当行

在市场方面，美国许多人喜欢去典当行买东西。购买旧货对美国人来说并没有什么丢面子的问题，何况典当行销售的二手商品有些本身还是新的，其性能、质量完全能达到使用标准。然而，最重要的是典当行出卖的绝当物价格便宜，故使美国绝当物流通市场交投活跃。据美国典当业协会的调查认为，在典当行购买绝当物与在普通零售商店买东西，两者之间最大的不同就是价格相异，典当行通常能向顾客提供低于市场零售价 1/3 或者 1/2 的同类商品。如在加州比佛利山庄的典当行购物，经常可以买到一些物超所值的好东西，一只价值 800 美元的手镯，大约半价便能买到；价值 2 万美元的美术馆级真品画作，只需 4000 美元；一只 2. 5 万美元的劳力士手表，成交价 5000 美元；一辆价值至少在 5 万美元的奔驰轿车，仅卖 2. 3 万美元等等。

为了广泛吸引顾客，美国典当行对绝当商品的质量往往提供各种担保，与廉价销售相得益彰。在购买昂贵珠宝之前，典当行老板会给你一份权威部门的鉴定书；购买普通电器和工具时，多数典当行还会提供一定的保修期，使你能够放心地相信商品工作正常；有些典当行甚至拍着胸脯承诺，你在它那里购买的所有绝当物都有保证书。

在效益方面，美国大小典当行都从绝当物销售方面获得了可观的利润，因而长年累月乐此不疲。如第一现金服务有限公司，1998 年度公司总收入 957. 3 万美元，其中绝当物销售为 537. 1 万美元，独占 56. 1%，超过典当综合费用收入 381. 5 万美元的 40. 78%，成为该典当公司利润的大头。另如玛尔特典当有限公司，1998 年度公司总收入为 175. 7 万美元，而绝当物销售收入的比例也高达 54. 35%，为 95. 5 万美元，亦比同期典当综合费用的收入 77. 4 万美元高出 23. 39%。有资料显示，在美国许多典当行的资产负债表及相关统计数据中，人们都不难发现，典当行的绝当物销售始终在典当企业的总收入中排名第一位，其次才是典当综合费用、其他收入等。

这表明，美国典当业在整体上十分重视绝当物销售，典当老板们普遍是看到了典当业的两条盈利途径才置身典当业的，即一是收取当户支付的高额典当利息及相应费用，二是销售绝当物所获取的可观的商品差价。

至于典当行在处置绝当物之外再从事商品寄售和零售业务，虽然目前我国的典当立法尚不允许，但国外早已蓬蓬勃勃地开展起来了。它表明，典当行的市场营销作用是由多元化结构组成的一种综合性作用。其中变卖、拍卖、寄售方式针对旧货营销，而零售方式则新旧商品营销均有涉及。

（五）港澳台典当业

1. 香港典当业

中国香港特别行政区向以金融业空前发达著称，是世界公认的国际金融中心之一。同时，与许多国家和地区相类似，香港除了具有政府金融业以外，还存在民间金融业，其中分量最重、作用突出的便是历史悠久的典当业。

（1）典当先于开埠

香港地区（包括香港岛、九龙和新界）清代原属广东省新安县（今深圳市）管辖，1840 年英国发动鸦片战争，迫使清政府于 1842 年签订《南京条约》，割让香港岛。以后，英国又夺占九龙半岛一部直至强租九龙半岛余部及新界，对整个香港地区实行殖民统治。

典当业是香港最古老的行业之一。史料显示，早在 19 世纪 40 年代开埠前，香港所在地新安县即有当铺存在，中国传统典当业已形成一定规模。如《广东通志》（经政略·十）载："新安县：金行经纪税银一百两八钱。当押十六间，共税银八十两。田房税契正额银五十两。科场正额银十六两六钱六分七厘。"此时正值清道光元年（1821 年），可知新安共有 16 家当铺，每家向政府年纳税银五两。

这些当铺分布在城镇和圩市（集市）中，其中以新安东南部（今香港新界一带）的元朗和大埔等圩市较多。而那里的当铺历史更如悠久，典当业颇成气候。如今在元朗旧圩尚存一座大王古庙，此庙建于清康熙年间（1662—1722），庙中有一块字迹已经模糊的功德乐捐碑记，碑上刻有当时捐款修建这座古庙的商号和人名，其中包括一些当铺。在这些当铺中，可辨认的有"普源押"和"泰安押"两家，相信这应是迄今为止有据可考的香港最古老的典当行。

早在《南京条约》之前，即 1841 年 1 月，英国军队已在香港岛登陆，开始殖民统治。随英军最先而来的是英国商人，多为从澳门相继赴港的、经济实力雄厚的洋行，它们立即盘踞在有利上落货的地点——多位于现今的湾仔和铜锣湾地区，修筑码头，建立货仓，如林赛洋行货仓和渣甸洋行货仓等。这些英国商人又吸引了大批中国东南沿海的蜒户（沿海搬运工）到港，由其驾驶小船充当洋船与海岸之间的桥梁。他们从洋船卸下货物，运往货仓储存，再从岸上携取补给，供应洋船出海需要。一时间，香港岛因蜒户的涌至，人口骤增 2000 人，据当时统计，港岛人口总数已达 5000 多人。与此同时，香港岛还来了许多采石工人，在港岛进行各种建设。

由于大批劳工和商人的进驻，原先仅限于在新安城镇特别是元朗、大埔圩市从事典当活动的当铺，也纷纷搬迁至香港岛，以图借人气旺盛之际拓展新的典当业务。而且，开埠之初的香港典当业，还占有上佳的天时之利，即在1841—1844 年间，因香港尚无一家银行，故这时各家当铺在香港初兴的典当市场上大有作为。众所周知，典当以特定财产质押担保借贷，当户用钱应急最为方便快捷，因而是普通公众日常十分看好的融资方式。当时，许多劳工成为香港当铺的忠实主雇。他们在谋生过程中，凡遇手头拮据之时，便以身边略具价值之物品典当，向当铺觅钱支撑经济，或养家糊口，或度日延年。

于是，在香港开埠初期的头几年，典当业很快就兴旺起来，并且成为英国殖民政府重点开征官税的一个热门行业。1843—1844 年，砵典乍出任英国驻香港首任总督。任内，他先后签发了 10 多项法规，如订立了《土地登记条例》和《公众沽饮肆及售酒领照营业条例》，向全社会开征地税和酒牌税及酒楼茶室牌照费。与此同时，这位首任港督还颁布了《售盐鸦片当押业拍卖商营业牌照税条例》，正式向香港的盐商、烟馆、当铺和拍卖行统一征税。由此可见，典当业作为一个特殊的金融行业，在香港是先于银行业出现和发展的，这对香港社会生活及广大公众自然产生过较大影响，亦在香港金融发展史上留下浓重的一笔。

1845 年，香港第一家银行——英商主办的东方银行（又称金宝银行）正式开业。以后 20 年间，又有有利银行（1857 年）、渣打银行（1859 年）、汇丰银行（1865 年）等银行相继问世。这些银行的出现，对于建立起一个强大的香港金融体系发挥了重要作用，同时也打破了一度以典当业为主的香港民间金融业一统天下的局面，致使典当业在业务开展方面和资本市场上遇到了真正强大的竞争对手。

无独有偶。香港早期典当业在社会公共关系方面也曾遭挫折。如 1853 年 1 月 3 日，香港典当业举行第一次全行业罢市，原因是抗议香港警察反复借查案为名骚扰当铺，故向政府请愿要求予以干涉。这反映出香港典当业与政府之间的关系并非融洽，而且为后来典当业在香港掀起更大的社会风波埋了了祸根。

（2）早期典当法规

香港现行唯一的一部专项典当法律——《当押商条例》，制定于 1858 年。该条例的出台与香港典当史上赫赫有名的“富辉押案”有着直接的关系。

富辉押是当时开设于香港岛西营盘的一家当铺，老板名叫秦阿昌。此人在 1853 年 1 月全港当铺罢市请愿过程中表现积极，是典当业推举的谈判代表之一，引起当局很大反感。1858 年 2 月，香港警察根据窃贼供词，前往富辉押查案，结果发现一只赃当手表，遂拘捕秦阿昌。面对旧仇新恨，香港殖民政府以盗窃接赃罪起诉窃贼唐阿善和当铺老板秦阿昌至高等法院。同年 3 月 1 日，香港高法刑事庭判决第一被告唐氏充军15年，第二被告秦氏充军14年。

闻听判决后，原本是无意收取赃当的秦阿昌大闹法庭，愤极抗言，“轻罪重罚，与其流徙千里，毋宁甘受死刑!”他的悲惨遭遇和据理抗争，引起香港典当业巨大震动，旋即发起声援运动，一时群情激奋，全港随之，认为这是小题大做，旨在歧视华人，坚决要求改判。在社会各界的强大压力下，2个半月后，第四任港督宝灵下令改判秦阿昌有期徒刑二年，从轻发落。

紧接着，港英当局认为应从“富辉押案”中总结经验，吸取教训，其中最重要的就是赃当有故意与善意之分，而若属后者，当酌情处理，以免重蹈社会动荡之覆辙。于是，香港第一部典当法律很快炮制完成，并定名为《当押商条例》，于1858年7月6日公布施行。

该法共15条，主要内容包括：典当开业牌照费500元，期限一年，实行差额当息制。一是低值当物以当金数额多少为准行息，二是高值当物以典当双方协商为准行息，典当期限为一年；赃当认定及处理依司法解决；绝当物当铺有权发卖等等。尽管这部典当法律解决了赃当的性质问题，受到香港典当业的一致欢迎，然而高达500港元的牌照费，却让各家当铺感到苦不堪言。因为按照1858年的香港物价，500港元差不多可以买一间小屋了，这与清代每家当铺每年仅需纳银五两，实在是相差过于悬殊。在这种情况下，香港典当业于1858年8月再次罢市，以示抗议。但此次几乎未获社会同情，港英当局也置之不理，最后各家典当行只得不了了之，草草收场。

1860年，该法在出台两年后曾有过一次修正。1930年，香港《当押商条例》历经70年风雨沧桑后，再次加以修正。这次修正的重点内容是典当业牌照费和高值当物的典当利息。

其一，在牌照费方面。

港英当局单独于1931年9月4日颁布施行了一个《当押业征费表规则》，对香港典当业依其所分布的不同地区，按繁盛等级征收差额牌照费。如规定铜锣湾至中环附近地区，每年2500港元；九龙以铁路为界，西至深水埗2500港元，东至启德机场2000港元；九龙其他地区1000港元；新界及离岛500港元。

其二，在当息方面。

港英当局亦单独于1930年10月17日颁布施行了一个《当押业特别利率规则》，对不同高值当物按当物类型和当金数额征收差额利息。如规定古玩、陶器、象牙及骨制品、鞋、帽、戏服等当物，月息6分；手表月息4分；而珍珠、玉器、钻石、宝石等，以当金数额40港元为界，40港元以上者，月息2分；40港元以下者，月息3分。而且，该规则明确指出可以预扣第一个月10%的当息。

二次大战后，港府又于1946年、1947年、1948年和1950年先后四次对《当押商条例》进行修正。这些修正案的主要特点有以下几处：

其一，条款有所增加。

修正案大多对明显过时的内容予以删除，根据社会经济发展的变化，增加了一些新内容。如过去当票上提到的“当物如有风火盗贼虫蚁蛀蚀各安天命”的词句，在修正版本中均予以严格区分，按当铺的故意或过失情节不同，规定依法对当户进行赔偿，或者在不可抗力之下允许免除当铺的责任。

其二，当金开始封顶。

以往的条例均未对当铺放款数额加以限制，但1950年的《当押商条例》第六条则首次规定：“凡由当押执业人贷款或质物抵押逾500元者，不适用本条例之规定，又无论本例有若何之规定，凡订有条件付款或贷款500元以上者，不因此而视为当押执业人。”即从20世纪50年代开始，香港典当行每笔当金的上限不得超过500港元，这是为了将典当业的金融业务量局限于小额物品质押借贷的范围内，而避免典当业和银行业相抵触。

其三，当期明显缩短。

19世纪香港典当业的当期最长为一年；1930年重新修正的《当押商条例》第七条规定：“取赎期限，香港及九龙以8个月为期，新界则以12个月为期。”这是对典当期限的第一次缩短。及至1946—1950年间，又经修正的《当押商条例》均对当期再次进行大幅度缩短。如该条例第十六条规定：“持票人赎当，缴还当票缴纳本利，如在新界（新九龙除外）押物者，限在6个月期内取赎，如在本港其他地方押物者，限在4个月期内取赎。”

（3）发达的典当历史

从开埠至今，香港典当业的发展历程已经跨过了160多年。在这期间，大致分为四个阶段，典当业起伏不定，最终由空前繁荣逐渐趋向式微。

第一阶段：19世纪中的近60年。

英占香港之初，全港当铺约为10余家，起先因无银行业存在，故香港典当业曾有过独霸金融市场的一个短暂时期。及至1858年香港《当押商条例》出台，典当业的正当业务活动便开始纳入法制轨道中运行。

1867年6月，第六任香港总督麦当奴批准通过了《维持社会秩序及风化条例》，其中第18条首次提出了“非法赌博”的概念，即赌博可以在法律管制下合法进行。于是赌博合法化，香港赌风大开，港英当局甚至还于同年7月1日招商承办赌馆，共批准12家领取牌照，在总登记官监督下正式营业。当时的赌馆多分布在西营盘、荷里活道、湾仔、皇后大道中段一带，由于“有赌便有当”，故赌博活动的日渐兴盛，理所当然地也刺激起香港典当业的红火，特别是典当行的数量急剧增加，呈现翻番之势。直到1872年政府重新禁赌，借赌博提升的那部分典当业务才开始逐步冷却下来。

不过，此后的香港典当业仍处于上升阶段。据史料记载，截至1890年，香港共有当铺32家左右。如《香港杂记》云：“1890年香港全年税银159.5224万元，其中当押行的牌照费1.61万元。”若按香港《当押商条例》规定的每家当铺每年牌照费500港元计算，则可知当时香港典当行总数在30多家左右。

第二阶段：20世纪前半期。

进入20世纪后，香港典当业起色颇大，当铺数量已经突破100家大关。当时，香港基本上以各类服装为主要当物，经营模式为当铺收当吃息，出现绝当则有大大小小的估衣店接盘销售，于是典当获利甚丰，行业令人垂涎。如时称香港“当铺大王”的李佑泉、梁弼予等人，或集资或控股，人人开有多家当铺，并广营其他商业。特别是李佑泉，1929年还因成就斐然，荣膺“大英帝国二等勋位爵士”称号，可谓创下香港典当业之最。

1925年6月至1926年10月，在长达16个月的香港大罢工期间，香港典当业受到了一定冲击，然而各家当铺并未赔钱，相反却大为盈利。当面对工厂停工，交通中断，市场萧条，物价飞涨，社会剧烈动荡的情况时，全港当铺都采取“止当候赎”的非常措施，只赎当不收当。但因离港者众，当票过期或遗失者多，典当行的绝当物迅速增加，导致各家当铺获得了大量绝当物的所有权，并通过变卖等处理方式赚钱。

1930年《当押商条例》重新修正施行后，香港典当业发生分化组合。一些当铺不堪负担每年一二千港元的牌照费，决定歇业；而另一些当铺则因受世界性经济危机的影响，被迫关门。据统计，1933年当铺由140多家减少到80余家，这是香港历史上首次出现典当业衰退。

抗日战争期间，香港典当业开始复苏并逐渐兴旺。由于中国政局发生变化，香港人口剧增，典当市场得到充实。同时，内地衣物需求扩大，估衣业也十分景气。这样，香港当铺便在大量押入衣物之际，自行缩短当期，将法定当期缩短到3个月，旨在加快资金周转，及时处理绝当。当时，货币不断贬值，物价不断高涨，于是造成一件当物特别是服装，押入时的当金和绝当后的销价，竟能相差三四倍之多，致使广大当铺有厚利可图。因此，截至1944年，香港当铺的数量又重新恢复到140家。

第三阶段：二次大战后至70年代末。

战后初期，大量移民涌入香港，伴随经济萧条，失业增加，民生凋零，这些都对典当业的发展形成了一个不小的刺激。更由于1946—1950年间香港当局对《当押商条例》的四次修正，香港当铺的生意日见红火。进入20世纪50年代，全港当铺达到170家，而1968年更是增至200家，香港典当业达到了前所未有的繁荣程度。

20世纪70年代后，香港典当业经历转型期。此时的香港，作为“亚洲四小龙”之一，经济开始起飞，以银行业为主的政府金融业迅速发展，并出现大量的财务公司，如50年代初香港持牌银行仅30家，而1978年是74家，1979年又达到115家；财务公司自1970年露面后，截至1978年已有241家。这些银行和财务公司的出现，使港人投资理财的空间大为拓宽，典当业自然受到不小的冷落，故许多当铺纷纷改图他业。有资料显示，1976年全港共有当铺120家，比8年前足足下降了40%，幅度之大，令人咋舌。

第四阶段：80年代初至今。

1984年8月，事隔34年又重新修正的香港《当押商条例》颁布施行，这使典当业颇受鼓舞，出现中兴。特别是新条例第三条和附表一规定：“本条例适用的最高贷款额2.5万港元。”此处的法定当金数额是1950年版旧条例中规定的500港元的50倍，这无疑使香港所有当铺的典当业务活动再入佳境。

例如，过去人们习惯于用服装、鞋帽、家具、工具、农具等物品典当，一是法定当金数额低下，当铺放贷受限制；二是估衣业、旧货业发达，人们的生活水平不高。而进入20世纪80年代后，随着港人经济状况的显著改善，生活富裕程度的普遍提高，很少有人再想穿旧衣用旧货，加上新《当押商条例》对法定当金数额的大幅度增加，当铺日常收当的当物便逐渐趋向于小型化、精巧化和高价值化，一般为金银珠宝、名贵手表、高档相机、打火机和金笔，服装类则只收当貂皮大衣等豪华纺织品。

在一片大好形势下，1987年，香港当铺的数量又逐渐增至150家左右。但是，由于自20世纪80年代起香港地价昂贵，工资攀升，当铺的仓租和人工费用均高居不下，这就造成运营一家当铺十分不易。因为，在现代市场经济条件下，银行业和财务公司已成为香港公众须臾不可离开的重要融资场所，诸如个人免抵押贷款的发放、可透支信用卡的使用，都令广大港人感到十分方便。对此，香港典当业在整个金融市场上无可否认地竞争乏力，日渐式微。

然而，在未来相当长的一段时期内，香港典当业肯定还会平安存在并稳定发展，表现出顽强的生命力，这又是香港乃至整个世界的社会经济发展状况所决定的。作为民间金融业重要分支的典当业不会消亡，它毕竟是一种特殊的、行之有效的融资方式，尚能并继续能够满足社会相当一部分人的日常融资需要，这从香港目前仍有190家当铺便可证明。

（4）传统的典当模式

如今的香港，已是世界著名的国际化大都市，但你若亲眼看看香港的典当业便会发现，这个古老的行业似乎尚未走出中国传统典当文化的藩篱，它远远跟不上现代化的步伐。在香港，唯有典当业能深深地折射出千百年来中国民间金融业始祖的魂灵，令人眼界大开，感慨万千。

其一，押字招牌高挂。

在香港大街上行走，稍加留意就会有一块块“押”字招牌映入你的眼帘。与中国内地不同，香港所有的典当行通常都称作“××押”或“××大押”，商号有别，尾字相同，全港统一。

而且，香港任何一家当铺至少会采取四种方式向社会公众充分展示自己的商业字号和行业特征，但极少在门口挂各类木牌。一是横匾，实际上大多数无匾，而是将字镶刻在当铺门楣上，有的还是中英文对照；二是漆字于门上或门

香港街头当铺

墙之上，硕大突出，端正醒目；三是不同形状的短招牌，有的上面只写一个“押”字，用来提醒客户当铺的存在；四是高高悬挂、内容和形状基本上都统一的灯箱广告招牌，无论白天还是晚上都令人感到香港典当业的稳定发展。

这种灯箱广告招牌样子十分奇特。它由形状相异的上下两部分组成，黄线勾边，红地白字。上半部是蝙蝠状，寓意招财进宝，生意兴隆，左右两边尖角向上伸展，自右至左写着当铺的店名；下半部则是圆形，大大地写着一个“押”字。白天从远处望去，整个招牌又很像一顶王冠，透着雄伟；而入夜灯火通明时，则光彩夺目，很是惹人喜爱。相传清乾隆年间，官府将库存巨额白银贷给典当业用于周转，收取利息。于是，广州的当业会馆乃招集全行业进行分配，并作出规定，凡接受贷款的当铺，均以统一标志——蝙蝠图案装饰门面，取“引福归堂”之意，期冀交上好运。如此吉利招牌，日后便被香港典当业一脉相承，沿用至今。

其二，陈设古色古香。

从营业场所上看，香港当铺还有这样几个特点，称作“小门脸儿、高柜台、大屏风”。香港当铺的整体面积都不大，当厅一般在8～10平方米左右，且均为单层建筑。但其营业柜台却出奇的高，大约在2米以上，并全部用铁栅栏隔开，使内厅与当厅成二级阶梯结构，右侧留有一个小门，供员工拾级进出。个别当铺在入门处还设有一扇木制大屏风，有的书写着当铺商号，有的则无，使人回想起旧中国当铺的传统风格。所不同的是，香港的许多当铺装修十分考究，柜台甚至还镶着大理石墙面，这比从前可气派多了。

由于柜台太高，任何人进到当铺里，均须仰起头来才能与内厅里的员工说话。靠近当厅处通常有两名员工，目前在香港仍称“朝奉”，是负责接当、鉴定、估值的专业人员，他们端坐在椅子上，脚下的地板高度约在客户的头顶上，实在是一种古老鲜见的经营方式。这些“朝奉”各有自己的一手绝活儿，尤其对金银珠宝具备特殊的鉴别才能。美中不足的是，他们大多数只会讲广东话，而根本不懂普通话，故此中国内地来的人便很难与其沟通交流。

其三，业务精湛娴熟。

尽管时代变迁，现代融资手段层出不穷，但香港人去当铺的仍不在少数。在香港，人们常常能够看到，一些衣着入时的女子、仪表堂堂的先生，也纷纷前往当铺押货或赎当。对于当户交来的各类当物，当铺的当值员工责任重大，首先他们必须分辨真假，继而要准确估价，最后再决定发放多少当金。

一次，在香港旺角一带山东街的“伟华”押和砵兰街的“华兴”押这两家典当行里，一位香港老板用手上戴过多年的一块劳力士手表先后典当。只见头柜“朝奉”麻利地打开表壳后盖，并凭借专用眼镜仔细验看一遍，待确定手表为真品时，他便报出按现值市场估价打折后的当金数额。令人没想到的是，这两家相距并不近的当铺，均给6000港元当金，可见香港典当从业人员的业务水平十分整齐，鉴定、评估技能相当高超娴熟。

最有趣的是，即使在当前电脑技术日新月异的年代，香港的所有当铺也从来不用机打当票，而是仍然流行旧中国用毛笔浓墨以特殊字体书写的传统当票。这种特殊字体称作“当字”，是中国历代相传、约定俗成的一种典当业专用字体。字体大致如行草，夹杂白字土语，有的是半边字，有的则如速记符号，皆为经世历久、长期简化而来，据说当字总数在1000个左右，但日常用字仅为300～400个。“当字”的特点是龙飞凤舞，难于辨认，且写必满格，为的是防止假冒。由此看来，香港典当从业人员仅书写“当字”、辨认“当字”这一功夫，就非普通人所能。难怪人们对香港典当业所积淀的中国传统文化的底蕴丰厚始终赞叹不已。

案例9　典当名表换酒喝

居住在香港北角的萧先生同时为5家报馆、3家杂志写专栏文章，可谓香港颇具名气的文人。但这位先生在写作之余也视酒如命，年轻时每个月都将所得的稿费饮完喝尽，直到婚后有了子女，才在太太的管束下有了节制。

为了控制丈夫的酒量，他太太每个月都将其所有稿费强行“没收”，而只给他一些“车马费”，这使几十年来靠酒行文的萧先生实在难以忍受。迫不得已，他便时常用自己多年珍藏的名表典当换钱，满足酒瘾。时间长了，他常去的几家当铺的伙计对其十分熟悉，每当他一进门，伙计都会把当票写好，他当的名表与要价，十有八九也会被伙计猜中。

（5）有效的典当监管

香港总面积1092平方千米，现有人口700万，平均每3.6万人有一家当铺，不仅多于新加坡、马来西亚等国的当铺人均保有量，而且这个数字与中国内地如北京8万人一家当铺、上海9万人一家当铺等相比，更是高得多，故而对于香港特别行政区政府的日常监管来说，的确是一项很有挑战性的工作。

按照不同的角度分类，香港政府监管典当行既有行政管理又有经营管理，既有现场管理又有非现场管理，同时发挥典当行业自律组织的作用，使香港典当业在法制轨道内平稳运行。总之，无论政府如何监管，都重点采取有效的法律手段，从而依法进行。目前的主要典当法律便是1984年修正的《当押商条例》，共计30条并2个附表（典当金额表和典当利率表）。

其一，行政管理。

行政管理主要集中在开业审批管理和典当治安管理两个方面。

对于开业审批管理，《当押商条例》第四条规定：“任何人除非根据及按照有效的牌照经营当押商业务，否则不得经营该项业务。”该条例同时明确指出：香港任何一家典当行的开业许可均由政府警务处处长负责具体审批。如条例第五条（1）规定：“处长在有人以订明的表格及方式向其提出申请并缴付订明的费用后，可向该人批出经营当押商业务的牌照。”这表明，在香港经营当铺，必须持有警务处颁发的营业牌照，牌照费每具4000港元。有效期12个月，届满可续期。

不过，香港政府在批设典当行时，几乎不考虑典当业的布局问题，即人口密度、地域阔狭等因素去安排当铺的分布。所以，香港当铺的布局都是市场行为使然，200多家当铺大部分位于九龙、香港岛一带，有些地区十分集中，有些地区则寥寥无几；有的在闹市，有的在僻巷，不一而足。如在九龙城南附近，三条相邻不远的街上，就有5家当铺；而在旺角居民、商业稠密区一带，两家当铺近在咫尺，距离甚至不过七八米的情况屡见不鲜。据悉在香港经营当铺很容易获得政府发牌。只要是香港居民，有身份证，报上股东姓名，具备一定的注册资本金，并有合理的经营场所和完善的保安措施，领取当铺营业执照不费吹灰之力。

对于典当治安管理，《当押商条例》第二十四条赋予了香港警方随时进入任何一家当铺并予视察的权力。如该条明确的警员资质条件是：“警长级或以上的警务人员或任何获处长为下列事项而以书面授权的人，可在出示其所据权限（如有此需要）后——在任何合理时间进入并视察。”除此依法享有对当铺的现场管理权外，香港警方还得在任何一家典当行内明显处悬挂一纸辖区警署的《警署公告》，内容一般是典当治安管理的要求、典当双方防范赃当的权利义务等，文字不多，通常放在一面玻璃镜框里。

与此同时，香港各家当铺在其当厅墙壁上还必须并列悬挂两个镜框，分别是官方制定的《政府公告》和香港九龙押业商会制定的《押物人须知》，均为中英文对照。这些内容你只要迈进任何一家当铺的大门，都立即就能看到，表述相同，一目了然。其中政府公告无颁布日期，由押业商会代宣，全文是：“现奉香港政府谕，凡押物人必须报真姓名、住址并须将身份证或护照提出登记，否则乃属违例。”而《押物人须知》定于1990年7月2日，主要内容为除言明当期、当息外，对当物失窃的赔偿作出规定，如提到“如属本押失责，招致押下物品受损，最高赔偿金额不超过5万元”。

香港《政府公告》

其二，经营管理。

经营管理主要集中在以下几个方面：

一是当物。

香港有关法律并未就当物的种类做出具体界定，只是列举了禁当物品。如《当押商条例》第二十一条规定：“当押商不得要求取得或接受下列物件作为抵押品——a. 任何根据《人事登记条例》（第177章）发出的身份证，或任何护照、委任证或其他确定持有人身份或国籍的证件；b. 银行储蓄或存款账户的存折；或c. 借款人或物品拥有人本人或其任何家庭成员的照片，不论该照片是否已经冲晒。”然而，目前香港典当业普遍经营的是金银珠宝、名贵手表、高档相机、打火机和金笔等几大类当物，至于像家用电器、汽车、房地产之类，香港典当业几乎不去问津。这可从一些当铺中张贴着的业务告示表现出来，其一般声明：“本店典当金饰、手表、火机、金笔。”

二是当金。

1984 年修正的香港《当押商条例》，曾将每笔典当金额的上限，从过去的 500 港元提高到 2.5 万港元；而 1990 年最新修正的《当押商条例》，又将当金上限数额一举增加到 5 万港元。这使香港典当业的金融活动空间进一步扩大，事实上为一些当铺经营范围的合理拓展，创造了有利的法律条件。

三是当期。

香港典当业有史以来长期执行的典当期限都是一年。1930 年修正《当押商条例》后，开始执行按地域不同的差别当期，香港、九龙的当铺将当期缩短为 8 个月，而新界当铺的当期仍为 12 个月。1946—1950 年间修正的《当押商条例》，又将上述差别当期分别缩短为 6 个月和 4 个月。但是以往的几次重大调整，尽管相应缩短了当期，却未明确是按公历还是农历计算。直到 1984 年修正的《当押商条例》，才将当期的计算方式明确为中国农历月，并取消差别当期，实行统一当期。如该条例第十五条规定："在任何款项的贷出日期起计的 4 个农历月内，如有人交出当票或当票复本连同当时应付的本金及利息的全数，则当押商须将该张当票或当票复本及该笔贷款有关的物品交付该人。"另在相同条例第十七条和第二十二条，亦有最高当期为"4 个农历月"的规定。

四是当息。

进入 20 世纪 80 年代，香港的典当利息开始呈现出两个特点，一是统一当息，取消差额当息制；二是降低当息，适应社会经济发展需要。如 1984 年修正的《当押商条例》第十一条（1）规定："当押商在将当押物品交回之前，除可收回以向其当押的任何物品为抵押品而由其支付或贷出的本金外，尚可向申请赎回该等物品的人要求支付及收取按农历月计算的单利息，利率不得高于附表 2 所指明的利率。"附表 2 则规定："可要求支付的最高每月单利息利率每农历月 3.5%。"自此以后，香港典当业的法定典当利率即为月息 3.5 分，且以中国农历月计算。这里需要特别指出的是，香港《当押商条例》规定当息的收取以农历月计算，反映了政府立法部门为使典当行多吃利息提供便利条件这一出发点。因为，如用公历计算，则每年共有 7 个月是 31 天，而农历大月 30 天，小月才 29 天，故每月平均比公历少一二天，致使当铺收息与公历月息相比，是息满日缺，无形中降低了成本。更重要的是，当铺的惯例为典当一天或过月一天均按一个月计算当息，所以农历月息的法律规定对典当行十分有利。

另外需要指出的是，香港典当利息的结构实行的是单一制而非多元制，即月息 3.5 分已经包含利息及鉴定、评估、保管等全部费用在内。对此，《当押商条例》第十一条（2）规定："当押商接受本金及利息的支付，即为有关贷款所需或附带引起的费用的完全偿付。”并在该条（4）中进一步强调：“对于任何贷款，当押商不得——在本金、利息……以外，要求支付或收取任何款项。”

五是续当。

香港典当业同样实行续当制度。如《当押商条例》第十七条（2）规定：“尽管有第（1）款的规定，如在任何款项的贷出日期起计4个农历月届满前，借款人欲延续贷款，则当押商在借款人缴付当时应付的利息后，须准许延续贷款，而凡在此情况下，须向借款人交付一张新当票，并须在总登记册上重新登记；……新当票交付当日须当作贷出任何款项的日期。”这表明，当户过期不赎，允许清偿利息，更换当票，以示续当。

六是绝当。

香港典当业与新加坡、马来西亚等东南亚国家的典当业不同，政府有关法律并未对绝当物处理的途径、方式和手段做出具体规定。香港《当押商条例》第十七条（1）是这样表述的：“除本条例及任何其他法律另有规定外，当押物品如在当押商贷出任何款项的日期起计4个农历月届满时仍未被赎回，则成为当押商的财产。”在这里，香港典当法律只是规定如当期届满不赎，当户对原当物的所有权即自动转移至典当行，至于获得了当物所有权的典当行，对其如何占有、使用、收益、处分，则皆为典当企业自己的事，法律不加任何干涉。因此，在香港一些当铺里常可看到这样的告示：“断期金饰、手表、火机、金笔平卖”，此为当铺变卖绝当物的一种方式。然而在香港当铺里，人们却看不到欧美、东南亚甚至我国内地及台、澳一些当铺里附设商品柜台的情形。那里当铺的当厅空空当当，连张椅子也没有，当户来去匆匆，绝当物也不公开销售，但却有这项销售业务存在，此亦为香港典当业与众不同之特色。

其三，协会作用。

在香港，除了政府依法监管典当业之外，香港典当业的行业自律组织也负有重要职责。该组织全称为“香港九龙押业商会”，是依法注册登记的股份制社团法人，位于香港热闹非凡的铜锣湾一带的洛克道上。港九押业商会现租用一套廉价办公用房，通常每天只有一名秘书值守。尽管工作人员不多，但押会办事效率很高，管辖事务不少。

该押会通常代行政府部分职能，如前述香港所有当铺中例须悬挂的《政府公告》和《押物人须知》，即出自押会手笔。

另外，港九押业商会还负责业内重大事务的办理。如1999年5月1日，人们上街时发现，香港所有的当铺大门上都贴有一张粉色告示，内容为：“五一劳动节休业一天”，落款为“港九押业商会”。原来自1997年香港回归中国以来，1999 年是香港特别行政区政府首次安排社会各界五一节放假，而押会作为政府与典当企业之间的桥梁，便特地印制、发行了专门规定五一节统一放假休业的格式化通知，送至遍布香港各地的大小当铺予以公告执行。

由于香港典当业行业自律组织的角色到位、作用突出，极大地配合了香港政府对典当业的有效监管，维护了典当双方当事人的合法权益，为香港典当业的稳定发展创造了有利条件。

（6）危机下的典当行业

2008 年，一场世界性金融海啸，也令香港不少人身家大缩水，典当业初现繁荣。现时全港共有 190 家当铺，每年每家当铺约有 6500 宗交易。

沙田大荣大押负责人罗先生表示，金融海啸下，许多顾客拿贵重名表来典当，数十万港元的钻石表他也见过，生意轻微增加 1%～2%。当物主要是金器、珠宝首饰及名表等贵重对象，通常是物品有纪念价值，客人不想卖断，于是拿来典当，周转一下。当铺顾客包括赌徒、外佣等各类人士。

然而，由于经济逆转，香港典当行的绝当情况也急增一倍，东主大叹情况有如非典时期，但估计最差时刻仍未来临，随经济转坏，不排除将有新一轮绝当潮。

北角一家当铺的东主指出，经济急剧下滑，不少人银包无钱，无计可施下将家中贵重物品，如金饰、钻石及名表等典当，但数个月过后，由于无法在限期内赎回当物，自当年 9 月开始，行内已出现绝当潮，以他的当铺为例，涉及金额约 10 余万港元，较 2007 年同期增加 3 成。

而另一家位于牛头角的当铺负责人则说，2008 年上半年金价高企时，不少人典当金器，下半年经济急转直下，不少人饭碗不保，以致该当铺近月绝当数字较上半年增加一倍，金额接近 20 万港元。

另一方面，尽管金融海啸拖累香港经济环境转差，急需典当做周转的市民愈来愈多，但由于现时受法例规限，就算市民典当数十万港元的名表金饰，每件物品顶多也只能套现 5 万港元。对此，香港政府于 2009 年 1 月 2 日刊宪，建议修订《当押商条例》，使这项限制于稍后放宽。即将典当行的贷款金额由现时上限 5 万港元，提高至 10 万港元，以追上当押物品的价格升幅，修订条例最快可于 2 月 25 日生效。典当业界欢迎有关建议，除可开拓业务外，亦能协助市民渡过时艰。

典当行所谓的最高贷款额，即无论市民典当物品的价值多少，典当行最多也只能为一件物件付出 5 万港元当金。举例说，若市民典当一只原价 8 万港元的名贵手表，即使估值约 6 万港元，但典当行最多也只能借贷 5 万港元给该市民，物品变相被压价。因此，不少“豪客”会望门止步，即使急需典当物品周转，也改以其他方法转卖物品套现，或与典当行协议，将当票一分为二，以避过法例规管。

一名从事典当业数十年的老行尊表示，由于贷款额限制在5万港元内，以往不少典当行会铤而走险与客人协议订立多张当票。例如一只估值约10万港元的钻石戒指，典当行会将钻石和戒指托当做两项物件计算，即各值5万港元去促成生意。该老行尊指出："若政府放宽贷款规限，对典当行和顾客双方都有好处，也可助客人解决燃眉之急。"

此外，物价通胀亦是放宽贷款额的原因之一。其实早在2007年，港九押业商会已指出，市民经常典当的物品如金饰、珠宝和名贵钟表等，其价值已远高于现时5万港元的规限，故要求当局将贷款额提高至10万港元，以迎合市场需要，开拓业务空间。而政府保安局2008年10月提交立法会的文件亦指出，自1990年以来，本港消费物价指数上升近6成半，而增加典当行的贷款额，对防止罪案并无影响，故当局建议修订现行的《当押商条例》，将贷款额增至10万港元。

在荃湾经营当铺的欧先生对有关建议表示欢迎。他认为，自金融海啸发生后，需典当套现的市民明显增多，虽然典当款额多为二三万港元，但若贷款额放宽至10万港元，无疑可吸引更多"豪客"生意。另一名当押商亦认同放宽规限，在现时经济不景气下，可为业界带来商机，"也可协助市民渡过难关。"不过，油麻地一家当铺的负责人黎先生则认为，当局将贷款提高至10万港元作用不大，因澳门和内地的当铺都是无限额贷款，相比之下香港当铺吸引力较弱，"本港对当押商监管严密，大可将贷款额一次过提高至30万港元，增加竞争力。"

2. 澳门典当业

近代开埠，澳门人丁兴旺，经济发达，于是典当业也大行其道。

历史上的澳门典当业划分为"当、按、押"三种。三者中"当"的当期可长达3年，典当利息最低；"按"的当期为1年或2年，典当利息比"当"稍高；"押"在三者之间的经营资金最少，当期为4个月至1年，然而典当利息最高。

1903年12月，澳门殖民政府颁布施行《澳门市当按押章程》，开始规范典当业的发展。1917年，澳门富商高可宁设立"德成按"，以后演变成澳门首屈一指的大当铺。

据史料记载，抗战时期是澳门典当业迅速发展的黄金时期。当时，战乱导致大量香港和内地居民移居未被战火殃及的澳门，澳门常住人口陡增数倍。一时间澳门物资短缺，价格腾贵，贫困的人们只能依靠典当度日。然而，随着社会经济发展，人们生活水平提高，特别是20世纪七八十年代银行业的兴起，澳门典当业便逐渐走向衰落，许多当铺倒闭，连德成按最终也难逃厄运，直至后来被改建成典当业展示馆。

不过，由于20世纪60年代起博彩业的发展渐入佳境，且近年来蒸蒸日上，故澳门典当业又卷土重来，日见红火。其中当店已无，按店极少，而押店最为走俏，诸如："必胜押"、"百利押"、"全发押"等。

澳门典当业有三个基本特点：

(1) 服务对象特定

博彩业是澳门的支柱产业，这就决定了典当业对博彩业的高度依附性。据不完全统计，目前澳门共有60多家典当行，清一色为赌客提供融资服务。

从地理布局上看，仅在国际著名赌场葡京酒店周围，就有20多家典当行，其他如金沙、银河、华都、回力赌场等大小赌场附近，都有大大小小的典当行分布，有些典当行甚至就开在赌场所在的酒店内，而不是临街设店，从而随时满足赌客的需要。总之，博彩业与典当业这两个行业结合得十分紧密，类似美国的拉斯维加斯赌城典当。

从营业时间上看，因赌场24小时营业，于是如影随形的澳门典当行也通宵服务，且全年无休。一天当中，特别是午夜至凌晨，更是典当行业务繁忙、员工紧张工作的时间。所以澳门的典当行普遍实行双班制，夜班晚上10点上工，次日上午10点收工，工作还是很辛苦的。据"得润押"的一位员工称，澳门典当行夜里生意最多，由于赌客那时输得差不多了，便来典当行筹钱，再返回赌场重新投注挣扎一把。因此，通常典当行便在夜班期间配备最强的技术力量，以多接当多赚钱。

从服务措施上看，澳门典当行普遍实行异地赎当模式，当户在澳门典当可以选择至香港赎当，当物通过专人移送香港，为广大当户提供赎当方便。难怪所有典当行店门两侧都写着相同的字样："昼夜服务，港九取赎。"

案例10 与众不同的澳门当铺

澳门典当行都保持着上百年来一成不变的老模样：小小铺面，门口当街高悬一个偌大的"押"字，店门的两侧都写着相同的"昼夜服务，香港起货"。店堂内的布局也千篇一律：食指粗的铁条将内柜外柜一隔为二，高高的柜台只留一个小小的窗口，给人一种警卫森严的感觉。澳门的押客当然大都是赌客，赌场通宵开赌，押店也就昼夜服务。那些输光随身现款和票证的赌客，于是就用身上值钱的东西如首饰、手表、衣物等典当换钱，或者作为扳本的赌资，或者作为回家的路费。

有意思的是，在美国的拉斯维加斯，不少赌客开着车来，输光后常常是抵押汽车，于是当地汽车押盛行，而在澳门，由于政府不允许香港和大陆人开汽车过境，于是变成了典当行“高价押手提电话”的招徕生意的牌子随处可见。

当物押期通常为3个月，一般有过半押品被押客赎回，逾期无人赎回的押品，会有金银珠宝行以及旧衣店的人来收购。为何澳门的押店都标榜“香港起货”？因为过去赌客大都来自香港，为了方便港客，押客可在押商设在香港的分号赎回押品。异地起货，押客要付一定的手续费。押商的最大风险，在于鉴别押品的货色。因为典押之物品种繁多，品质优劣参差不齐，没有好“眼水”便会出现鱼目混珠的巨大差错。鉴别货色的师傅叫“朝奉”，俗称“二叔公”、“柜面”，没有10多年的经验充当不了这一要职。“朝奉”一般是店主或股东担任，也有资深店员担当此职的。若是一件昂贵押品，得经两三个“朝奉”过目。

（2）当物限于动产

澳门典当业同香港例，各家典当行的经营范围均限于动产质押，通常是金银首饰、珠宝钻石、高档手表、名牌钢笔、手机和打火机等，尤以手表居多，特别是劳力士表，故典当行又称“珠宝金行或钟表珠宝行”等。而对于汽车、房地产等业务，澳门典当行则一律不做。

由于术业专攻，故澳门典当行给人的总体印象是，员工业务娴熟，放款准确到位。如2001年11月，一次某当户拿出手上戴的一块浪琴牌手表，在大陆6000元买的，九成新。广州某典当行称1000元人民币也给不了，但澳门的两家典当行，一家给2000澳门元，另一家给1500澳门元，折当率都略高于内地。无怪乎澳门的一名典当行员工说，如果大陆哪家典当行缺人手，他愿意月薪1万元人民币去应聘，自信心很强，并有与大陆典当同仁交往的强烈意识。

（3）当铺一店二用

澳门典当业还有一个显著的特点就是，典当固有的金融性质与商业性质紧密结合。在澳门，典当行不仅从事质押贷款方面的金融业务，而且从事商品销售方面的流通业务，二者共同构成一家典当行的经济增长点。

而且，澳门典当行并非只是附设柜台销售绝当物品，而是一店二用，用大于典当业务面积数倍的店面摆放柜台，以零售全新商品为主，如金银首饰、高档手表等。澳门典当行的这种经营模式，使广大消费者既可以在典当行利用典当融资，满足自己的金融消费需求；又可以在典当行通过零售方式，一方面购买新商品，一方面购买二手货，从而满足自己的商品消费需求。

澳门典当行

也正因为如此，澳门的大多数典当行都店面宽敞，装修豪华，金碧辉煌，它们的柜台和橱窗里总是展示着各式各样的名表、名笔和珠宝首饰，黄灿灿，银晃晃，珠光宝气，在灯光照射下璀璨炫目，令人怦然心动。

澳门典当业属警察机构监管，法定典当利率为每月5%，当期最长为3个月，当期短于香港而当息高于香港。澳门典当业没有行业自律组织，典当行一般是澳门金业公会的会员，典当行员工经常参加该公会或社会上一些机构组织的业务培训，以提高自身素质和典当操作技能。

案例11　典当博物馆

在世界文化遗产之一的山西平遥古城，有一座“平遥典当博物馆”。它建于2001年，是我国内地唯一的一座典当博物馆。该馆坐落于平遥古城西大街，占地面积1680平方米，前后三进院落，内设12个陈列室，模仿平遥清乾隆年间创办的典当行——汇源当的旧貌，古色古香，令人叹为观止。在馆内，旧时当铺的高柜台、各类员工的操作间、当床、账桌、钱桌一一可见，形象逼真，使人身临其境，宛如来到当年的老当铺。

在我国澳门特别行政区市中心，也有一座“典当业展示馆”。它建于2003年，是港澳台地区唯一的一座典当博物馆。该馆坐落于澳门繁华的新马路西北段，是一座由当楼和货楼两组相结合的楼宇建筑，在民国六年（1917年）设立的一家澳门典当行——德成按的旧址上改建，基本上保留了这家老当铺的原貌，颇为吸引人。走进馆内，首先在3层高的当楼门口位置，可看到一块红色的屏风，上书“德成按”三个黑漆大字，俗称“遮丑板”，为的是保护当户名誉，掩盖其典当之事。馆内保留了昔日当铺的格局，例如木窗、木门、木天花板、太师椅等。墙上还悬挂着“六个月满期”的大牌匾，其外形是蝙蝠吊钱的“德成按”招牌，古色古香，充满怀旧味道。而在一个玻璃柜内，则摆放了不少当铺必用的物件，其中有一本票簿，上面写满龙飞凤舞的“当字”，与墙上挂着的亦用当字书写的6张老当票遥相呼应。

3. 台湾典当业

典当是台湾历史悠久的行业之一，岛内许多当铺已成百年老店，前后几代人相继经营。据统计，目前台湾共有2057家典当行，遍布全岛，其中以台北市居多，有276家；高雄市次之，有220家。

自1997年亚洲经济危机以来，台湾典当业的生存和发展颇受影响，致使近10多年来呈现出以下一些特点：

（1）典当营销提上日程

为了开拓市场，树立企业形象，台湾的许多典当行开始采用现代市场营销手段，为典当这个古老的行业打强心针，旨在使其重整旗鼓，再现辉煌。值得一提的是，这些典当行有十分明确的经营宗旨，并且常常喊出响亮的典当商业口号。

位于台北的贵人当铺，向社会公众亮出的招牌是“政府立案质借处”，自称“金融便利商店”。另一家茂顺当铺，除坚持一天24小时营业外，还十分亲切地向客户招徕：“来茂顺，保证给您惊喜！”“您最安心的选择！”

为了扩大市场份额，提高典当企业知名度，台湾彰化县的九九当铺有一系列的商业营销口号，抓人得很。如该当铺称“正大光明的当铺，可信的心腹”，又有“手续简单，有求必应”、“低额利息，高额贷款”等等，令广大当户倍感温馨，百当不厌。

还有一家台北的联光当铺，尽管它在台南、桃园和新竹各开有一家分支机构，但却使用统一的典当商业口号，叫做“政府立案，息低保密”。那里的嘉泰当铺则说“政府立案，专业经营，合法利息，即时放款”，给当户吃了颗定心丸。

与此同时，一些号称“摩登当铺”的典当行还特别提出“万物皆当”的主张，寄希望于让更多的人来典当行融资。如这些当铺上至名牌跑车、西服、电脑、手机等，下至灭火器、性感内衣、棉被、袜子等都照当不误。一位当铺老板还颇有信心地称，目前台湾的二手内衣市场尚未成气候，所以典当的价格也不高，但他认为今后性感内衣典当将会形成热潮。另有一些当铺还典当成箱的何首乌药包、麻袋装的茶叶，甚至宠物猫狗（又称“活体典当”）等。总之，凡值钱者均有典当交易的机会。

（2）典当法规发生变化

台湾很早就有典当专项法规，近年来发生较大变化，表现在以下一些方面：

一是立法升级。

台湾过去一直以《当铺业管理规则》调整典当业，该规则 1940 年制定，施行了 60 年。2001 年 6 月，台湾颁布实施了《当铺业法》，从而废止了《管

台湾典当行

理规则》。这表明，台湾典当法规的立法级次得到提升，更加有利于规范岛内的典当业。

二是市场准入。

依据《当铺业法》，今后在台湾设立典当行将提高门槛，市场准入附加了新的条件。如该法第四条规定："自本法施行后，第一年每增加3万人筹设一家（典当行），第二年起每增加2万人筹设一家。"同时规定，设立典当行必须经过一定的"筹设期"，"申请者取得筹设同意书后，应按指定之期限筹设完成，并向当地主管机关申请勘验，经勘验合格取得许可证。"而这二项条件在以前从未有过。

三是经营范围。

新法明确规定，典当指当户以"动产为担保"与典当行发生的借贷行为。同时规定，典当行不得收当有价证券及各种存款凭证、机关印信及其他政府机关管理之财物、军警制服及其他附属物品等。但对于房地产等不动产抵押业务是否允许典当行受理，该法只字未提。相比之下，旧法中则连动产为担保也未曾提到过。

四是息费构成及标准。

旧法允许典当行收取当息、栈租费和保险费，新法则规定："当铺业除计收利息及仓栈费外，不得收取其他费用。"而且新法明确规定了息费标准，即典当月息最高不超过四分，仓栈费最高不超过典当金额的5%，二项合计可达9%。

五是绝当期限。

旧法规定绝当期限"不得少于3个月"，新法在此基础上重新规定为"当铺业之满当期限，不得少于3个月，少于3个月者，概以3个月计之"。这就是说，任何人典当必须3个月后才能绝当，不满3个月则典当不得进入绝当程序。在这3个月当中，当户可以随时赎当，但必须依法按期清偿息费。

六是绝当物品处置。

旧法规定，绝当后"当铺业将原物变卖"。然而新法却出现重大修正，如第二十一条明确规定："届期不取赎或顺延质当者，质当物所有权移转于当铺业。"这表明，对于绝当物品，典当行有权依法予以没收，不再启动清算程序如变卖或拍卖，而是可以获得其所有权，与原当户无关。此项规定与香港典当法规相同，与英国、新加坡等国的典当法规相似。

（3）典当行业逐渐衰落

有资料显示，台湾的典当行绝大多数为私立，而公立者极少，仅在台北和高雄2市有公立当铺，但后者却具备一定优势，故造成台湾典当业出现动荡。

首先是公立当铺的典当利息相当低廉，如台北市市立当铺为年息 8 分，而私立当铺为月息 4 分，即年息高于公立当铺 6 倍，即便是一般公立当铺其月息至多也是 1 分，这使私立当铺的典当市场普遍受到冲击，于是台北的私立当铺业者便多次联名告到台北市府表达不满，认为公立当铺以低息抢市，与民争利，双方口水战不断。

其次是公立当铺的典当期限长达 6 个月，而私立当铺的典当期限短为 3 个月，于是造成当户偿还当金本息的压力大小截然不同，致使一些当户宁可选择公立当铺融资，从而也多少冷落了私立当铺。

除此公私对立、市场竞争影响台湾典当业的顺利发展外，近年来岛内典当业的反常现象也令人十分苦恼。

2001 年，台湾的典当交易人次高达 200 万，约合 10 个台湾人中就有 1 个要光顾典当行。然而，由于台湾经济严重不景气，许多当户只当不赎，故使一些典当行面临“当光”即资金穷尽的窘态。据统计，在台北市 276 家当铺中，就有 30 多家因当光而被迫停业。对此，台湾当铺业公会决定，于当年 12 月 25 日圣诞节那天，在台北市地价最为昂贵的信义计画区，举办一场“当铺展”，旨在协助各家当铺出清存货，处理绝当，并努力让已经停当的典当行起死回生。但种种救市措施并不奏效，台湾典当业长期以来普遍存在的资本金不足、资本充足率严重下降的局面很难扭转，它造成一些典当行绝上率上升，直到当得一干二净，无力放贷，坏账率 100%。

截至 2002 年上半年，台北市公立当铺之一——台北动产质借处在台北的 12 个质借分所的当户较上年同期减少 20% 以上。另据高雄市当铺公会 2004 年 1 月称，当铺业绩从四五年前开始走低，至今已下滑了约 60%，有些典当行明显属于惨淡经营。

案例 12　典当名表为创业

台湾著名的“阿瘦皮鞋”公司创始人、董事长罗水木是靠典当起家，最后才走上创业之路的。青少年时代，他靠擦鞋为生。当时每擦一双鞋收费 2 元台币，员工可提成 6 角，一天下来有 10 多元的收入。但他知道这样打工终不是长久之计。于是，在他 23 岁那年（1952 年），罗水木去一家典当行把自己的手表典当了 120 元，凭着这点本钱开了一个属于自己的擦鞋摊。10 多年后，他开始进军制鞋业，并很快建立了属于自己的皮鞋王国，打造出台湾皮鞋业的第一品牌。

2008 年下半年，由于经济危机，台湾的许多典当行生意火暴，但也有不少当铺关门倒闭。

根据高雄市当铺公会统计，近一年来，高雄市就倒了30家当铺，连当铺牌照的转让价格也一路下滑，跌了将近两成。有两家当铺的蒋先生说，他的当铺每个月要15万元的成本，没生意上门，只能靠吃老本苦撑，撑不住时只好关门大吉。他表示，民众该当的也都当完了，上个月又倒了好几家，大家忧心忡忡。因为人们连结婚戒指、手机、衣服都拿出来当，说明市场跌到了谷底，原本是为居民周转的当铺，也就不可避免地陷入了倒闭危机。

在台北市昆明街，有一家20世纪50年代就开始经营的传统当铺，它的主人苏某说，以前经济不景气，生意人跑当铺借钱急用，是最自然不过的事。现在经济状况更差，连借钱的生意人都没有了，只有一些熟客光顾，生意有一天没一天，能做多久就做多久。

苏有一位老客户，陆陆续续来典当了一些翡翠玉镯、耳环、钻戒等，对方说是纪念物品，因生活所迫，不得已拿来典当，但又舍不得卖掉，宁可每月付上几千元的利息。可是像这样每月付息的客户，到最后往往因为实在拿不出钱赎当，只好忍痛割爱。

在苏的当铺中，可以发现许多稀奇古怪的东西。他说，除了内衣裤没有人当，几乎所有的东西都可以拿来当。包括西装、袜子、打火机、手表、貂皮大衣、家用电器等等。曾经有一家公司拿了数百个灭火器来当，作为周转之用，等到卖掉一些，再来赎回一些，最后公司倒闭，剩下100个没有赎走，苏只好把它们送人或放在街坊使用。

由此可见，经济每况愈下的时候，一些商人为了生意、为了面子，不得不拿出古董、字画等宝物，换取现金；再后来，作为家庭箱底“老本”的黄金、嫁妆甚至婴孩的金锁片都在典当之列。如今，这些人甚至已拿不出什么典当品，只好拿着身份证、信用卡等质押，借取现金。

王姓当铺经营者说，近来来当铺的客人，大都是迫于经济上的压力，因此，许多人都抱着不赎回当物的心态，漫天开价。绝当品愈积愈多，又不易出手，当铺获利甚低，甚至赔钱。恶性循环下，家家当铺撑得很辛苦。

（4）典当市场时冷时热

尽管行业式微，但台湾银行紧缩银根，反而造成当铺生意兴隆，典当业务也跟着飙高。据统计，近一年来，求周转而典当的人潮约增加二成，且年龄也有下降趋势，顾客从中年变成了青壮年，“做这行才知道穷人有多穷”。台北市当铺业者说，陀螺、轮椅、鱼、蓝白拖鞋、模型、情趣用品，都有人典当过，有时候就当做做“功德”，因为这些人根本没有名表、黄金、珠宝可当。

台湾当铺家数在近两年正式突破2000家大关，自此则居高不下，而2008年下半年以来景气出现反转，银行业放款转趋保守，具有“替代性”的当铺业生意反而兴隆。如在连锁当铺业大千当铺，近一年典当人潮比前年去年同期增加20%，且年龄层由过去的四五十岁，下降为二三十岁。

“银行借不到的，找当铺，没东西当，只好找地下钱庄”，台北刑事局侦察科表示，根据台湾《当铺业法》规定，当地县市每增加2万人，才可新设一家当铺。因此，目前当铺执照可说一照难求。

不过正派经营的典当业者也有难处。“穷人太多，没东西当”，这群人便去地下钱庄借钱，不但可能要付出高利，更可能面临暴力讨债的风险。此外，随着互联网的兴起，网友可以轻易从事网上交易，所以当铺的客源也被瓜分不少。

除了民间当铺外，公立当铺是不少民众认为比银行“有人情味”的选择，且月息仅0.7%（年息8.4%）。台北市动产质借处指出，部分民众收入不稳定，拿小孩满月金饰、结婚首饰珠宝来典当，筹措子女学费，利息压力不大；民营业者则客层较广，包括工商业客户，至于没有物品可当的民众若走向地下钱庄，则怕会越陷越深。

为了吸引客户，台北市动产质借处在过年前一周将延长营业时间两小时至晚上6点半，2008年起还提供客户职训转介，帮人找工作，并对转职成功者发放“祝福金”，另也提供客户子女奖助金，全年就做了近百件，虽然金额不高，但对民众也不无小补。

二、欧美主要国家典当业

世界上许多国家都有典当业。其中，欧美国家行业规模大，亚非国家企业数量多。

据现有史料记载，外国典当似乎要早于中国典当。《旧约全书》上说："你即或拿邻舍的衣服做当头，必在日落以先归还他。""你借给邻舍，不拘是什么，不可进他家拿他的当头。要站在外面，等那向你借贷的人把当头拿出来交给你。"此处"当头"，即指用于典当的担保物品。这是指早于公元前4世纪的事，发生于犹太人范围内，距今已有2400年的历史。

几百年来，意大利人哥伦布早已家喻户晓，因为他曾横渡大西洋，发现了美洲大陆，从而彪炳史册，英名盖世。

然而，作为伟人，哥伦布探险也有鲜为人知的一段经历。1484年，哥伦布向葡萄牙国王建议西航，但葡王认为耗资巨大不予批准。1486年，哥伦布又向西班牙国王呈交计划，王室同样以经费匮乏加以拒绝。直到1492年初，与国王共同治理国家的西班牙女王伊萨伯拉（1474—1504年在位）表示，她情愿典当自己的首饰和珠宝作为哥伦布探险筹资的一部分，这才最终促成了哥伦布在人类历史上的这一伟大壮举。

1492年4月，哥伦布与西班牙王室订立了一份合同。其中规定：王室赞助哥伦布远航，总数大概是200万马拉维迪（约1.4万美元）。如果哥伦布发现了新大陆，他将是发现地的总督，并且可以获得发现地财产的10%。

于是后人特别是一些美国人评价道，没有典当就没有哥伦布探险，没有哥伦布探险也就没有美国，典当与美国有着十分紧密的联系。

（一）美国典当业

美国是一个历史很短的国家，美国典当业的生存时间亦显得微不足道。然而，美国却是世界上唯一的尚未建国就有典当行的国家，并且是银行与典当行始终并驾齐驱的国家。经过百多年的风雨沧桑，至今美国已成为全球典当业最为发达的国家，如同美国是世界头号超级大国、经济霸主一样，美国典当业在各个方面也都走在世界的最前列。

1. 近代典当业

美国典当是欧洲移民带入的，1657 年最早出现在纽约，但起初发展不快。

美国独立战争后期，由于连年战争的巨大耗费，造成在发展工业经济和对外贸易过程资金融通的迫切需要。1781 年 12 月，经北美大陆会议批准，美国最早的商业银行——北美银行成立，以后又相继出现了若干商业银行，主要负责办理存款、发放短期贷款等金融业务。尽管这些银行在社会经济活动中发挥了积极作用，但因其数量太少，分布不匀，而且对普通个人几乎不放贷款，不提供这方面的金融服务，所以不能满足战后广大社会下层人民日益膨胀的货币需求。在这种情况下，美国许多城市便于 18 世纪末期开始大力兴办典当，由此拉开了美国典当业迅速发展的序幕。

19 世纪初期，美国典当业逐渐走向比较繁荣的阶段。有资料显示，1819 年，纽约市有 10 家典当行，均为依法向州政府领取营业执照的金融机构。那年，美国出现了历史上第一次真正的资本主义生产过剩的经济危机，大批工人陷于困境，纽约失业工人高达 2 万，其中许多人只得以贫穷之身，向典当行伸出借贷之手。

当时《纽约时报》记者描绘说："他们从来没有乞讨过的失业工人们，现在也沦于这种乞讨的可怜境地了。他们泪流满面，诉说他们毫无力量再为自己的妻子儿女寻觅衣食了。"即便工人在失业之前，亦有人与典当有所关系。正如马克思和恩格斯在《共产党宣言》中所指出："当厂主对工人的剥削告一段落，工人领到了用现钱支付的工资的时候，马上就有资产阶级中的另一部分人——房东、店主、当铺老板等等向他们扑来。"由此可见，早期美国典当业与世界其他国家典当业兴起之时具有相同的特点，即它始终体现着剥削阶级的剥削本质。

然而从传统融资方式的角度看，美国的典当行如同其在欧洲国家一样，在一定程度上发挥着"穷人的银行"的积极作用。下面是美国一家名为辛普森典当行的 1835 年 4 月 1 日的一张当物清单，人们可以清楚地发现普通当户使用的当物类型和典当融资水平。

当物类型、数量及典当金额（美元）：

6 条亚麻布床单 4.50
1 件背心 0.25
1 顶带盒帽子 0.25
1 件斗篷 1.00
1 条饰带 0.50
1 把阳伞 0.37
1 对耳环 1.50
1 块带链金表 12.00

1 具望远镜2.00

清单中显示，9 件当物除带链金表价值较高、当金数额较大外，其余当物均属一般用品，价值极低，故当金都在 5 美元以下，有些连 50 美分都还不到，千真万确只能是穷人所当，充其量换几个小钱以应急罢了。

进入 19 世纪中后期，美国典当业则呈现出一片蓬勃发展的态势。1859 年，仅波士顿就有典当行 50 多家，其中当年创立的“波士顿担保贷款公司”名气最响。该典当行注册资本金 30 万美元，实行的典当月利率为 1.5%，后来提升至月息 3 分，不久又降低至月息 1.25 分，从而适应典当市场的不断发展变化，吸引了波士顿的当户前来融资。据统计，1897 年全年，该典当行放款总额为 81.8816 万美元，当户 5.2065 万人，每位当户平均获取当金 15.73 美元。

美国早期当铺

1893年，美国又遭受经济危机的袭击，这是19世纪美国历史上最严重的经济危机。具体表现为从金融紊乱引起物价下跌，先是铁路公司、银行的破产，继而是煤、石油、钢的生产不断下降，众多中小企业纷纷破产，400万工人失业而流浪街头。于是，社会极度贫困化便为美国典当业增添了某种活力。如《大英百科全书》载，1893年在美国中北部明尼苏达州的明尼阿波利斯市就有典当行25家，典当市场一度十分红火，不仅有一些失业工人靠典当度日，而且有许多贫苦农民也被迫靠典当养家糊口。从农民来看，他们通常以不动产土地出典，据统计明尼苏达州有1/3的人这样做。另外一些人则以动产如青稞、马匹等向当铺典当借款。那时，由于广大贫困农民参与的典当业在内布拉斯加、南达科他、堪萨斯和佐治亚等美国中西部及南部一些州亦很时兴。

这次严重的经济危机，还促使19世纪末期至20世纪中期美国最大的一家典当公司——纽约节俭贷款社的诞生。该社建于1894年2月，注册资本金10万美元，初期动机即为在美国金融恐慌年代，以慈善的面孔出现，从事带有救济贫民性的典当业。为了扩大影响，占领典当市场，纽约节俭贷款社还陆续开办了26家分支机构，其中在纽约市就有17家。该社为法人组织，美国上市公司，资金来源一是发行股票自筹，二是股东出资入股，每人至少500美元。这家典当公司典当时，典当贷款利息每月1分，当期不足15日者，当息减半至5厘。

综观19世纪的美国典当业可以发现，在近代，美国典当业与贫困联系得十分紧密，特别是在数次经济危机发生和战争动乱的过程中，都促使典当业的发展上了一个台阶。如在美国内战时期（1861—1865），联邦政府为了应付战争开支的迫切需要，曾大量发行纸币，总数达4.3亿美元之多，故引起严重的通货膨胀，造成物价像断了线的风筝一样，扶摇直上。这时，一方面是资本家乘内战之机大发横财，另一方面却是广大劳动人民的贫困化程度日益加深。在城市，工人工资落后于物价上涨，正如美国学者所说："实质上他们的生活水平下降了，有时下降到无法糊口的地步。""贫民窟和陋巷是一片穷苦的景象，如果不亲身去看看，就不会知道在国家首都却有成千上万个无家可归的人们在默默地忍受着痛苦。"在农村，由于资本家操纵铁路运费的升降大权，导致广大地区必须依靠铁路运输自己农产品的农民横遭榨取，甚至出现运输费用远远超过农产品市场价格的状况，因而，许多农民并未从战时农产品涨价的形势下获得实际上的好处。在这种情况下，美国典当业的发展便自然而然地进入了一个新的阶段，广大工农纷纷举债，典当生意空前繁荣。

在典当行数量方面，由于典当市场的逐渐扩大和膨胀，美国典当行的数量亦随之增加。1911年，美国全国共有注册典当行1976家，按全国人口计算，平均约4.57万人一家。1914年，美国典当行的数量达到近代史上的最高峰，成为许多中小客户借贷资金的主要渠道。

在典当行性质方面，尽管美国传统上以私立典当行为主，但仍有一些政府和社会团体创办的半慈善性典当行，类似于欧洲大陆国家历史上曾经出现过的所谓公立当铺或公共当铺。如美国的纽约州、伊利诺伊州和马萨诸塞州等州政府，都明文规定允许和支持这类典当行的兴办。而这类典当行在美国几次经济危机时期也出现得特别频繁，如雨后春笋一般，如1915年全国共有38家。

在当物类型方面，近代美国典当业的经营范围非常广泛。通常所见的当物为动产，主要包括早期的钻石、珠宝、玉器、手表、服装、及后汽车等。而在19世纪当中，特别是在美国经济危机时期，广大贫困农民还以粮食进行典当，甚至以不动产土地通过出典方式向典当行借贷。

2. 现代典当业

美国现代典当业的分期是指第一次世界大战末期至20世纪80年代。在半个多世纪的时间内，美国典当业又有了长足的发展，并伴随着拂之不去的阴影。

（1）典当生意日益扩大

进入20世纪后，美国国力增强，金融业空前发达，而位居民间金融领域中的典当业亦出现良好成长的势头。如前述纽约节俭贷款社，典当生意越做越大，其各方面的影响借助20多个分支机构辐射到国内许多地区，在美国家喻户晓，具有相当高的知名度，在美国典当界极具代表性。

其一，该社典当交易笔数逐年递增，反映出其金融业务渠道十分畅通。

如：1894年1.4万笔，1907年30万笔，1922年40万笔，1931年53万笔。

数据显示，该社自创立后10余年，典当交易笔数即出现暴涨，从1894年的1.4万笔上升到1907年的30笔，猛增20.4倍。截至到20世纪30年代，该社每年的典当交易量更是高达53万笔，每日约合1452笔左右，亦合其每个分支机构日发生53笔左右，而其在纽约的17家分店，每家平均放款200笔左右，堪称雄居美国之首。据统计，到50年代时，该社的典当业务量在纽约市典当市场上已经占到了50%以上的份额，令所有竞争对手甘拜下风。

其二，该社典当放款总额逐年递增，经济效益显著提高。

20世纪初，纽约节俭贷款社已是美国最大的典当企业，资金实力雄厚，贷款规模宏大。如该社1931年度报告所说，当年注册资本金为3200万美元，贷款余额为3600多万美元，与法国巴黎著名的市营公立当铺相比，纽约节俭贷款社年度典当放款总额是其10余倍，故该社的利息等收入可想而知。

其三，该社单笔典当放款额小，面对的当户多为普通社会公众。

据1931年度报告披露，该社每笔典当交易之放款额在50美元以下者，占到总数的62%，这集中反映出美国下层对当铺的依靠程度及其手中财产构成以当物为主的情形。但在另一方面，该社在投放当金时，也十分注意防范金融风险。如对于每笔放款额，该社自1921年以来就规定，上限最高为100美元，凡大额放款均需视典当行资金实力而定，特别是2000美元以上的特例典当交易，必须经该社主管副总裁申批允许才行。

其四，该社绝当率低，赎当业务活跃。

由于该社典当期限为一年，所以使广大当户获取了相当大的动作空间，致使有当有赎，良性循环，绝当率比其他典当行要低得多。如：1907年2%，1922年2%，1930年2%，1931年3%。数据显示，20世纪初期该社的绝当率在2%～3%之间，主要是受国内经济大环境变化的影响所致。市场景气，当户资金周转从容，赎当者多，绝当率低；而市场衰退，当户资金周转困难，赎当者少，绝当率高。另外，还有如同世界各国典当业大致的其他因素，决定着赎当行为的发生与绝当率的变化。

（2）典当企业分化组合

20世纪初期，尽管美国典当业总体上处于上升趋势，出现了像纽约节俭贷款社这样十分引人注目的大型典当企业，然而，由于美国银行业的兴旺发达，美国典当业便在被排挤中显露出下滑的苗头。

当时，美国各州的商业银行数量大增，贷款额极其可观，并且逐渐改变不对下层人民个人贷款或不贷小额款项的惯例。此外，还有一些非银行金融机构如保险公司、贷款公司等，也与银行一起，从事各种贷款活动。特别是1923年3月，美国政府通过了《联邦中期信用贷款法》，依该法在联邦政府成立了农场贷款局，在全国建立了12个联邦中期（即贷款期限由6个月到3年）信用贷款银行，美国政府拨给每一银行500万美元的资金，规定银行可以发放10倍于这笔资金的信用债券，而农场主、农业合作社、农业信贷机构都可以用土地或其他抵押品向联邦中期信用贷款银行进行借款。

在这种情况下，为了缴纳税金，并由于缺乏周转资金、农产品无法销售等原因，贫困农民、失业农工、小农场主便纷纷负债，被迫以土地、房屋做抵押品，向各类银行抵押借款。这就使美国典当业的农村客源受到严重冲击，典当市场出现萎缩。1917年，全国38家半慈善性典当机构有若干家倒闭，1932年则只剩下27家，不到20年数量减少了28.94%。

二次大战后，美国典当业更是迅速衰落，兼并、破产此起彼伏，这一过程一直持续到80年代。个别城市在10年中有1/3的典当行倒闭，许多城市的典当行则在典当老板退休或者死亡后因后继无人而歇业，另有一些城市的当铺被迫改变传统的经营方式扩充商业零售业务才能勉强生存下来等等。如以纽约市场为例，1906年曾有典当行250家，到60年代则减至150家，至80年代已所剩无几。

战后数十年间美国典当行逐年递减，典当企业的分化组合，最集中地反映了西方国家实行福利国家政策、上马新型消费信贷机构的特点和结果。这些政策主要表现为政府在一定程度上采取分期付款购货、银行私人贷款、失业贫困救济等措施，从而缓和了阶级矛盾，有利于减轻广大劳动人民的贫困化。1957年，美国联邦储备委员会主席马丁在美国院住房小组委员会上作证说：“住房抵押债务现已成为美国人家庭最重要的和最普通的债务。到1957年约有1500万户人家在偿付抵押贷款债务……从1954年以来买住房的8家当中，差不多有7家欠抵押债务，1954年以前买了住房的房户中每5家只有2家须偿还这种抵押贷款债务。”马丁的这番话告诉我们，战后美国普通人的消费信贷或住房抵押贷款，基本上是从各类银行等金融机构获得的，因而当铺的金融业务活动必然受到极大的排挤和影响，它由于过去众多当户的突然锐减而陷入经营上的严重不景气的困境。

此外，战后美国典当行的企业形象也使人很难恭维，甚至经常吓退许多客户。

3. 当代典当业

美国典当业的重新崛起是在20世纪80年代末期，即指近10余年来的当代美国典当业。在此期间，美国典当业成为全球规模最大的典当业，无论是典当行数量、市场容量、发展战略，还是管理方式、营销手段、经营效益，都令世界各国的典当业望尘莫及。

有资料显示，1988年美国全国共有持照典当行6900家，其数量相当于全国商业银行的1/2，超过全国储蓄银行和贷款银行总和的2倍，当年典当业的贷款总额为3500万美元，约合2.9亿元人民币。然而10年后的1998年，美国共有持照典当行1.5万家，市场主体的数量足足增长了117.39%，增长速度之快，令人瞠目结舌。与此同时，美国典当业的贷款总额则更有超大幅度的增长，竟然高达90亿美元左右，约合750亿元人民币，令人难以置信地暴增了256.14倍，创下美国有史以来的典当业之最。目前美国全国共有典当从业人员7.8万人，直接为3450万社会公众提供典当服务。美国典当业在短时期内的迅速膨胀，有以下三点十分值得注意。

（1）当户人数众多，典当应运而生

在美国，没有银行账户或者虽有银行账户但却不想经常与银行打交道的人很多，形成了一个规模可观的社会群体，故其一旦表现出融资欲望，便会成为典当行的潜在客户。

据美国一些专家和研究机构提供的数据表明，1988 年美国生活在贫困线以下的人口的比例由 1978 年 11.4% 上升到 13.1%，后又增至 1994 年的 14.5%。1989 年美国消费者审查机构披露，当年全国只有 69.8% 的家庭有银行储蓄账户。而这些正是 20 世纪 80 年代末期美国典当业快速增长的直接根源，它与人口贫困化的扩大和银行储蓄的衰减互为因果。另据美国《福布斯》杂志（1993 年第 5 期）一篇名为《融资户》的文章称：当年全国有 2500 万个家庭、超过 7500 万人口没有银行账户，这部分人很难获得信用卡或消费信贷，因此大多通过典当贷款，以达到日常融资的目的。

7500 万的确是一个很大的人口绝对数，它已经占到了美国人口总数 3 亿左右的 25%，这就为美国典当业的发展和典当市场的扩大提供了一个十分有利的基本条件。就是到了 20 世纪 90 年代末期，美国家庭收入的两极分化也仍在加剧。如美国有两家研究机构共同调查指出，尽管美国经济连续多年出现繁荣，但 90 年代末收入最高的 1/5 家庭的年均收入为 13.75 万美元，是收入最低的 1/5 家庭的年均收入的 10 倍。在美国 46 个州，最富的 20% 的家庭和最穷的 20% 的家庭间的差距大于 20 年前。在 10 年时间里，最穷的 1/5 家庭的年均收入比 80 年代增长了不到 1%，而最富的 1/5 家庭的年均收入增长了 15%。

关于典当的市场需求问题，美国一些经济学家和社会学家还分析到，该国典当业潜在客户的典型特点是：年轻、受教育程度低、婚姻破裂，但职业比较稳定，急需提高养家糊口的能力。还有一些人虽有银行账户，但其银行的信贷额度已经用完，只得转向典当求助。就是信贷额度尚存的人，若想从银行、财务公司等金融机构贷款也十分困难，诸如要过信用审查、债权担保等关，迫使客户宁肯走向典当。作为典当行的目标客户，所有这些家庭的年均收入水平在 1.8 万～3 万美元之间，其中有些家庭的年均收入为 3.8 万美元，而且至少有 14% 的家庭的年均收入在 7.5 万美元。这表明，美国典当业具备了一个稳定发展的强大基础，但如此参差不齐的典当行潜在客户，在典当市场开发过程中自然是处于不同的市场定位。他们能否成为真正的典当客户，能够成为哪种类型的典当客户，尚需不同地区的典当行通过自己典当市场营销的努力运作去争取。

案例13 美国穷人靠典当行救急

路易斯是一位快餐店外卖郎，他虽在美国生活了十几年，却既没有银行账户，也从未申请过信用卡，因此他无法向银行申请贷款。2006年年底，他的妻子突然生病急需800美元医疗费，无奈之下他只好将自己的福特轿车开到纽约一家典当行，以车作押从典当行当得800美元。1个月后，路易斯以832美元赎回自己的汽车。在美国，像路易斯这样既缺少信用记录，又没有银行账户，在急需用钱时向典当行求助的大有人在。统计资料显示，美国目前约有5600万人没有银行账户或信用记录，这部分人自然也就成了美国典当行的常客。路易斯风趣地说，典当行简便、快捷，可以解燃眉之急，典当行已成了他自己的"快餐银行"。然而美国部分消费者保护组织并不看好典当业，他们认为典当行用的是传统的剥削和价格欺诈手段，只能使穷人越来越穷。

此外，美国富裕的中产阶级也是典当不可忽视的一支潜在客户群。休斯顿一名连锁典当行的老板保罗·埃奇说，从前他的当户年收入都在1.2万美元或以下，而现在的当户年收入将近5万美元。而波士顿帝国贷款社的老板肯·卡茨则说："我们接待的当户来自我们以前意想不到的邮区。"更有趣的是，在美国加利福尼亚州比佛利山庄的好莱坞明星聚居地，近年来一家开设于山上的"担保借贷所"典当行，也如同这座世界头号电影城一样而声名鹊起。

在普通人看来，住在美国加州影城好莱坞比佛利山的名人和富人们似乎有着永远花不完的钱。不过这种想法有点问题——富人们偶尔也有因为突发事件而囊中羞涩的时候。当他们急需大笔金钱时，他们的选择其实和普通人一样——进当铺。

不过，当铺现在都不叫当铺了，而是改称贷款公司之类的名字。在好莱坞众多的贷款公司中，最有代表性的要算比佛利信贷公司（即"担保借贷所"典当行）。这家水准极高的典当公司就设在比佛利山圣·莫尼卡大街一幢商业建筑的3层，经营这家公司的是以沉着机智著称的两姐妹琼·兹梅尔曼和埃莱娜·兹梅尔曼。比佛利信贷公司主要向好莱坞的名人们提供为期4个月的月息在2%～4%的短期质押贷款，每次贷款的利息要看借款人提供的当物的价值。

比佛利信贷公司是一家历史悠久的家族企业，最早可以追溯到1938年。它的创办人是两姐妹的父亲、出生于珠宝世家的路易·兹梅尔曼先生。他在1938年开办专为富人提供典当珠宝服务的当铺之前就已经在从事典当工作了。琼回忆说："我们的父亲极具创新意识，20世纪60年代，他认为必须对传统意义上的当铺进行大胆改革，把当铺从街边搬进写字楼的办公室里，以便于爱面子的名人典当。在当时，我们的经营模式仅此一家。但在以后的实践中，我们发现当初的决定是如此明智，因为很多人都在效仿我们。”而这也得益于20世纪60年代摇滚歌星都把自己身边值钱的东西送到典当行换取现金，维持日常开销的流行做法。

比佛利信贷公司之所以取得成功，关键是定位找得准。他们把服务对象定为层次较高的有钱阶层，把典当行装扮得像一家高档奢华的珠宝店，珠宝盒里装满了价值连城的珠宝，书架上也摆满了艺术家的雕塑杰作，名人书画作品挂满了整面墙壁。由于这些物品很值钱，所以就更需要好好保存，从街边搬进办公室也正是出于这种安全方面的考虑。

此外，公司的顾客多数是并不缺钱的成功人士和家喻户晓的名人，他们需要的只是短期贷款，所以信誉都很好，4个月内基本都能还清贷款。而即便是有人不能及时还贷款，作为当物的珠宝首饰也不会让公司蒙受损失。这些东西与名人沾上了边，想得到它们的大有人在，根本不用担心卖不出去，何况其售价并不高，一旦被出售，会被抢购一空。

比佛利信贷公司的生意如此兴旺，正是因为他们的运作方式迎合了好莱坞名人的需要，使商家和顾客真正达到了利益的互补。

众所周知，住在比佛利山庄的都是身着华服盛装、生活优裕奢侈、浑身珠光宝气、出门以享受轿车代步的社会名流，但他们也会因一时手头拮据又不想求人告贷而走进这家典当行。于是乎，人们经常可以发现，典当行里的劳斯莱斯轿车、直升飞机、皮衣、水晶、艺术品等总是琳琅满目，还有众多影星们梦寐以求的奥斯卡金像奖奖座，亦曾沦落在典当行的货架上。对此，这家典当行的老板不无得意地说：“你在这里找不到破烂不堪的东西。来这里的都是制片人、导演、演员、不动产大享、遗产或王位继承人，他们一时资金周转不灵，所以才把东西典当在此。”一次，一位制片人在制作两部影片的过渡期间，因办宴会急需一笔款子，于是把自己车龄才一年的保时捷敞篷车典当在典当行里借贷，4个月后才赎回去。另有一位老牌电影明星也曾因银行存款偶开“天窗”，便迫不得已用自己心爱的奥斯卡金像典当了5万美元的现金应急。再就是有段时间，被银行驳回借贷请求而又要支付公司雇员工资或急于付账的一部分富有商人的典当业务量有所增加。

对于美国“中产阶级上当铺”这种现象，美国典当专家、佛罗里达州立大学法学院法学教授贾勒特·奥尔泰格评价说：“……当当铺已经成为面向低收入阶层的‘银行家’时，更多的中产阶级消费者也转而向典当商求助。”此言可谓对美国典当业日益走红状况描述的点睛之笔。

美国乐器典当

（2）当铺分布合理，典当方便快捷

现今美国 1.5 万家典当行遍布全国各地，从地域分布上看，尽管不够平衡，但总体上属于合理。如位于美国本土最南部的佛罗里达州，目前是美国 50 个州中典当业最为发达的地区，超过任何一个州，共有各类典当行 1300 家，约占全国典当行总数的 1/10。在该州，行人漫步街头，代表典当的三个镀金圆球标识满眼都是，甚至比全球快餐大王麦当劳的金色双拱门标识还多。

其中在该州南部，典当行的密度更高，如在布鲁沃德市有典当行 122 家，棕榈滩县有 70 家。相比之下，美国最大的城市纽约也才仅有 80 家典当行。自 20 世纪 80 年代以来，佛罗里达州典当业的发展速度逐渐加快。在典当行数量方面，劳德代尔堡市的典当行 10 年内翻了一番，1997 年达到 28 家；而布鲁沃德市的 122 家典当行中，有 70 家是 90 年代以来陆续开业的。

至于美国其他许多州的典当行，也都具有开业晚、成长快、布局合理的特点。

退回到 20 世纪 80 年代末期，当时美国典当业的情况还尚未如此。如美国典当专家卡斯基与他人合作进行的分析显示，在对美国 28 个州的统计中，1998 年时，美国每百万州公民的典当行拥有量为：新泽西州 2.1 家、宾夕法尼亚州 3.1 家、印第安那州 5 家、得克萨斯州 75.7 家、俄克拉何马州 113.1 家等。但时过境迁，目前美国各州的典当行发展及其分布已经趋于比较合理。如 1984 年印第安那州仅有典当行 28 家，但至 1998 年，该州已有持照典当行 148 家，百万州公民典当行拥有率与经济发展、人口数量开始日益协调起来。

美国典当行的选址，基本上分为两类。一类位于繁华地段，如一些典当行喜欢在郊区商业大道上安营扎寨，或在闹市商业区、影剧院周围建点，旨在千方百计招徕顾客，于迎来送往中做“火”典当生意。另一类则位于居民社区，通常是在典当行方圆 1～2 英里的范围内，沿带有宽敞停车场的高速公路而建，为社区中的广大居民提供典当服务，由于“2 英里半径”之内，能使美国的当户感到最为方便，人们去典当行融资就如同去到处都是的麦当劳快餐连锁店一样舒心、快捷，故而当户客流不断，典当行车水马龙。

如纽约的典当行大都设在像布朗克斯、布鲁克林这些相对贫穷的地区，一般都用贷款公司或金融公司来装饰门面，有些就设在珠宝店的里面。不难看出，美国的典当行仍主要是低收入者光顾的场所。曼哈顿中城地区虽也有一些典当行，但大都是接收金银珠宝为当物的。

吉姆金融服务公司是美国典当业的百年老店，位于纽约布鲁克林区苏默洪大街。该店老板卡明斯基说，他雇了 20 多名员工，珠宝、服饰、名表、电器、乐器等都收。无论是典当区还是当物销售区，客户熙熙攘攘，看上去生意还不错。典当行的业务主要靠回头客，许多老客户经常以同一种物品多次典当，有些客户 1 年要来好多次。该店的顾客大都是附近的居民，店员张口就可以叫出不少客人的名字来。在当物鉴定区，一名中年男子拿出一块名表想典当 180 美元，店员对手表进行评估后让客户提供相关身份证明和填写有关表格，前后也就 10 分钟时间。这位男子在拿到钱后高兴地对记者说，在急需资金时向典当行求助，可以在不进行任何信用调查的情况下以当物作押直接从典当行获得贷款。即使到期不能偿还贷款，也不会像从银行借贷那样要面临法律纠纷或损害自己的信用记录。

另外，无论典当行选址在何处，典当行老板都一致认为必须绝对安全，只有方便加安全，才能使典当行更吸引社会公众。正如美国一些典当行老板所说：“我们倾向于选择较好的、安全的典当交易地点去吸引不同的顾客。”对此，美国一些学者也纷纷指出：“现如今典当行已不再是过去那种抢劫犯罪率高的小城镇中拥有阴暗出口的门店形象了”，“现代典当行看上去是一些非常方便的门店”。

由此可见，典当企业区域分布上的合理性，是当代美国典当业日益兴盛的一个重要原因。如同银行业的经营方式一样，美国典当业的市场网络已经形成一个完整的体系，并且借鉴了美国其他一些行业拓展市场的有效做法，从而使美国国内的典当市场越做越大，具有超强的生命力。

美国当铺内景

(3) 连锁经营红火，企业效益显著

美国是全球企业连锁制的发源地。近年来，连锁经营方式也广泛渗透和应用到典当业。在美国，典当行既有单店经营或联店经营模式，也有公司化连锁经营模式。但美国的许多典当企业特别是大中型典当行，纷纷采取连锁经营战略，以图扩大市场规模，保持优胜地位。

在这方面，最突出的例子是“美国国际典当有限公司”。该公司建于1984年，1990年成为纽约证券交易所的上市公司，是美国最大的典当连锁公司和美国最大的跨国典当公司及典当上市公司。公司总部位于得克萨斯州沃思堡市，其连锁典当行不但分布在美国国内，而且在英国、瑞典也有分支机构，如该公司在全国共有连锁典当行465家，平均每州可达9.3家，其中在佛罗里达州有49家连锁典当行。而且，这400多家连锁典当行中有近一半都是在1995—1997年这3年中开张营业的。由于通过连锁经营和管理能够较快地提高企业的整体实力，故该公司目前已成为美国典当业名列前茅的“龙头板块”，每年典当放款额最高约为4.4亿美元，如1995年全年共发生典当生意94.4万笔，截至12月31日贷款余额为8800万美元，远远超过所有的竞争对手。

另外，据美国全国典当业协会的资料显示，目前美国排名第二和第三的典当连锁公司，其总部也都设在得克萨斯州，这使该州成为地地道道的美国典当业连锁之父。这些大典当公司在美国1.5万家典当行中，至少已经占到7%的典当市场份额，生意十分红火，经济效益显著。如美国典当业季军——1991年4月组建、位于得州阿灵顿市的“第一现金服务有限公司”（原名“第一现金公司”，1999年1月21日更改现名），在20世纪最后几年中，其连锁经营发展迅速，令人刮目相看。

1997年5月，该公司共有连锁典当行57家，但截至1998年6月，其连锁已经达到了86家，包括以新建、收购等不同方式进行典当行的有效规模扩张。1998年8月1日，是该公司1999年财政年度的开始，亦是其连锁经营再创佳绩的前奏。同月，该公司分别在弗吉尼亚州和得克萨斯州开张1家和2家典当行；不久，又于同年10月大获丰收，在得州最西端城市埃尔帕索建立5家典当行，攻下了该州比较偏远的典当市场；与此同时，还在加利福尼亚州南部地区一举增设12家典当行。于是，经过3个月来的不懈努力，该公司在短期内就新增连锁典当行20家，致使其在美国11个州总共有连锁典当行106家。1998年度（1997年8月至1998年7月），美国这家重量级典当行发放的当金总额高达4000万美元，净增了600多万美元，收取典当综合费用（包括典当利息、鉴定评估、保管、保险等费用）计381.5万美元。第一现金服务公司还是目前美国仅有的5家上市典当行中的佼佼者，1997年其股票每股市值6美元，而1998年6月时，其每股市值已经翻番为13.63美元，上涨了127%。

案例14 美国典当业持续繁荣

近日美国典当协会披露，目前美国的典当业仍然处于上升阶段，全国典当行的数量比以往又有所增加，为11978家。

截至2006年底，美国50个州中，共有11个州的典当行数量比5年前上涨，其中加利福尼亚州涨幅最大，高达10.74%，即由过去的66家暴增至709家；德克萨斯州位居第二，增长了10.33%，但其总数为1313家，已经超过佛罗里达州的1286家而跃居全国首位。据统计，现在美国有6个州的典当行的数量在500家以上，分别是田纳西州561家，亚拉巴马州600家，加利福尼亚州709家，佐治亚州995家，佛罗里达州1286家和得克萨斯州1313家，合计为5464家，占美国全国典当行总数的45.61%。

这表明，在美国这样金融业极其发达的国家，典当业仍有很大的生存和发展空间，原因就在于典当业能够对主流融资渠道提供有益的补充，发挥自身不可替代的独特作用。

（4）股市搏击有方，业务不断创新

美国共有5家典当上市公司，其中排名第一至第三的分别为：美国国际典当有限公司、EZ典当公司和第一现金服务有限公司，号称美国典当业中的三朵金花。

美国国际典当有限公司建于1984年10月，目前在美国本土21个州有典当连锁店450家，并在英国和瑞典各有一家控股的典当子公司，全公司共有员工4279人，位居全球第一。2002—2004年的3个财政年度中，该公司总收入分别为3.878亿美元、4.377亿美元和4.695亿美元。2005年11月5日，该公司股票价格为每股22.55美元，超过2003年同期19.50美元和2001年同期10.17美元的水平，已成为美国股民的最爱之一。

EZ典当公司建于1989年5月，目前在美国12个州有典当连锁280家，员工总数2400人。2001年典当金额1.85亿美元，2002年1.890亿美元，2003年1.858亿美元，通常赎当率（含续当率）为76%。为了加强日常管理，该公司在每家连锁店设经理一人、经理助理一人，并在全国设地区经理共计34名。

第一现金服务有限公司建于1991年4月，目前在美国11个州有典当连锁店243家，员工总数1090人。2001年至2003年的三个财政年度中，该公司仅商品销售的收入就分别高达5389.3万美元、5691.6万美元和6980.8万美元。由于该公司业绩突出，其股票行情也大涨，2005年11月4日，每股价格都达到了27.56美元，已经超过美国典当“老大”——美国国际典当有限公司的股价，就是与其自家三年前的最高股价9.25美元也不可同日而语。

值得注意的是，2007年头5个月，现有的美国典当上市公司的经营业绩令人十分鼓舞，生意越做越火。如美国国际典当有限公司，2月份每股6.25美元，市值1.597亿美元；3月份则升至每股6.79美元，市值1.662亿美元；但当年5月该公司股票继续坚挺走俏，深受投资者追捧，每股又涨为8.41美元，市值达到2.025亿美元，公司财产暴增数成。相比之下，其他3家上市公司亦有不同的良好表现。其中第一现金服务公司每股6.82美元、EZ公司每股

2.5 美元，在美国股市上堪称仍站得住脚的典当企业。

在 2008 年经济不景气的时候，典当行应该是不错的投资选择。由于投资者纷纷涌向典当业这个为数不多有着光明前景的金融行业，故美国国际典当有限公司、EZ 公司等大型连锁典当公司的股价几个月来一路飙升。其中，第一现金服务有限公司的股价在 7 周之内上涨了一倍，4 月 25 日报收 16.01 美元。

然而这种疯狂涨势却来了个急刹车。原因就在于曾经狂热的投资者似乎意识到，除了典当之外，这些典当企业还有别的身份，而这可能会进一步拖累它们的股价。除了根据不同担保物发放贷款这一传统典当业务之外，上述 3 家公司还涉及了大量预借现金业务，这种利息颇高的短期贷款又叫发薪日贷款。以美国国际典当有限公司为例，此类贷款的利息收入 2007 年首次超过了该公司净收入的一半，由前一年的 4.9 亿美元升至 6.83 亿美元。

这类贷款为公司实现强劲业绩作出了重要贡献。EZ 公司 3 月的利润增幅达到 28%％，为连续第二十三个季度较上年同期实现增长。

不过现在麻烦来了。发薪日贷款对业绩的积极贡献尚未经过经济不景气的考验，而在这种环境下借款人由于失去工作往往会还不起贷款。眼下，发薪日贷款这种形式正受到立法机构和消费者团体越来越多的批评，他们指出这种无担保贷款的年利息常常高达 400%。故某投资银行已经把对 EZ 公司的评级由买进下调至中性，原因就是出于对该公司发薪日贷款业务的考虑。该行认为，对投资者来说，由于典当公司开展的发薪日贷款业务，它们的吸引力已经不如以往了。

相对发薪日贷款而言，典当业务更加稳定，但增速较慢。总部设在阿肯色州的经纪公司斯蒂芬斯公司的董事总经理丹尼斯·塔尔兹罗指出，典当业务通常在经济不景气时会有更好的表现。

但目前来看，借款人的数量并没有大幅增加。相反，典当业务的强劲表现很大程度上反映出的是金价的飙涨（各类珠宝是迄今为止最常出现在典当行里的物品）。随着金价突破每盎司 850 美元，当户凭借手中的黄金便能获得更多贷款。

正因为如此，虽然 2008 年美国国际典当有限公司第一财季的贷款数量仅有“微幅增加”，但已发放典当贷款的平均余额却增加了 9.4%。此外，对于那些未被赎回的黄金当物，典当行也将其高价出售，从中赢利。另一方面，虽然鲜有迹象显示经济拮据的消费者正更多地求助于发薪日贷款帮助他们渡过难关，但越来越多的迹象让分析人士担心，那些已经获得贷款的消费者会无力还款。

(5) 金融危机降临，典当从容应对

2008 年下半年，愈演愈烈的金融危机导致美国不少商家门可罗雀，但典当行却“逆市而动”，生意红火。

随着经济持续衰退，越来越多的美国人开始典当物品，以换取开支。值得注意的是，这一状况发生在美国社会各个阶层，不仅低收入阶层到典当行变卖物件套现，就连明星富商也频频造访那里。可以说，无论名贵蒂凡尼珠宝还是用了 3 年的割草机，只要当得掉，都有人拿去换钱。

其一，明星富商多。

金融海啸席卷全球，美国豪宅区的富裕阶层都出现资金拮据、纷纷光顾当铺的现象。比佛利山庄的当铺报称大量顾客来典当，当物从艺术品至名表和价值数 10 万美元的镶钻首饰都有。

比佛利典当行位于加州豪宅云集的比佛利山地区，已有 70 年历史，店里生意从没像现在这么红火：荷枪实弹的保安站在柜台边，雇员们忙碌着处理一件件典当物品。

这家典当行的经理乔丹·塔巴赫-班克说，当地越来越多的富人拿着他们的珠宝首饰、手表等前来典当。他透露，公司收到大约 98% 的当物是首饰和手表，如劳力士和百达翡丽，但以巨钻可获得的贷款额最高。他从没见过“这么多人直接冲着钱而来”。不久之前，店里还有一辆 1969 年版的劳斯莱斯汽车。“典当物中至今还没有私人飞机，但有过一艘价值 50 万美元的赛艇、一辆法拉利、一座艾美奖奖杯、两三个格莱美奖奖杯，以及一些金唱片、铂金唱片、多个卡地亚和劳力士手表。”

他说：“这个工作非常有意思。”现在来典当行最多的是公司白领和企业主，后者或者急着凑钱用于资金周转，或者需要给员工发工资。他为白领、律师、医生和会计师等专业人士提供 50 美元以至 7 位数字的典当贷款。金融风暴以来，越来越多有钱人光顾，发放贷款的数目开业 70 年来从未有过。

比佛利典当行规定的月利率为 4%，比银行或信用卡利息高得多，但由于相对容易拿到贷款，许多企业主还是选择典当，以解燃眉之急。

“我要当 3000 美元。”45 岁的蒂托·巴斯克斯指着他那辆哈雷摩托车说。眼下美国经济低迷、银行紧缩银根，越来越多的人只好典当私人物品，换取一些钱来周转。于是，在美国经济一派萧条之际，当铺生意却越来越兴隆。而在见证了两家银行倒闭的洛杉矶，当铺的生意尤其火爆。

巴斯克斯当下急需 3000 美元做商业投资，而他的信用卡已经全部被刷爆，向银行贷款也非常困难，无奈之下，他来到了比佛利信贷公司。虽然哈雷摩托车售价在1.6万～2万美元左右，但生意红火的比佛利信贷公司已有很多哈雷摩托车，以至于无法再放下一辆，所以经理建议巴斯克斯去别的地方碰碰运气。

洛杉矶大大小小的当铺现在都在赚钱，但大部分当铺只提供100美元以内的贷款，像比佛利信贷公司规模如此大的属于少数。该当铺提供的贷款往往高达数万美元，典当品也极为奢华。

美国不少州将当铺放款利息定在每月7%左右，而当铺总能巧立名目收取其他费用，以规避这个限制，因此收入颇丰。

其二，房产中介众。

亚利桑那州凤凰城一个低收入阶层社区的典当行门口，在金融危机中损失惨重的建筑包工头罗伯特·莱恩扛着一张以900美元购买的台锯，等着典当行开门。

莱恩说："我想早点拿到钱，早点还掉一些账单。"他希望能以300美元把这张台锯典当出去。

典当行经理埃里克·比克说，新顾客有不少来自房地产相关行业，既有像莱恩一样的包工头，也有现金紧张的房产中介。

社区另一家典当行经理杰克·姚奇迈克说，只要是E－bay网站上可以卖出的商品，都可以到他们的典当行交易。

在这家典当行典当的商品五花八门，从割草机、首饰到房车、游艇，甚至还有玩具。

姚奇迈克说，一年前来典当行的房产中介开始增多，现在占10%，有的顾客甚至拿着妻子的首饰和家里的烤箱来典当。

其三，风险伴兴隆。

美国现有1.5万家典当行。随着金融危机影响日趋扩大，向银行借贷不再如以前那么容易，不少富人为解决短期资金周转不灵的困境，转投典当行。

今年姚奇迈克所在的典当行营业额增加7%，而比克的典当行的营业额比去年增长了20%。在他的当铺里，从房车、手枪、割草机到珠宝"无所不当"。由于来典当的人多了，他们开始见到"从未见过的东西和从未见过的人"。

另一位"星级二叔公"迪纳生意亦不俗，最近便接收了一辆宾利和一辆法拉利。在纽约经营名表首饰典当的文艺复兴钟表公司表示，生意增加了20%。

不过，好生意也存在风险。由于金融危机造成很多人资金紧张甚至破产，拖欠还款的人也越来越多。而且，由于经济不景气，要售出绝当物品也越来越困难，这多少给他们带来了困扰。不少当铺担心，还有一段长时间的经济衰退，恐怕未能卖出绝当品，而顾客又未有足够钱赎回，对贷款人不利。

比佛利典当行2008年的不良贷款有5%。但是典当行的班克表示：“我们不是银行，我们能够让顾客合作。我们不会典当期限一到就让顾客还钱。”

（二）墨西哥典当业

（1）世人皆知的典当行

墨西哥位于北美洲南部，人口约9000万。该国典当业历史悠久，至今兴旺发达。在墨西哥，最引人注目的是“国民典当行”，又称“怜悯山当铺”，同时被称做“穷人的银行”。

其一，资格最老。

该行成立于1775年，是墨西哥最大、最古老、最有名的当铺，迄今为止，它已经有长达200多年的历史了，这在全球典当业中并不多见。

据说，当年有一位开办银行而发了大财的意大利血统富商，为扶贫济困办慈善事业，便将当铺如今所在之楼命名为“怜悯山”。有资料显示，在中世纪的意大利语中，“山”这个词亦作典当解释。无巧不成书，这里后来真的成了一家当铺。

其二，规模最大。

国民典当行是世界上最大的典当机构之一。其总部坐落在墨西哥城中心宪法广场旁，是一座4层楼高的西班牙式的古老建筑，里面有多个典当物品的窗口和出售到期不赎的物品的店堂，还有荷枪实弹的保镖把守、巡视。整个典当总部大楼建筑精美，别具一格。楼内大厅套室，廊道曲折迂回，宛如迷宫，第二三层分别为典当营业场所。

目前，它在墨西哥城市内共有14家分店，在全国各地有80家分号，仅总部员工就有1300多人。

其三，经营范围广泛。

该行多元化经营，业务分为典当、信托和销售三大块。典当又专设收当部和赎当部两个并立的部门，分别处理各自日常的业务。

在收当部，分别设有金银首饰、珠宝古玩、艺术品、钟表家具、电器、仪表、乐器、五金器材、食具、卫生设备等专柜，分门别类地收当质押物品，为广大当户服务。不过，这家当铺是不收当服装类当物的。除此之外，一切值钱的东西基本上都可以典当。国民典当行发言人吉斯塔沃·曼德兹表示：“不论当物价值高低，只要它不会腐烂、能够保存，任何东西我们都接受。”

在这家典当行人们能够发现，不仅有典当业务，而且还有古玩、艺术品、钟表等商业信托销售和首饰、家具、新产品等展销。

在国民典当行的仓库中，各种当物应有尽有。其中，戒指、项链、手表等首饰占了全部当品的85%左右。剩下的小部分当物中有旧自行车、随身听、电视机、音响、搅拌机，也有汽车、餐桌甚至螺丝刀和破咖啡杯。当然，里面也有很小部分的艺术品和古董。过去几年曾一直有传说称，国民典当行里甚至藏着著名墨西哥画家迪亚哥·瑞维拉的作品，以及二战期间被人从卢浮宫里盗走的拿破仑·波拿巴坐过的椅子。

其四，典当生意红火。

国民典当行每天只营业4小时，经常是成百上千人排起长队等待交易。依该国典当法规，典当利息实行差别制，即珠宝、古玩、首饰和钟表月利率为4%，其他当物则一律为月利率3%。在典当期限方面，当期一律为5个月，当期届满可以续当两次，每次3个月，但典当利息加倍征收。在绝当物处理方面，自典当之日起，凡13个月不赎当者，即为绝当，由当铺变价受偿。

（2）墨西哥人与典当行

其一，贫困典当。

对于墨西哥的穷人来说，有一个地方是他们一生中或多或少都有机会“光顾”的，那就是墨西哥历史悠久的“国民典当行”。

在穷人日子越来越不好过的今天，这个有着200多年历史的当铺正迎来一场轰轰烈烈的现代复苏。仅2004年，就有1100万墨西哥人把自己的物品“贡献”进国民典当行的大仓库里，这个数字比过去4年增加了大约40%。

对于来当铺的穷人来说，典当实在是没有选择的无奈之举。在这里，面色冰冷的评估人员会对每样当物仔细端详，然后开出大约只值当物总价一半的价格。

在国民典当行的墨西哥城分店，一位名叫鲁尔德·麦德林的妇女正等待典当丈夫的木匠工具。麦德林说，自己典当了多少东西都已经数不清了，不过有些东西还是后来被她赎了回来。去年因为母亲生病，麦德林只能当掉自己的结婚戒指和缝纫机，才凑到给妈妈买药治病的钱。

和银行抵押相比，墨西哥当铺的贷款月利率一般只有2%，大大低于银行的抵押利率。而且当户可以有13个月的时间将自己典当的物品赎回，加上手续简便，所以墨西哥人宁愿去当铺典当也不愿找银行进行抵押。

在全国退休金典当行，典当一只价值2.4万比索的手表，可借到5000比索，月息4%，年息48%，客人有权拖延3次赎当期。在拉菲尔基金会典当行，同样的物品能借到4500比索，月息5.2%，年息60%，同样可3次迟延赎当。而相同价值的一件金饰品，可借到3500比索，月息9%，年息

111.6%。另一家布兰达达里奥斯借贷当铺则仅给3000比索，月息9.3%，年息120%，赎当期不限。另外一些当铺，如墨尔顿·豪、乌尔特拉·阿乌托、盘达麦克斯等，收取的月息在6%～8%之间，年息72%～108%之间。

其二，失业典当。

在来当铺的这些人中，很多都会在以后几个月内赎回自己的东西。可是没过几个月，这些人又会再把同样的东西当出去。一位音乐老师在谈到自己用来教课的电子琴时说："我曾在暑假里把它拿去当了好几次，可是拿到的钱一次比一次少。"

客人赎当可一次完成，也可分几次。当归还贷款和利息之后，当铺将质押物还给客人。如果客人无力归还所欠银两，当铺有权出卖当物。计算费用的时候，当铺除按月收取利息外，同时还有一个名目，就是物品的安全保管费。

对于典当业在墨西哥的繁荣现象，经济学家认为，这与该国日益增加的就业不稳定性有关。联合国资助的一项研究表明，在2002年，有43%的墨西哥人都在不正规的企业中工作。

其三，节后典当。

圣诞新年过后，墨西哥哪里生意最兴隆？既不是商场，也不是银行，而是当铺！因为在挥霍无度的节日过后，很多墨西哥人已经囊中空空，只能将家中值钱的东西送到当铺去换钱以应付眼前的难关。

12月份是墨西哥人消费的高峰。这个月墨西哥人花钱如流水，即使是普通的工薪阶层，出手也相当大方。

因为墨西哥人性情豪爽、乐观，有钱就花，图一时享受，从来不想没钱的时候。圣诞节到了，这是墨西哥人一年中最重要的节日，圣诞节过后接着又是新年。节前，除正常工资外，墨西哥人都能从老板那儿拿到一份"圣诞节赏钱"，相当于每个人半个月的工资，这是法律规定的，人人有份儿，因此，节前，墨西哥人口袋都鼓起来了。这正是他们大把花钱、尽情享受的时候。过节，全家团聚，大吃大喝自不在话下，亲朋好友相互送礼也是传统。此外，许多人还利用节日长假带着全家老小驾车或乘飞机到国内外的名胜古迹观光旅游，玩个痛快。

但新年一过，吃也吃了，喝也喝了，玩也玩了，乐也乐了，钱袋也瘪了。很多墨西哥人不得不面临这样一个窘迫的情况：口袋里已所剩无几，而银行的账单却像雪片一样飞来，而日常的各种开支却必不可少。1月份怎么过？孩子开学家长要掏腰包，1月6日是三王节，孩子们盼着"东方三王"送礼物也要家长掏腰包……可哪儿还有钱呢？为此，人们专为1月发明了一个词，叫

“CUESTADEENERO（拮据的 1 月）”。尽管 1 月很艰难，但没关系，墨西哥人自有办法渡过难关——跑当铺。人们把当铺当成最后的救命稻草。

如每当圣诞和新年假期一过，国民典当行门前就排起长龙，这已经成为墨西哥城一景。据典当行统计，那几天，每天都有 2 万多人光顾。这家当铺的各个营业网点的生意也十分兴隆，来典当物品的人不得不排起长龙耐心等待。这家当铺的新闻发言人门德斯称，在 2000 年 1 月，共接受 59.7 万人次的典当业务，支付的金额达到 4.16 亿比索（约 4500 万美元）。

他们计划今年再在全国开 20 家分店。

据调查，来典当的人多数属中产阶级以下的阶层。当东西筹钱多为三王节的时候充当“东方三王”给孩子们买玩具或开学的时候给孩子交学费、买学习用品什么的。来典当的人中 85% 手里拿的都是金银首饰、手表等贵重物品，14% 的人当家用电器、家居用品，也有当汽车、家里收藏的艺术品和古董的。

劳拉是位家庭主妇，老公是通讯方面的工程师，他们有两个孩子。她拿着几个戒指和一个镯子在典当行排队，想换点钱三王节时给孩子买玩具。

一个叫加西亚的女子来当几个戒指和一条手链。她当东西的目的只为 1 月份的花销，主要是购买食品和其他生活必需品。她说，她丈夫退休了，每月领取退休金。她家还有个很小的店铺，但就是这样也不够她一家子花销的，小孩子开销大呀。

孔特雷拉斯先生是个职员，他当一条项链，为了给他的孩子买玩具，再给他妹妹买个生日礼物。一条项链当了 900 比索（10 比索约合 1 美元）。他说，圣诞节花销太大了，现在不得不当点儿东西来应付眼前的困难。

路易斯是个司机，从墨西哥州的一个叫夸乌蒂特兰的镇子来，他当了一件首饰，得了 500 比索，说是用来还欠人家的债。他说他每月能挣 6000 比索，但不够用。他说，他当天还得赶回去，跑趟墨西哥城太远了，要是在他们的镇上开个分店就好了。

马丁内斯先生经商，他来当几件个人物品，准备给他儿子买玩具。他和妻子离婚了，一个戒指、一条手链、一件带个小十字架的项链一共当了 800 比索。他说，一个人一生只有一次当孩子，所以，只要能让他 10 岁的儿子高兴，当点东西不算什么。

近年来，很多有钱人也到当铺去典当物品，一些达官贵人后裔甚至将先人珍藏的文物也送进了当铺。有一次，一个人拿着一枚价值 100 万比索（约合 10.8 万美元）的钻戒来到国民典当行，他因为急需资金而不得不将心爱的首饰送进了当铺。虽然那枚钻戒有百万身价，但是他只典当了 30 万比索，而且在几天之后就很快赎回了这枚钻戒。还有一次，墨西哥前总统迪亚斯（19 世纪末至 20 世纪初当政）的孙子将迪亚斯总统生前用过的一套水晶器皿送到了当铺。这套水晶器皿不仅里面镶嵌着黄金，而且当年墨西哥和美国签署协议时曾经使用过，有很高的历史价值。为了避免文物外流，国民典当行小心翼翼地收下了这套水晶器皿，并且最终物归原主。

还有很多急需资金的墨西哥中小企业的企业家也愿意到当铺去寻求帮助。因为中小企业到银行需求贷款需要的手续十分复杂和烦琐，这些企业家更愿意将值钱的东西送到当铺去，当场就能拿到急需的现金。如一位小企业主来当两辆汽车，目的是为他的雇员发工资。所以，在当代墨西哥人的生活中，当铺作为“穷人银行”的角色已经悄悄发生了变化。

墨西哥典当行

除了新年过后的 1 月份之外，墨西哥人每年还有两个典当高峰。一个是在每年 4 月份的“圣周”，墨西哥人通常有两周的大假，需要外出度假的人们纷纷到当铺去兑换现金。另外一个是每年的 8 月到 9 月，因为这时候通常是学校开学的时候，一些难以支付子女学费的墨西哥人只好到当铺去寻求帮助。

（三）英国典当业

英国是世界上的发达国家，金融业十分繁荣，而典当业作为其重要分支，亦在全球处于一种突出的地位。在英国，典当业同样属于民间金融业，政府依法对其进行一般性管理，并辅之以行业自律组织的作用，致使英国典当业始终稳定的发展。典当业在英国历史悠久，该国堪称是西方典当起源最早的国家之一。英国典当行出现的时间，可上溯到欧洲中世纪。据史料记载，1361 年，来自英国诺思伯格的伦敦主教迈克尔，曾经建立了一家公共当铺，即多少有些官方色彩的典当机构。这已经是 600 多年前的事情了。

在英国，相当古老的典当业先后经历了以下不同的历史发展时期。

1. 中世纪典当业

此时，英国典当业最显著的特点是典当机构种类全，即从欧洲中世纪开始流行的三类当铺如民办的私立当铺、教会办的公立当铺和政府投资开设的官办当铺（或称公共当铺）在英国都能找到。尤其是官办当铺，当时在英国比较受欢迎。

如 1598 年在英格兰沿海的贝里克、1624 年在英格兰内陆的斯托尼斯坦顿等地出现的官办当铺，由于它们均按国家的法定典当利率放款，因而为普通农民、工匠借贷带来了方便。特别是城市中一些打算白手起家经商和从事手工制造业的年轻人，他们可以在不受过分勒索的条件下，通过典当物品及时获得一些小笔当金，从而有利于个人的日常运作。那时，英国官办当铺的突出标志之一就是，当铺老板身穿马甲上班，类似现今证券交易所中的经纪人。

另外，典当利率低也是中世纪英国典当行的特点之一。尽管中世纪后期教会对放债取息普遍解禁，以及高利贷盛行欧洲大陆几个世纪的深刻影响，加之犹太人开办典当行的风气早已传入英伦三岛，但英国的各类典当行将近 300 年来始终采取比较低的利率进行质押放款。究其原因，在于英国法律始终不允许典当行高息放贷。

1571 年，英国政府一位高级官员曾不无感叹地说："由犹太人传入的高利贷业现如今几乎被所有的基督徒掌握了。这种生意是如此的普遍，以至于无偿出借金钱的人通常被视为白痴。"正是因为当铺老板们都不愿被人当做白痴，更由于开办当铺的安全性高、获利性大，所以他们才通过取利放贷，营运资金，从事典当。然而另一方面，由于国家法律的约束，故使典当行难刮高利率之风，一般典当年利率为6%，即月息0.5分。政府的意图和措施是，对官办典当行的典当利息严格控制，禁止除利息之外的其他任何费用发生，如果典当行获利，其余额应进入政府公共财政基金，以便体现官办当铺服务社会的宗旨。

2. 近代典当业

近代以来，英国典当业步入新的历史发展时期。尤其是从18世纪中期开始，英国典当业逐渐呈现出一片繁荣景象。随着工业革命的发生，资本主义制度在英国得到进一步的确立和巩固。这时，尽管银行已成为金融活动的中坚力量，在业务上受到排挤的“一切金匠和典当业者都大肆咆哮”（马克思《资本论》语)，反对自己面前的这个强有力的竞争对手，但由于社会上存在严重的两极分化，广大无产阶级和劳动人民的贫困化程度日益提高，加之银行借贷只是为企业和政府服务，因此典当行的市场仍然很广阔。

正如马克思所说，“在发达的资本主义生产方式下，劳动条件和劳动产品是作为资本同工人相对产的，工人作为生产者必须借钱。如果他借钱，例如到当铺去，那是为了个人生活的需要。”这就是说，工人是不必为从事生产而像资本家那样去银行贷款的，除了领取有限的劳动报酬——工资外，他可能只光顾当铺，从而借钱应急或养家糊口。此外，大量的小生产者，如街头商贩等，他们也被迫向典当行举债，以便备款进货、支付赊欠之类。在这种情况下，英国的典当行远未到江河日下的地步，相反却仍属繁荣兴旺。

在政府监管方面，当时英国议会通过了若干件法案，用来规范和管理全国的典当业。如要求从事典当的商人必须持有政府颁发的营业执照；典当利息的20%作为政府税收，而当息税的用途是由政府投入到医院和贫民院等社会公益机构中去；等等。

在典当业标识方面，英国典当行普遍在店门外高悬三颗形状和尺寸相同的金色圆球，少数典当行也有以三颗银色球或蓝色球作为企业标识的。据说此举源于中世纪意大利的佛罗伦萨，因为三颗金球原本是当时声名显赫、权倾一时的银行家——梅迪奇家族大衣袖口上的装饰纽扣。

该家族称霸于15世纪的欧洲金融市场，主要经营银钱业、典当业并兼放高利贷。其家族银行在欧洲各主要城市均有分支机构，和罗马教廷财政也有密切联系，金融势力之大，足以影响罗马和各国政治。梅迪奇家族的第二代、第三代即科西克·梅迪奇和洛伦佐·梅迪奇更是在经济上和政治上登峰造极，曾奠定了家族专政的基础，成为佛罗伦萨的无冕之王，把佛罗伦萨的经济和文化发展到了繁荣的顶点。因此，英国典当行依欧美通例把梅迪奇家族衣袖上的圆形纽扣改袭为自己的营业标识，可谓顺理成章。

19 世纪中期至 20 世纪初期，英国典当业进入全盛时期。

（1）当铺数量急剧增加

根据不同的史料显示，在 19 世纪上叶，英国全国的典当行大概有 2000 家左右。《大英百科全书》提到："19 世纪初，英格兰和威尔士两地的当铺约为 650 家，1848—1849 年，英伦三岛为 1837 家。这个数字包括无照建立的当铺在内。"其中苏格兰开始仅有 1 家，但到 1833 年已增至 52 家，1865 年又增至 512 家。另据马克思在《资本论》中引证的数据，1846 年"伦敦有 240 家，各地区约有 1450 有领有牌照的当铺。所用资本估计有 100 万镑"。这就是说，当时英国的典当业十分红火。典当机构林立，典当规模可观。特别是 19 世纪末和 20 世纪初，英国当铺的数量号称比公共住宅还多。

（2）当物种类繁杂纷呈

由于当铺广泛颁布在全国各地，特别是集中设立于工业区、劳工聚居地，因此，当物类型五花八门，从亚麻布织品到普通家具，从毛毯到衣服，应有尽有。人们可以用任何当物包括结婚戒指或床上用品典当。不过，在全部选出当铺从事典当的当户中，据统计有 60%～75% 的人主要以服装质押借贷，故使服装典当成为 19 世纪英国典当业的大宗业务。

（3）当息由低自高提升

英国的典当利息在中世纪至近代初期均很低，如 1699 年，英国一家名为"救济贫民慈善公司"的当铺，仅以月息半分从事经营。直到近一个世纪后，典当利率才逐渐提高。如根据英国 1784 年有关典当业法案，典当年利率为 6%；1800 年增为 25%；1860 年增至 27%；1884 年又增至 86%。这表明，英国官定典当月利率在 100 年中，绝大部分时间为二分左右，直至 19 世纪未才升至 7 分强。但英国学者杜克提在其 1846 年出版的《劳动人口今昔状况的历史》这部书中披露；"因为在同一个月内会频频当入和赎出，并且因为人们会当入一物来赎出另一物，在当入时，仅只得到一个小小的货币差额，所以当铺的利息是格外高的。"即每次当新赎旧均要将必须的典当利息扣除，故在当物不相同的情况下，后续典当所得本金越来越少。因此他指出：伦敦全部当铺"所用资本估计有 100 万镑。那至少在一年的进程中周转 3 次，每次平均取 33. 3% 的利息；所以，英国的下层阶级，为了要获得这 100 万镑暂时的垫借，每年须付 100% 的利息。由典当过期所受的损失，还不包括在内。"对此，马克思在《资本论》中亦持相同观点。这里所谓"100% 的利息"，应为典当月利率8.3分左右。

这一时期英国典当业的存在和发展，也理所当然地引起了社会舆论的强烈反响。如英国大文豪、批判现实主义作家狄更斯在1836年出版的《博兹特写集》中，有一篇名为《当铺》的场景特写，专门描述了19世纪中叶英国典当业的一些状况，使人深刻地感到典当业是英国社会历史的一个缩影。他写道："伦敦街头不幸地充斥着无数贮藏悲惨和贫困的场所，其中，也许没有哪一个具有像在当铺中所见到的那种触目惊心的贫穷和罪恶景象了。""根据传说，店堂前门上如今每晚在蓝底子上现出三个红球的那块透明装饰物，原先还是以优美的波纹字体写着'赁金属板、宝石、服装以及各种财产均可贷款'，但是如今只有一些难以辨认的字迹来证实这一点了。金属板和宝石似乎与那个布告一起消失了，因为在橱窗里陈列着的那一大堆存货中，并没有这两种值钱的奢侈品。"透过狄更斯对英国典当业的描述，我们不难看出当时英国当铺的经营范围、服务对象、商业标识和本质特征及其历史变迁等。

3. 现代典当业

两次世界大战之间，英国典当业经历了一个由发展高峰走向整体衰退的过程。据《大英百科全书》统计，1913—1914年间，英国全国领有营业执照的典当行总共为5087家，这是关于英国典当行数量最高的记载。

这些典当行绝大部分集中在英格兰，如依国家税务部门报告，1922年共有典当行3854家。另在爱尔兰（1801—1921年被英国吞并，后为自由邦，至1949年独立）同年共有典当行271家。而至1928年，仅苏格兰首府爱丁堡市一处，即有典当行238家。如此众多的典当行，也带来了空前发达的典当业务。有资料显示，一段时间英国每家典当行平均每周的典当交易在2000～3000笔之间，为此相关法规曾要求每周一二典当，五六赎当，而且每逢周六许多典当行都要开门营业到半夜才能打烊，通常当户人流如潮，典当行门前车水马龙。

然而好景不长。英国典当业很快就因二次大战后社会经济发展条件的变化，特别是"福利国家"政策的推行和社会保障体系的建立削弱了典当业的许多功能，而使其受到严重的冲击，逐渐走了下坡路。自20世纪50年代至70年代，英国各家典当行的生意十分萧条，典当交易次数大幅度减少，典当交易额随之下降，许多典当行被迫倒闭，典当业步履维艰。

直到70年代末80年代初，英国典当业才开始恢复元气，重新振兴起来。人们需要钱去赚钱，故使去典当行通过典当方式融资的客户逐渐增多，典当行

英国典当行

已不再像过去那样只充当“穷人的银行”的角色，而一举成为社会各界的合理借贷场所。诸如许多当户逐月典当，他们特别看中的是典当手续的方便快捷：没有资信调查，不必预设账户，质押变现容易。尽管典当利率比其他金融机构的贷款利率略高，但人们仍对典当行情有独钟，难怪社会舆论评价说：“今天英国典当业已经成功地改变了当年狄更斯笔下旧式典当业的形象，典当只是一种借贷方式。”

这一时期，由于社会经济的快速发展和人们日常生活水平的提高，当物便趋于小型化、精巧化，当户用于典当的物品绝大部分属于高值标的。

在英国，一般典当行均承诺：收当任何有价值的东西，然而通常所见的当物则是钻石、珠宝、银器、古董、手表、乐器、录像机、体育器材等，总之，从珠宝到汽车，从股票到古董，从摄像机到赛马，当物林林总总，一应俱全。每笔典当交易少则几英镑当金，多则上万英镑当金，英国典当业又进入了历史上的一个黄金时代。

但除了珠宝、皮草和艺术品外，人们用各种稀奇古怪的物品作为当物的事例也层出不穷。例如，英国诺福克典当商克里斯·史密斯曾收到几名顾客的金牙，他按照每颗牙的重量分别付给他们 10 英镑（20 美元）～20 英镑（40 美元）。英国利兹的典当商赫伯特·布朗曾收到一只关在笼子里的金丝雀作为当物。还有一次，有人用一个苏格兰小岛所有权的契约作为当物，而这个小岛 150 多年前已经被海水淹没。

（1）从企业形象上看

英国典当行一扫昔日狄更斯作品中那种“简陋污秽的小房间或者密室”的店堂状况，而是光明正大地坐落于繁华街道，甚至如果你走进今日英国的一家典当行，你恐怕会认为自己来到了银行或某幢豪华的建筑物内，那感觉的确与众不同。

（2）从当户类型上看

如今英国典当业面对的客户，不是分为穷和富两种人，而是分为等钱用的和不等钱用的两种人，其中后种人有可能看好典当，愿意尝试这种融资方式。故使英国典当业的服务对象，很多是具有专业知识的、富裕的中产阶级，他们前往典当行是为了方便快捷地获取一笔短期流动资金。在这里没有人考虑面子问题，而主要在于通过减少麻烦、提高效率达到融资的目的。

（3）从当户心态上看

英国社会公众普遍改变了一些对典当的看法。他们认为，借长债去银行便宜，借短债去典当行方便，各有利弊，全凭自己选择。而且他们感到，去银行是去“借钱”，不能讨价还价，必须忍受银行苛刻的借贷条件，主动性在银行一边；而去典当行则是用自己有价值的东西去“换钱”，有可能讨论还价，没有过多的借贷条件，主动性在自己一边。

（4）从市场容量上看

20 世纪 80 年代以来的英国典当业经过资产重组，无论是布局还是数量，都在日益趋于合理化。一些典当行是从开始经营珠宝、手表和二手货生意起家转型而来的，企业老板逐渐发现典当市场有利可图，于是纷纷上马典当行，涌入合法典当商的行列。有时，一些善于经营、管理有方的典当商会在短期内开办好几家典当行，以其强大的经济实力迅速占领一个区域内的典当市场。

如一位名叫吉米·凯恩的当铺老板，1980 年首次尝试从事珠宝生意，3 年中先后开过 3 家珠宝店，清一色销售新珠宝及高档手表。不久，他对珠宝二手货也开始感兴趣，1994年便干起了典当。起初，他购买别家当铺的特许经营权，采取连锁方式从事典当业。后来，他积累了足够的资金和经验，于是自己独立设店，成为英国典当业中的新秀和佼佼者，亦使英国典当市场增添了活力。另一位叫苏珊娜·摩根的当铺女老板，个人经历复杂，包括20世纪70年代曾担任过5年英国女王伊丽莎白二世美发师委员会的管理者，她也于1988年进入民间金融业领域，干起了典当这一俏行当。

目前，英国全国共有典当行及分支机构1000多家。根据英国典当业协会的统计，截至1998年3月，该会国内会员为287家；1999年春季又增加11家，总共是298家；2004年又增至500多家。这些会员所代表的典当行在地域上按行政区域划分，属于11个大片。

截至2004年底，英国已有一家典当上市公司；当年的典当金额为6.5亿英镑，约合91亿元人民币。

案例15　埃邦典当行的主要经营业务

设立于1983年的埃邦典当行是在伦敦证券交易所挂牌上市的典当行。该典当行具有较强的行业代表性，其管理人员担任英国典当协会理事会主席，并可向英国政府提出有关典当法律法规修订的建议。

2004年，英国埃邦典当行营业收入为2234.5万英镑，同比增长10%；税前利润超过500万英镑，增长13%；每股收益由2003年的6.74便士增至2004年的7.65便士；净贷款额为1400万英镑，增长12%，其中典当贷款为980万英镑，占70%。

据了解，埃邦典当行的主要经营范围有：

第一，典当。典当是埃邦典当行的主要业务。埃邦典当行各个分店既是典当行，也是首饰店。许多英国人特别是女性顾客喜欢逛分店，因为在这里可以买到新首饰或者二手首饰。2004年典当行提供了980万英镑的典当融资，比上年增加100万英镑。全年埃邦典当行从事了约11.1万笔典当业务，每笔业务平均为88英镑。

第二，首饰零售。典当行的分店橱窗展示了不同种类、不同价位的新首饰或绝当首饰，这是埃邦典当行吸引顾客的一大优势。2004年典当行首饰零售额为845万英镑，同比增长8%，其中绝当物销售增长14%。

第三，支票兑现。85%的居民支票被送到分店兑换现金，这项业务几分钟就能完成。2004年埃邦典当行兑现了3500万英镑的支票，增长4.5%，平均支票额为350英镑，佣金额增长13%。

第四，信用放款。这类业务可以分为两种。其一是预付工资。这项业务能帮助顾客填补现金需求与工资发放滞后的“流动缺口”。顾客可以最多借600英镑，最长时间为一个月，以银行支票做抵押。其二是快速贷款。这类业务每笔贷款为500英镑，期限不超过12个月，直接还款。预付工资和快速贷款业务所获利润占英国埃邦典当行利润额的28%。

现代英国典当业还有以一些特点：

一是当铺门脸普遍较小，企业员工数量不多，一般也就在五六人左右。但也有一些占地面积可观，内外装修富丽堂皇的大当铺，而且这类当铺通常都实行连锁式经营，在本地或全国各地开有分店，依靠这些分支机构辐射各地的典当市场，组织有效的典当市场营销。

二是当铺名称五花八门，读来十分有趣。在英国大致有三种类型的当铺名称，与欧美其他国家类似，但与我国却大相径庭。其一是以行业性质来体现当铺名称，如“××典当行”、“××借贷理财店”、“××现金中心”等，也有将典当、借贷、理财、现金等词汇加以交叉组合用于当铺名称的。其二是以当物作为当铺名称的组成部分，如“××珠宝店”、“××金（银）店”、“××古董店”等，或者将珠宝、金银、古董与典当二字连冠成一家当铺的字号。其三是以人名作为当铺名称，如“××兄弟有限公司”、“××父子有限公司”、“×××公司”等，与英国早年公司兴起时的字号传统毫无二致。

三是当铺标识比较统一，图形招牌和文字店名规范有序。在通常情况下，英国当铺在门楣上方书写字号，字号最左侧是三颗金球标识，球呈扁圆即饼状，上面两颗，下面一颗，看上去很像一个倒置的等腰三角形。在当铺门外左侧则高悬三颗金球，与当铺字号横匾成直角，向外伸展，十分突出。

四是当铺基本上都附设柜台，用于本店的相关绝当物销售。这些柜台还没有高层平面货架，在当铺营业时间内向公众展示准备出售的珠宝、首饰等，布局类似一些珠宝首饰商店。

五是当铺没有统一的典当利息制度，而只有相同的附加收费制度。如在当票遗失宣告填报表格时和在变价过程中成本发生时收取一定的费用等。

（5）从行业发展上看

有关数据显示，在需要进行个人融资时，英国只有5%的成年人会考虑选择典当行，比起几乎每个人都会打交道的银行业来讲，典当行还很势弱，但业内人士对典当业的发展势头已很满意。

目前，英国两家最大的典当行——阿尔比马尔·邦德（即埃邦）和哈维·汤普森都是上市公司，它们已在英国全国设立了大约150个连锁店面。

自20世纪90年代上市以来，邦德公司的股价已经涨了4倍。2006年5月，汤普森公司也在伦敦二板市场上市，成功地融资1800万英镑，用以偿还公司的债务。现在汤普森公司市值在6000万英镑左右，旗下有69家店面，并计划在今后3年内再增开30家店面。

随着这两家大典当行的快步发展，其他一些百年老字号也加紧步伐不甘落后。其中一家曾典当过英国皇家珠宝的萨顿典当行正计划扩大规模，争取上市。而这些发展势头甚猛的典当行，只是英国典当协会的几个成功会员之一。

2008年，前所未有的金融海啸刺激每个人的神经，百姓手头愈发拮据，尽管典当的利息很高，但因形势所迫而在典当行寻求出路的情况已经越来越多，英国的典当生意就在这次金融危机期间迎来了许久不遇的春天。

因为在众多行业中，有一些品种是向来与正常经济周期逆向相行的，经济好时它们反而交易平淡，经济差时，它们却兴隆起来。典当业就是其中最鲜明的代表。

如果说这一次的金融危机摧垮了众多的投资银行、商业银行，冲击了各国的股市，大大紧缩了资金的流动，那么还能够继续发挥融资功能的机构就差不多只有典当行了。据了解，英国家庭和个人典当首饰珠宝等贵重物品进行资金周转的需求明显增加。从伦敦证券交易所的上市典当行业绩报表看，英国典当行表现良好。如汤普森公司拥有20万客户，2008年上半年实现利润460万英镑，增长近40%。10月27日该典当行第一百家分店也顺利开张。而拥有120家分店的邦德公司，上半年业务量也增长了57%。

不过，典当业不是慈善机构，平时就收取高额利息的典当行在经济危机当道的时候更是抬高了门槛。由于经济不景气导致很多资产缩水，典当东西能得到的回报也相应少了许多。

伦敦南部皮克威克当铺老板内森·芬奇表示："人们认为当铺冷酷，上不得台面，甚至剥削顾客，但对许多人而言，它却是为信用卡付账的办法。"

根据英国典当协会的数据，英国典当行的平均贷款额为120英镑，贷款期限一般为3个半月，大部分贷款的利息都高达7%～8%。正是因为利息过高，典当也一直都被人们当成走投无路时的最后选择。但是，由于金融危机仍在继续，在各家银行找各种借口不愿借钱给民众的同时，典当也就重新变成人们获得小额贷款最快最简单的方式。因而，许多英国人再次将目光投向这种已经有3000多年历史的传统贷款方式。他们搬出自家的珠宝、黄金等各种贵重物品，重新走进典当行的大门。

英国典当协会会员内森说：典当行的优势在于他愿意借给你钱而不像那些

银行想尽办法不借钱给你。该协会 CEO 约翰·尼古拉斯表示，珠宝仍然是目前典当行收到的主要当物，而黄金因为它天然的避险功能也逐渐受到典当行的青睐。

（四）德国典当业

德国典当由来已久。早在 1198 年，巴伐利亚公国的弗赖津市（今德国境内）就建立了一家官办营利当铺，堪称欧洲历史上官办当铺的肇始。

然而在中世纪，德国的官办公益当铺（即不以营利为主的慈善性典当）更为发达一些。1591 年，德国第一家公益当铺在小城奥格斯堡开张营业；不久，汉诺威的公益典当于 1598 年问世；纽伦堡和汉堡的公益典当，也分别在 1618 年和 1650 年相继出现。这使德国中世纪的公益典当业颇成气候，并一直横跨近代延续到 20 世纪中期。

从近代来看，德国公益典当的主办者（即投资人）类型有三种，即国立、市（镇、村）立和社会团体设立等，其中市立者数量最多，国立者实力最强。

在资本来源方面，公益当铺皆由政府等作为后盾，资金十分充足。如 1834 年在德国首都柏林创立的国立典当行，是全国最大的一家公益当铺，其资金由普鲁士国家银行直接供给。就是普通市立公益当铺，其资金也由所在地政府从金库拨付，或由市立储蓄银行及普通银行为其贷款，甚至可依法向个人借贷，但却不准进行募捐。

在当物类型方面，典当法律规定，动产可以典当；且一次大战前又规定，允许公益当铺发放财产权利质押贷款，如股票、政府债券等，皆允许用于典当。

在折当率方面，普通当物为 65% 左右，银器 80%，金器 83% 左右，而有价证券的折当率一般为 80%。

在典当利率方面，各类公益当铺标准不同，通常幅度为年利率 0.6～1.2 分之间。至于典当期限，一般为半年到一年，并允许抽赎，即部分赎当。当期届满，绝当物拍卖变价，超过当金本息及其他相应费用以外的溢价部分，依法返还原当户。

据统计，1906 年时，在人口 5 万以上的 31 个德国城市中，共有公益典当当户 253 万人左右，典当金额约为 290 万马克。

在德国，民办营利典当业大致从 18 世纪以后才逐渐兴起，20 世纪上半期达到高峰。营利典当亦称私当，其主要特点是经营主体为私立当铺，其当利率较高，如通常为年息 1.2～2.4 分之间。然而德国各州的典当法规又有所不同，如普罗伊森州《典当业法》在1881—1920年间规定，30马克当金，年利率2%；30马克以上者，则年利率1%。

尽管民办营利典当业当息较高，但其发展规模仍大于公益典当业。有资料显示，1925年，德国全国有私立当铺628家，其中女性经营者70多家。1930年，全国私立当铺260家，而公益当铺则不及百家。

1961年，为了统一各州的典当经营行为，德国颁布施行了《关于典当行业经营的规定》，要求典当行依法将其营业收入限定在贷款利息和保管费的范畴，而不是以绝当物品处理赚取差价为主。这样，典当行合法增加收入的途径只能靠多贷款，多做业务，从而在法律上保障典当业的健康发展。

20世纪80年代以后，德国典当业逐渐衰退。原西德共有各类当铺120多家，其中公益当铺已寥寥无几。90年代德国统一后，共有各类当铺100家，遍布德国的每个城市，仅柏林就有14家，并有分支机构150家。

进入新世纪后，德国典当业又重新崛起，属于衰退中亦露出繁荣的一个行业，成为德国广大民众多元化融资的一个不可或缺的渠道。具体表现在以下一些方面：

1. 行业规范发展

依据德国典当法规，设立典当行必须具备符合规定的安全营业场所，当铺库房中要有一个特殊的装甲钢板保险柜，装有警报器。当铺收进的所有物品都采取有效的安全措施，并向保险公司投保涉及所有典当物品的水、火、盗、抢保险。

此外，典当行员工中应当至少有一人（投资人或长期雇员）具备宝石或者首饰方面的专业知识。另据德国典当行中央联合会的估测，一般成功的典当行至少需要30万欧元的投资；在大城市为50万欧元以上，附属于珠宝行或钟表行的当铺则至少需要15万欧元；分别约合人民币290万元、480万元和150万元，这与我国典当行注册资本金300万元、500万元和1000万元的法律要求相近，表明德国典当行的市场准入十分严格。

从事典当交易时，当户必须年满18岁；当期3个月，典当期限届满可申请续当；法定当息每月一分，并要向典当行支付一定数额的保管费，通常为3%，共计4%，但300欧元以上的质押贷款由各典当行自行决定。由于典当行业在德国竞争激烈，各典当行也要根据行情压低自己的贷款利息和保管费。

绝当物品由政府指定的拍卖行或法院专人拍卖，且拍卖必须在典当双方订立典当合同之日起的10个月内进行，并要在拍卖前1～2周内发布拍卖公告；

拍卖收入扣除本息、保管费和其他相应费用后，余额全部返还当户，但如果该当户在2年内不能凭原当票提出返还要求，则余额全部上缴州国库。

德国典当行

2. 典当市场扩大

目前，德国共有典当行290家，其中5家是国营的，即公益典当。2003年拥有常年当户110万，这一数字比2002年高出了10%，而柏林的典当行每年大约有15万人光顾。一些中小企业或私营业主常利用典当获得现金来支付员工薪酬，另有一些单身母亲和靠退休金生活的人也是当铺的常客。

尤其是圣诞节前夕，典当行的生意更为红火，许多人为了购买圣诞节礼物而典当物品以获得现钱。此外，当经济不景气和失业人数增加时，当铺的生意也会很好。

总之，到当铺去的人都是急需用钱的人。他们认为，典当方式比到银行申请贷款要来的便利。到银行贷款手续繁杂，时间又长，而到当铺只需出示身份证或护照、抵押物品的发票即可。另外，在人们观念中，到银行贷款会被认为是负债的人。

近年来，德国典当业的营业额以 2 位数递增，上升了 25%，2004 年的典当营业额高达 4.8 亿欧元，约合 46.7 亿元人民币，刷新了德国典当业市场增长的纪录，同时也刺激了许多投资者迫不及待地跻身这个行业，但成功者仅占 1%。据德国典当协会的分析，布局是否合理是导致成败的主要原因。在大城市和人口集中的工业区，每一个典当行所覆盖的居民人数应该在 25 万以上，而把典当行作为附属业务（如以钟表店为主业）所覆盖的居民人数应在 10 万以上。

在德国典当市场上，一切有价值的东西皆可成为当物，然而实际上 90% 的当物是首饰、钟表、宝石、钱币、银器、电子用品、照相机、摄像机、电视机、高档自行车和乐器等，其余的当物多为仪器仪表，个别当铺还凭借专长收当邮票、古董或其他艺术品，而服装、地毯等物品则基本上不予收当。

3. 危机来临火爆

过日子或经商总有手头拮据的时候：年终电力公司结算的用电总量超过了平时的预付金额，差额需要补交。严寒的冬天清晨，汽车出了故障，送去修理又要多一笔开销。尤其是 2008 年世界金融危机以来，越来越多的德国人没有多余的钱应付这一笔又一笔的额外支出。要想渡过难关，最简便易行的方法就是上当铺，用实物做质押，换取一笔贷款。实物大多是首饰等贵重物品，还有电器和汽车。到期不赎，当铺即可“撕当”，拍卖绝当物品。

德国大多数当铺位于城市中繁华地段，但又往往隐藏在不引人注目的深宅院内，因为光顾当铺的人捉襟见肘，就怕撞见熟人。

如在波恩附近的西格堡市当铺，一名失业人员把连着上衣的帽子往下拉了拉，遮住了半张脸，再次环顾一下四周，才迈进了当铺的院子。这位失业人员每月从劳动局领取近 600 欧元的失业金，其中的一半要支付房租，本来就所剩无几，他要靠此维持生活。现在到了年终，电费等结算账单纷至沓来，正是要用钱的时候。他在银行已欠了一笔贷款，银行不可能再贷给他，他只能硬着头皮，怀着几分羞愧，走进了位于后院的西格堡市当铺。

在当铺柜台前，他从上衣口袋取出一个红绒布的首饰盒，里面是他祖母留下的一条项链，14k 金，重 27.5 克，当铺表示可以贷给他 110 欧元。贷款的利息按月计算，月息 1%，此外还要交 3% 的保管费，也就是说，他每月要向当铺交 4.40 欧元，只要他有了钱，随时都可以赎回项链。这名失业的男子叹了口气，咬咬牙，点头接受这些条件。在他拿到 110 欧元的同时，当铺职员把项链装入纸袋，走进后面的库房。

这时，营业厅又进来一位女顾客，她穿着皮大衣，左手无名指上一个钻戒闪闪发光。她是科隆一家妇女时装店的老板，不过近来人们购买力低下，生意难做。但店铺的日常费用，无论是租金，还是员工工资，她都必须按时支付。她把西格堡的当铺当成自己的贷款银行，她的高级首饰有时能当到2万～2.5万欧元。这位富有但又手头窘迫的女顾客受到高级别的礼遇，当铺职员把她引入库房后面装饰得像银行一样现代化的办公室。与营业厅冷冷的蓝色不同，这里四周墙壁是暖色的玫瑰红。银行里，贷款人像乞丐，要填写表格和回答银行职员一系列令人难堪的询问，而在当铺一手交货，一手领钱，还可以收到一份免费的微笑。

不过，这位时装店的女老板这次不是来当东西，而是来赎当的。3个月前，她在这里当了一条宝石项链。现在必须赎出来，否则项链就会被拍卖。但无力赎当的人只是少数，据说只有10%，如此看来，德国人还没有穷到贫困潦倒的程度。

案例16 足球俱乐部典当应急

2005年3月，曾经6次获得德甲冠军、名震德国足坛的多特蒙德足球俱乐部濒临破产边缘，为挽救财政危机，在6月底以前还清2970万欧元的债务，重新参加德甲联赛，这家德国唯一的上市足球俱乐部提出了一揽子筹款计划，其中包括以800万欧元典当自己拥有的威斯特法伦球场有限公司的股份应急。

（五）法国典当业

法国是欧洲大陆典当业最为发达的国家。迄今为止，法国典当业的发展，大体上分为三个时期。

1. 中世纪典当业

一般认为，犹太人是欧洲典当的开山鼻祖。10—11世纪，随着社会生产力的不断提高，西欧出现了商业和手工业日益发达的城市，遂使货币关系空前活跃，高利贷逐渐盛行。这时，流亡欧洲多年但已经营致富的犹太人便将一部分自由资本转化为高利贷资本，主要通过开办典当行等形式，增殖财富。对此，欧洲社会各界反应强烈。于是，许多犹太人经营的典当行不时遭到各国国王、僧侣和封建主以各种借口所进行的掠夺或没收，从事典当等高利贷业的犹太人甚至还被各国政府勒令驱逐出境。

在这种情况下，犹太人便从典当业的风口浪尖被迫退下，将雄居该行业之首数百年的显赫地位逐渐拱手让给当地的基督教徒们。率先经营典当的基督徒是13世纪欧洲的加禾尔人，他们散居于法国各地和尼德兰。

法国典当便始于13世纪加禾尔人的专营，后曾一度衰落。自14世纪末以来，在法国政府的直接参与与干预下，典当业再度崛起，逐渐风靡全国。

1350年，在勃艮第公国的萨林斯（今法国境内）出现了一家官办营利当铺，这是法国历史上最早的官办典当机构。

1382年5月，法国国王查理六世（1380—1422年在位）向议会下诏，特许民办当铺老板及典当经纪人开设当铺，并用26个条款以法律形式确认其榨取公共财富和劳动收入的残酷特权，如典当利息设定为每年43.6%。路易十一时期（1461—1483）国王再次下达敕令，不折不扣地确认上述1382年的诏书。由于最高统治者强有力的支持，典当业在法国一些中小城市中如鱼得水，颇为兴旺。1577年，法国首家官办公益典当在阿维尼翁问世。从此，法国典当业便进入了民办营利当铺、官办营利当铺和官办公益当铺三位一体、共同发展的阶段。

路易十三时期（1610—1643），法国首相黎塞留专权，他推行重商主义的经济政策，促进和保护工商业的发展，这使典当业所处的社会法律环境甚佳。1626年，法国三级会议在巴黎召开。会议制定了一项设立名副其实典当行的法令，因为当时社会上有许多典当行已经演变成了汇兑机构，典当色彩退化。然而据史料记载：由于种种原因，“这项法令执行得并不完整。故路易十四（1643—1715年在位）便于1643年重申这条法令，于是从这个时期起，真正建立了巴黎的典当行。”

2. 近代典当业

这是法国典当业发展的第二个时期，高峰始自法国资产阶级大革命前后。

路易十六（1774—1792年在位）执政后，法国国内矛盾日趋激化，第三等级各个阶层尽管处境不同，但都一致仇视封建专制统治。面对如此局面，当时的法国财政大臣内克尔认为，典当有可能成为平息社会动荡的一种有效工具。这样，在他主持下，法国政府于1777年12月9日，发布了一些新的法令，专门确定了在巴黎设立一家官办公益当铺的有关事宜，并将其纳入巴黎市政当局直接管辖之下，从而诞生了法国最大的公益当铺——巴黎市政典当行。

在这些法令中，还具体规定了其分支机构的管理和组织。尽管内克尔本人将典当行视为“一种对邪恶的调解”，但此后法国典当业却风风火火地运行了一个多世纪，尤其法国首都巴黎，更是以典当行数量之多而著称于世。

然而，内克尔的打算只是一厢情愿而已。巴黎市政典当行的建立，并不能缓和法国社会日益尖锐的矛盾。相反，众多典当行的存在，却成为法国资产阶级大革命的催生剂之一。大革命时期，执政的吉伦特派、雅各宾派和酝酿起义的平等派先后提出过将当物发还当户的主张，法国典当业一度成为大革命的焦点。

在拿破仑统治时期，巴黎市政典当行于1804年得到政府的重新承认和支持，故业务日渐发达，分店遍布整个巴黎。依法律及该公益当铺规定，凡市场流通之物品，皆可用于典当。质押贷款下限为3法郎，于是以衣物等典当者开始减少，而以珠宝等贵重物品典当的人逐渐增多。典当期限为6个月，当期届满不赎，可清偿利息再展期6个月，仍不赎当，则当物变价由典当行受偿本息，扣除各类应付费用之后的溢价部分，返还当户所有。

法国老当铺

1851 年 6 月 26 日，法国颁布实施《公益典当法规》。第一条规定：“法国公益典当在中央政府提倡及监管下由地方政府负责经营。”特别是巴黎市政典当行，其理事均由中央政府任命。从此，法国禁止民营私立典当行的存在，典当业成为法国各级政府的专营行业，至今没有实质性的变化。

从巴黎公社革命起，法国近代典当业的发展又进入了一个新的历史阶段。公社政权曾准备废除典当业，不允许其存在于世。

1871 年 3 月 18 日，法国巴黎的工人阶级和广大革命群众英勇发动武装起义，一举推翻资产阶级政权，并于 3 月 28 日建立巴黎公社，开始实行无产阶级专政。

公社执政期间，曾对巴黎的典当业予以高度关注并采取过一些措施，大致包括三个方面。

第一，冻结当铺中死当物品的销售。公社成立的次日，即 3 月 29 日，就专门发布了一则公告，要求“凡当铺里的典押物品，暂停变卖出售”。这是公社为保护广大当户的切身利益而对当铺经营所采取的严厉限制，故此在当时曾受到革命导师马克思和恩格斯的高度赞扬。

第二，专门委员会建议废除当铺。4 月底，公社“劳动与交换委员会”（相当于政府劳动与商业部）向公社提供了一份《关于废除当铺的报告》。报告指出：“固然，由于当铺的中介，劳动阶级有可能解决个人生活中的燃眉之急，但不少家庭也因此而失去种种物品，这些东西是维持生计所必需的，但却只能以低价典当掉。”为此，报告提出：“无论就当铺所据原则的不道德性，还是就它们从事经济活动毫无价值可言，当铺都必须废除。”不过，由于种种原因所致，该报告并未被公社通过采纳。

第三，讨论当铺问题并制定法令。4 月 25 日，公社在全体成员会议上曾热烈讨论由公社委员阿夫里阿尔提出的一项当铺法案，但因大家意见不统一而决定延期再议。5 月 3 日，他和另一名公社委员阿尔都尔又先后提议讨论当铺问题，但仍然未果。直到 5 月 6 日下午，公社才在会议上正式集中讨论了革命期间的当铺问题。经过长时间的思想交锋，公社最后以举手表决方式，通过了著名的《关于无偿发还典当物品的法令》，规定：“凡于 1871 年 4 月 25 日前典当在当铺的衣服、家具、内衣、书籍、床上用品以及劳动工具等，其典当金额不超过 20 法郎的物品，一律凭当票自本年 5 月 12 日起无偿予以发还。”此后，为了坚决贯彻实施这项法令，公社又分别于 5 月 10 日、11 日、17 日和 20 日连续四次颁布公告，提出了无偿退当的具体办法，在社会上反响极大。

然而，未等公社腾出手来进一步解决典当行问题，巴黎公社革命政权就被法国反动派用暴力摧毁了。此后，法国典当业便仍以资本主义的本来面目继续发展下去。

1891 年 7 月 25 日，法国政府制定新的典当法律，允许巴黎市政典当行以财产权利质押发放贷款，这是法国近代典当业史上的一个里程碑。该法规定：凡以法国国家银行所接受或担保之债券、股票典当者，典当行须收当之。同时规定，从事权利质押，向有价证券典当者放贷，当金上限为 3000 法郎。

3. 现代典当业

进入 20 世纪后，法国典当业又出现了一些新的变化。

（1） 公益典当规模大

1909 年，法国全国共有公益当铺 44 家。

1918 年 10 月 24 日，法国政府再次新颁典当法规，规定公益典当又称“市镇村信用金库”。关于典当期限，规定巴黎最长为 6 个月，其他地区为一年。关于典当利率，起初是年息 3.6 分，后逐渐降为 3 分、2.4 分、1.8 分、1.5 分、1.2 分、0.9 分。关丁当物类型，允许典当汽车。

20 世纪 30 年代，法国公益典当业更加繁荣，生意十分兴隆。仅以巴黎市政典当行为例，动产典当仍然是巴黎市政典当行的主要典当品种，且典当金额已创下新高，即一家公益当铺的业绩，比 7 年前全国 44 家公益当铺的总效益还高。据统计，1936 年前后，该典当行在巴黎市共有 3 家分店、15 家办事处，直接从业人员 660 人，还新建了一座高达 13 层的大厦，派头十足，闻名遐迩。

二次大战后，巴黎市政典当行再现辉煌。20 世纪 50 年代，该典当行共有 4 家分店、22 家办事处，成为全球最大的公益典当行之一。在典当类型方面，这家典当行着重开展了汽车质押贷款业务，并为此目的修建了大型汽车修理间。汽车典当时，折当率平均为每辆汽车现值估价的 20%，典当年利率为 2%。

1984 年和 1992 年，法国颁布施行银行法和特殊法，规定典当行是法国 6 类信贷机构中的一种，统称“市政信贷银行”。这类银行是唯一被授权从事典当的机构，还可以如普通银行那样吸收存款等，目前法国共有 20 家这类银行。

20 世纪末期，法国的典当业依然兴旺，公益典当则继续一统天下。据统计，1984 年法国去典当行的人次为 33 万，总共获取当金高达 2.86 亿法郎（约合 4.3 亿元人民币）。

有着 230 多年历史的巴黎市政典当行，坐落在巴黎繁华的马莱区鳞次栉比的二三百年古老建筑中，不过今天的招牌已经时尚了很多——巴黎信贷所，而且是巴黎市政府所辖的一家地道“国字号”金融服务机构，即是一种从属国家政府管理的非银行性质的金融机构，是一种特殊的融资机构。如今，信贷所的业务不断扩大，包括给客户提供各种质押贷款，即通过对收押物品价格评估来确定对客户给予相应的贷款金额，双方合同到期后客户必须向信贷所偿还贷款本金及利息。

在信贷所的贷款说明书上，可以看到所列当物均是一些有价值的贵重物品或者曾经在拍卖行竞拍过的物品，如珠宝首饰、名贵手表、画卷雕塑、银器壁毯、玻璃器皿、老式家具等。相比银行借贷业务，信贷所提供的贷款合同时间非常灵活，随时可以申请还贷、解除质押、取回典当物；其次申请贷款手续简单，只需携带身份证、住址证明和质押物，经过估价，当场就能得到贷款；而且执行的贷款利率也较一般银行略低，所以贷款顾客来自各行各业，包括合法入境的外国公民。据了解，信贷所每年平均接待约 14 万顾客，其中半数是外籍顾客。

巴黎信贷所真正为老百姓雪中送炭，解决燃眉之急，成为补充银行业务不足的一家重要金融机构。至于合同到期时贷款人出现还款困难，有两种解决办法，要么再续还款合约，要么放弃质押物品由信贷所处理。对于后者，信贷所会将质押物品进行拍卖。拍卖所得用于还本付息，如有盈余，多余款将退还顾客；假若拍卖所得不够还本付息，不足部分也由信贷所自行承担。这也是巴黎信贷所备受顾客欢迎的又一优势。

案例 17　典当行营销广告

您急着要用钱吗？请到巴黎市立典当银行！

1. 任何有价值的物品都可典当：珠宝首饰、手表、银器、古董、家具、绘画、雕塑、貂皮、红酒等。

2. 当天估价，当天放款，利息合理：借贷金额是经由鉴定师评估此物品在拍卖市场上价值的 50%～70%，借贷金额最低 30 法郎，最高没有上限。年利息约 9.4%～15.6%（2008 年 4 月）。

3. 顾客可随时赎回典当物品，利息则以偿还日来计算。一年到期后，如果顾客想延长合约，只要付了利息，即可续约。若顾客无法付利息以续约，典当物品会公开拍卖。拍卖后，如有盈余，多余款项将退还客户。相反的，不足部分由本行自行吸收。

4. 需要哪些证件：身份证明与住宿证明（3 个月内的房租证明或电费收据）。

5. 开放时间：周一至周六 9 点 00 至 16 点 30（中午不休息）。

(2) 大众典当图方便

在法国，当铺称被为 mont - de - piété，虽然一个名字，但它却有两个“绰号”。

人们把当铺称作“姑姑”。这显得极为亲切，突出当铺在法国人经济生活中的地位。为什么会有这个昵称呢？这里面还有一个有趣的故事呢。相传古代，路易·菲利普的三儿子是一个大赌徒，常常赌博，为了归还赌债，他把自己的手表当在了当铺。他不敢把这个消息告诉他的妈妈艾美利皇后，皇后发现他没有戴手表，就质问他手表哪里去了，他撒谎告诉皇后说：“我把手表忘在姑姑家了。”从此，法国人就把当铺昵称为“姑姑”。

还有一个绰号是“钉子”。“钉子”这个绰号来自于人们习惯于在当铺把物品挂在钉子上，这个实践最初来自法国的昂热，后来人们把当铺称为“钉子”，把去当铺典当，叫做“放在钉子上”。

在法国巴黎，当铺迄今仍保存很多雨伞，就连这些雨伞都有许多背后的逸闻趣事。其中一把伞是路易·菲利普的一个大臣的小女儿的，这把雨伞整整续当了25年。还有一把伞竟然在当铺呆了47年，由于年代长久，这把伞放在账单下都已经坏了，负责当铺管理的职员看见该伞，就把它赎回并准备还给伞的主人，但伞主人拒绝了这个小小的恩惠，最后雨伞又回到了当铺。

1928年，由于寒流袭击巴黎，天寒地冻，很多穷人饥寒交迫中死去。当铺决定免费发放小件保暖用品：被子、毛呢围巾、鸭绒压脚被，两天后，这个措施扩展到男士外套、女大衣，甚至内衣。

2003年1月30日，一位顾客来到某典当行，54年零4月16天前，他曾经在该当铺典当了一套首饰。当日，该套首饰（一个项链和一个纪念章）被该顾客赎回，尽管在这些典当的年月中，当铺规定需支付典当利息。这个具有历史意义的首饰又回到了主人手中，主人把它给了自己的小孙女。

不仅如此，人们甚至可以找到1893年前法国昂热当铺的当物清单：

衣服2323包：17825法郎；
银器2092件：34080法郎；
铺盖145包：1671法郎；
挂钟51个：676法郎；
镜子21面：175法郎；
行李420包：1755法郎；
雨伞18把：66法郎；
床垫17个：117法郎。
火枪1支：15法郎；

如今，法国人依然热衷于典当，把它当做日常经济生活的一部分，一种传统的理财方式。

案例 18　红酒典当

如今在法国，红酒不仅是饮品中的佳酿，而且成为大众理财工具。

2008 年 4 月，巴黎信贷所两天就接收了 200 多瓶名贵红酒，当金总额 4.5 万欧元（约合 7 万美元）。该典当行因此成为法国历史上第一家受理红酒为当物的典当行。

其总经理康迪尔德表示："我们看见这么多人这样做（典当红酒），感到惊讶。我们的红酒专家很兴奋。"他指出，典当行之所以接受红酒典当，是因为红酒是法国人的重要资产之一，且红酒市场价值较为稳定，尤其是珍贵的红酒更不时升值。他说："如果你有一瓶好酒，价钱不会下跌，甚至可能升值。"

康迪尔德希望接受红酒典当可吸引那些不愿典当珠宝首饰、名表、油画和皮草等物品的客人。他说，相比典当其他物品，典当红酒较为低调，"你只要从酒窖拿出几瓶红酒，不用从墙上拆下油画，或者从妻子颈上取下项链，故邻居和亲人都不会察觉。"

康迪尔德说，典当行推出"红酒"融资业务后，一名巴黎医生典当了价

值1.7万欧元（约合2.6万美元）的红酒，其中包括一瓶1961年产的彼得吕斯红酒。这瓶酒被不少品酒专家认为是世界上最棒的红酒之一，在英国售价高达6000英镑。这名医生刚走出典当行，一名妇女便走进来典当了6瓶波尔多酒，价值240欧元（374美元），获得120欧元（187美元）当金。根据该当铺规定，客人可借到当物价格一半的钱，当期12个月。

4月4日，该典当行在其总部召开新闻发布会，着重介绍其最近新推出的红酒典当业务。康迪尔德介绍说，红酒典当业务推出至今仅半个月时间，已收到400多瓶酒，其中包括一瓶1893年产的白兰地。为了推广该业务，巴黎“市政信贷”典当行收购了原来由一家私企管理的酒窖，其最大窖藏数量可达9万瓶。

有资料显示，过去5年中，法国人依靠典当解燃眉之急的人数上升了35%，其中大多数是女士。“我们希望更多的男士能够学会利用典当，”康迪阿尔德说，“我相信，我们会满足更多顾客需求。”

（3）金融危机典当火

由于这几年欧洲经济的持续低迷，加上2008年美国金融危机对全球经济的冲击，也对普通法国民众生活上产生了一定影响，有些法国人为了保证自己浪漫的生活水准不至于下降，不得不去典当行典当自己的贵重物品，来缓解自己经济上一时的紧张局面。

法国唯一一家可以给80岁以下的人提供典当借贷的机构——巴黎信贷所，近日来人头攒动，反映部分民众遭遇经济困难。

该所宣传负责人沃格特解释说，“今年初以来，典当部门接待客人的数量增加了20%，4月份开始增幅更快，这是本行员工记忆当中最高的。”他强调，“典当是一个精确的失业测量器，因为国家统计和经济研究所的一项调查显示，借贷需求的曲线与失业的曲线是平行的。”

从当铺发展而来的巴黎信贷所位于巴黎第四区。这里接待过各个阶层的各种人物，客户当中绝大多数是女性，占80%，移民的比例很大，占40%，她们来典当贵重物品，其中80%是首饰。不过，也有人来典当艺术品。沃格特介绍，“我行是继卢浮宫之后艺术品的第二大存放地，在最近的拍卖活动当中，拍卖了伦勃朗、德加斯和雷诺瓦的作品。”此外，还有人典当酒、乐器、手表和皮草。信贷所最多提供估计价值50%的现金。借款人可在一年或者数年之后赎回典当物，所支付的年息是9%～12%。也可以把典当品拍卖，信贷所负责组织拍卖会。拍卖估价人彼得介绍说，93%的典当物品均由物主赎回，这表明我们的服务非常有用。

不过，在经济走好时最受欢迎的当品——房产，如今典当的价值已大幅缩水，而牛市时一度坚挺的股票则更是令典当行避之唯恐不及。相反，诸如黄金、珠宝、貂皮、名表这些平日不被大多数典当行看在眼里的贵重物品，自金融风暴到来之时却大大凸显出自己的价值，成为最受欢迎的当物。

另一方面，经济形势不好时典当行固然能增加不少商机，但经济如果持续下滑对典当业也并非一件好事。正如一名法国典当行老板所说的，“（经济持续不景气会）导致抵押给我们的房产、汽车最后不能还本，不能付息，这就像银行的不良贷款一样，最终导致抵押物品积压到典当行身上”。

（六）俄罗斯典当业

典当在俄罗斯起源较晚。然而，几个世纪以来，无论社会形态如何更换交替，俄罗斯始终没有中断典当业。

沙皇俄国时代，俄罗斯的官办当铺颇为时兴。1733 年以前，俄罗斯国家造币厂曾兼营过典当，以黄金或银器做押，向社会公众发放贷款。1754 年后，国家抵押银行也兼营典当，成为当时实力最雄厚的质押贷款机构。

据史料记载，沙俄时代的官办当铺分布范围较小，只限于首都圣彼得堡和中心城市莫斯科，其他城乡地区则是民办私营典当的天下。

1917 年十月革命后，旧式当铺一律被改造为国有企业。当时规定，除有价证券外，一般动产均可典当。折当率实行差别制，贵重物品典当，按时值估价的 90% 折当；其他物品典当，则按 75% 左右的比例折当。典当期限 4 个月，但允许清偿利息后展期至第 14 个月止。典当利率由各地方政府规定，并经中央政府财政委员会核准后实施，全国利率不统一。如在前苏联首都莫斯科，当物 1 卢布以上、5 卢布以下者，典当月利率 1. 5%；又 15 卢布以上、25 卢布以下者，月利率 1. 75%；再高者则为月利率 2%。

20 世纪 80 年代后期，典当业在苏联仍很兴旺。1987 年，莫斯科共有 8 家典当行，均属国有官办性质。当年典当金额累计高达 7800 万卢布（约合 4 亿元人民币），上交国库的利润也有 1000 万卢布。该市典当业之所以如此红火，有两个主要原因：

1. 典当市场需求旺盛

莫斯科人口约为 900 万，8 家典当行显得远远不够。每天清晨，典当行门口就有当户排队等候，而这条长龙整日都不间断，许多人为了典当甚至要花上近一天的时间才能如愿。

在排队典当的人当中，有些是受到命运打击而愁眉紧锁的不幸者，有些是为婚丧嫁娶而筹备资金的大忙人，还有衣着颇具特色、成群结伙来贷款的吉卜赛人，更有为了购买一小块园地、一辆汽车或出国旅游而不惜把家中传世珍宝拿来换钱凑数的青年。总之，莫斯科的当户形形色色，每天都那么多，这使典当行的生意异常火爆。

2. 国有企业信誉度高

前苏联的官办当铺与旧式当铺相比，经营方式并无大的改变，但作为国有性质的典当机构，人们对它的商业信誉却十分看好。在许多人眼中，这些典当行与国家银行没什么两样，甚至有人认为它就是“以动产为质押的国家贷款银行”。因此，当人们在生活中偶遇困难又告贷无门的时候，他们就会首先想到去典当试试，典当一把，以解燃眉之急。

广大当户的这种典当心理和当铺情结，自然是莫斯科典当业日益走俏的原动力。在前苏联，典当期限最长为4个月，当期届满，即按绝当物处理。一般当物类型包括：金银首饰、刻有久远年代和工匠姓名的贵金属餐具、名贵皮货、水晶石制品、贵重的壁毯、古老的圣像、值钱的家具等。典当金额则因当物各种情况而不同。如当时一公斤白银可当700卢布，1克黄金制品可当26.30卢布，等等。为了促进典当业的健康发展，1987年9月，莫斯科典当行的经营管理开始进行改革。其基本做法是，由典当行员工组成作业队，集体承包该典当行，扩大经营自主权，对上包死上缴利润等费用，余下部分用于典当经营和员工福利。据悉，改革不到两个月，各典当行的员工积极性都被充分调动起来了，工作效率平均提高了50%以上。

然而，莫斯科的典当行也并非一帆风顺，最恼人的便是绝当物处理。

首先，当户干扰绝当物处理。尽管典当法规有言在先，当期届满当物变价典当行受偿，但若真按规定处理一件绝当物却绝非易事。有的当户会跑来对典当行员工大喊大叫，甚至大哭大闹，声称：“当铺利用我们的不幸发大财……”想出种种理由来证明典当行的行为是非法的，故此典当行要常上法庭参与诉讼，搞得焦头烂额。据统计每家典当行每个月都要打上百件官司。

其次，市场制约绝当物处理。20世纪80年代末，前苏联数次降低水晶玻璃器皿、壁毯、纺织品等商品的价格，这使典当行销售这类绝当物会遭受很大损失。另外，典当行处理绝当物通常送往寄卖商店，即采取变卖方式而非拍卖方式。对方往往挑三拣四，不愿意代售，或提出价格分成方面的苛刻条件，致使典当行处理绝当物得不偿失。

90 年代初苏联解体后，俄罗斯的典当业进入一个新时期。其最大的变化就是，国有典当行改为民办典当行，许多公营典当行被私营典当行所取代。

如在圣彼得堡市，一家名为“伦巴蒂联合典当公司”的典当行，是由几位前苏联空军部队官员建立的。这家公司开始仅占地 85 平方英尺。而 1994 年。该公司在圣彼得堡市（该市人口约 500 万）开设了两家典当行，并成为有 3000 多名股东、持有 50 亿卢布（约合 230 万美元）资本金的大公司。至 1995 年底，该公司占有圣彼得堡市 8% 的典当市场份额。1995 年 8 月，公司董事会决定招募一名俄罗斯军事科学方面的数学家以发展财务数学模型工作，从而促进公司的典当事业。这种模型能依据当前市场状况，显示典当经营中的最佳参数，如利率高低、黄金类当物的买卖价格和当期长短等。与此同时，该公司计划部门设计了新的电脑软件，允许每家典当行每天的典当交易可在 400～1000 笔之间。新的技术模型和新的电脑系统为公司的典当经营带来了良好业绩。1996 年，该公司新增客户 7 万名，平均每月典当交易笔数达到 3 万，1～12 月当金发放额增加了两倍多，此公司在圣彼得堡市新开了两家典当行。目前，该公司已占有全市典当市场 39% 的份额，位居第二。

（七）瑞典典当业

瑞典是北欧小国。国土面积 45 万平方千米左右，人口约 900 万。该国典当业形成于近代，至今作为民间金融业，仍发挥着一定的作用。

早年，瑞典的当铺类型丰富，公营和私营皆有，均为营利性质。

如瑞典首都斯德哥尔摩曾有一家市立当铺，年典当利息 10 分，但后因经营管理不善，造成连年亏损，故被迫倒闭。

1880 年，著名的潘克 · 阿克蒂当铺问世。这是一家民办私立当铺，主要经营动产典当，并按当物类型的不同收取差别典当利息。它规定：凡家具衣服等低值当物，月利息 3 分；而金银器皿等高值当物，则月利息降为 2 分。不久，另一家私营当铺与之展开竞争，典当月利息只及阿克蒂的一半，迫使阿克蒂也只好将普通当物的月利息削减 50%，只维持高值当物的原月利息水平。

在瑞典，长期以来并没有典当专项法规，政府当局通常采取发布公告的形式，禁止典当双方质押赃物或来历不明的物品。

从历史上看，瑞典私营当铺的规模总是要比公营当铺小一些，但其中也有采取公司组织形式的典当行，其规模和实力均能与公营当铺相媲美。

当代瑞典典当业的情况十分有趣，列举如下。

1. 关于典当业监管

目前瑞典当铺均属私营，公立当铺早已销声匿迹。这些当铺由设在全国的13个地方行政委员会负责监管。

2. 关于当铺数量

如今瑞典全国共有大小当铺40家，平均每22.5万人一家。

3. 在典当期限方面

瑞典实行弹性当期，一般规定，按典当金额的多少定位，最长的典当期限4～6个月。

4. 在典当金额方面

据统计，每笔典当交易平均发放当金的数额为2035瑞典克朗，约合2300元人民币。这样的当金水平在世界各国典当界都是很高的，它表明，瑞典当户融资需求大、物价水平亦高，当金过少不足以合理使用或消费。

5. 在典当利息方面

瑞典实行差别利率，即根据典当金额的大小收取不同的利息。一般规定，年利率为38%～45%，约合月息3.2分～3.8分之间。

6. 在对外交往方面

瑞典典当业协会是英国全国典当业协会会员，并与美国全国典当业协会保持着十分密切的关系。

三、亚洲其他国家典当业

（一）日本典当业

日本是历史悠久的国家，随着社会经济步伐的不断前进，典当业也日益兴旺发达起来。作为金融业的一个重要分支，日本典当业曾经历过从民办到官民同办再到民办的纷繁多变的过程，盛衰荣枯皆有，始终在寻找自己合适的社会定位。

1. 古代典当业

日本典当业的历史跨度仅次于中国，且其典当业又与中国典当业有着十分深刻的历史和文化渊源。

（1）封建社会早期的典当

日本是中国的近邻，自 6 世纪末开始向封建社会过渡，其间在各方面颇受中国的影响。646 年大化改新后，仿照隋唐封建集权制度立国。由于政府频繁派出遣隋使（603—604）、遣唐使（630—894），故中国文化特别是佛教迅速传入日本，开始广泛流行。

在吸收佛教文化的过程中，日本僧人也把中国寺院设立质库的做法学到了手，并移植到日本国内。至今在日本人的口语中，当铺仍叫“质屋”，便是明证。对此，日本学者藤野惠在其《公益质屋法要论》中指出：“自奈良朝至王朝之间，留学中国之僧侣，将中国之无尽藏长生库之制度，传至日本。为日本寺院增值财产营造伽蓝之财源。”这里所说的长生库即为中国南北朝时期颇兴的佛寺质库，而奈良朝当为公元 710—784 年，佛教文化十分繁荣。

其一，僧办典当。

日本典当创建于 9 世纪左右，时值平安时期（794—1192）。当时，公卿贵族凭借强大的庄园地主经济实力，在政府中的地位日益重要，甚至握有随意废立天皇之权。如大贵族、世代外戚藤原氏家庭，曾左右朝政、骄横专权达

200 余年（858—1086）。在日益激烈的政治斗争中，皇室和一些无权贵族便往往假名出家，结托寺院，通过广为布施捐赠，拉拢僧人建立统一战线，致使寺院经济逐渐发达，一方面成为反抗藤原氏的据点而具有特殊政治作用，另一方面又成为拥有雄厚财力得以开办典当的原始机构。从后一点来说，日本僧办典当的情形与中国十分相似，这也从一个侧面反映出中日文化联系源远流长的特点。

其二，民办典当。

日本民办典当起源于镰仓幕府时期（1192—1333），当时当铺被称为“库仓”。以后，民办典当大规模出现于室町幕府时期（1336—1578）。由于商品经济迅速发展，货币关系大为发达。13 世纪初购买土地时，60% 以上用大米折价，货币只占 30% 左右。到 14 世纪后期，购买土地仅须付出折价大米 6% 左右，而 90% 以上都用货币支付。这种情况表明，社会上对于货币的需求量已经空前增长，即便将军和各级武士，也因奢侈生活和战争费用的需要，日益垂涎货币，不断地向商人举债。于是，致富的商人便拿出一部分资本开办当铺，称为“土仓”。土仓不仅收取金银珠宝、衣物农具作为质押品，有时也接受贵族、地主的土地作为抵押。

民办典当的发展，逐渐引起幕府的妒忌和恐慌。这是因为，以当铺和其他高利息形式为代表的商业资本的发达，促使大批武士日益丧失分封土地，从而影响了幕府的贡赋收入，动摇了幕府统治的经济基础。面对这种情况，早在镰仓幕府末期的 1297 年，幕府就曾颁发过《德政令》，即用法律形式强迫商人放弃对武士的债权，使得他们得以收回典押的土地和动产。室町时期，鉴于当铺亦有威胁幕府统治之兆，故幕府宣布对当铺开征重税，作为一项财源对待。然而，征收当税的举措并没有使当铺的经营受到大的影响，相反却促使其通过进一步实行高利率将财政负担转嫁到当户身上。于是，此举又使当铺作为债权人同广大下层劳动人民为主的债务人之间的矛盾日趋激化。

1428 年，日本京都附近的农民暴动。起义者猛烈袭击当铺，夺回典当物品，并烧毁大量当票，此举称为“德政暴动”。1441 年、1467—1486 年和 1562 年，亦发生过一些重要的暴动事件，使日本封建时代的典当业受到巨大冲击。

室町后，幕府以法律形式规定了当物和当期，如 1433 年宣布：“个人日用品可作为当物抵押，但身上穿的衣服典当期限为一年，而武器则可抵押两年。”为防止典当双方矛盾纠纷，幕府还于 1538 年实施一项法令规定：“当户如欲负债潜逃得依法论处，当铺取利须受政府监督，暴徒袭掠当铺得予制裁。”

日本当铺

(2) 德川幕府时期的典当

德川幕府时期（1603—1867）是日本典当业发展的一个重要阶段。从此时起，日本当铺始称“质屋”。这一时期的日本典当业有以下三个特点：

其一，法律逐步健全。

1765 年生效的一项法律，针对大批盲人经营当铺的状况宣布：“禁止盲人从事典当业。”1790 年颁布的著名的《百项条款》，还对过期当物的拍卖、当铺侵权行为的制裁等方面，做出了详尽的规定。典当法律的实施，反映了这时期日本封建统治阶级对国内金融机构的控制，以及力图缓和不同阶级之间债权人与债务人的紧张关系的愿望。

其二，机构分布广泛。

德川中期以来，日本的商品经济急剧发展，商业资本空前积聚，富商大贾随处可见。反映这种情况的重要标志之一，就是金融机构的多样化程度迅速提高。除了当铺等传统金融机构之外，钱庄也大规模崛起，并逐渐居于霸主地位。18 世纪头 10 年，“大阪的钱庄商，把很小的也包括在内，约有 1100 家，大阪商人的贷款业，具有极大的活动领域。……‘全国的利权，都落到了钱庄们的手里’。”由于城市金融业为钱庄所垄断，故迫使难与匹敌的典当业势力向广大农村转移和渗透。据史料载，那时“当铺广泛存在，几乎在每一个村镇都有，通过收当个人用品、家具从事放款活动”。

其三，当户武士增多。

武士历来是幕府统治的重要阶级基础，为幕府政权的建立和巩固立下过汗马功劳。德川时期，全国居民分为四个等级，即武士、农民、手工业者和商人。武士居“四民”之首，其上层还享有各种特权。但至德川后期，随着商业资本日益成为控制幕府财政的支配力量，且将军、大名（封建主）也常常向商人告贷，遂使依附于他们的中下层武士在经济上一落千丈，不仅失去禄米，而且陷于异常窘困境地，频频光顾当铺借贷。史料就曾披露：“武士中不论大小，一般都是贫困。尤其是那些俸禄低微的武士，更是困苦之极。”“将军的赏赐物，也被送进当铺，或是出卖求现。”“甚至于有些穷武士，为了参觐当值必须由当铺借用衣服，回来时径直奔当铺脱衣奉还。”此处可见，武士已成为当铺经常性的稳定客源，其负债累累，典当一空，连上班衣着也须当铺提供，不能维持家室温饱更可想而知。

2. 近现代典当业

（1）资本主义时期的典当

1868 年明治维新后，日本逐步确立起资本主义制度。这时，日本典当业的发展也进入了有史以来的顶峰时期。

明治初期时，当铺数量最多。70 年代中期，全国共有大小当铺 2.5 万个左右，放款总额为 2500 万日元，平均每家当铺放款 1000 日元。放款数额虽小，但此时当铺却能够在一定程度上满足农民、小商贩和手工业者的融资需要。加之当铺利率较低，故使普通当户易于承受。1885 年，日本当铺的利率仅为年利 20%，即合月息一分六厘强。直到 1898 年左右，当铺的官定利率才有所调整，从单一制改为分级累进制。《日本当铺取缔法》第九条规定：“放款二十五钱以下者，一个月一钱。一元以下者，月利 4%。五元以下者，月利 3%。十元以下者，月利 2.5%。”

明治后期，日本典当开始走向衰落，表现为规模普遍缩小，业务逐渐萧条，且无论从其放款对象还是放款利息来看，都反映出日本进入资本主义社会后的某些特色，即不断扫除资本主义道路上的封建障碍，在金融领域采取促使商业资本和高利贷资本向银行资本转变、逐步排挤典当业的政策。然而，尽管典当日暮途穷，但却一直没有消灭。正如《日本金融通史》一书所说："当铺等下级金融机构，在整个明治时代中，有不少存在，其资金量视地方不同，竟有超越银行以上者。"

进入20世纪后，日本典当业仍有较强的生命力。在日本金融领域内发挥着自己独特的作用。

其一，社会贫困化导致典当红火。

众所周知，典当与一国人口的生活贫困化存在某种必然的联系。20年代的日本，社会公众中的"平民"，往往成为该国当铺的常客，就是明证。对于何为"平民"？日本东京市政调查会曾定义为："凡收入常感不足，维持本人及其家庭生活，并发展其所获必需之物资能力常难充分者曰平民。"另据东京市社会局大正九年（1920年）9—11月调查：东京市内平民约有7.4万人，平均每千人当中为34人；其中负债平民家庭占43.5%，不负债家庭占56.5%，负债家庭平均负债额为9.82日元。故此，平民者、负债人便频频走向民间借贷的路子或不时光顾当铺。有资料显示，大正八年（1919年）东京半数平民家庭利用过典当方式融资，全年平均每户家庭进当铺24次强，即每月2次强。以典当者人次计算，每人典当89次，即每月7次半，平均每4天便光顾当铺一次。

这些当户大多数以衣服、被褥、锅釜等日用必需品作为当物融资，且皆为早当晚赎，以维持一天的生活用度，其中许多人离开当铺根本无法生存下去，对典当的依赖性到了令人吃惊的地步。而且，随着社会经济的不景气，不仅平民利用典当，就连中产阶级中也通过典当融资的人也出现了有所增多的趋势。

于是，日本当铺的保有量仍十分可观，据大正十二年（1923年）日本内务省警保局调查，当时日本全国共有民办营利当铺1.9649万家，其中又属东京、大阪、神户、名古屋、京都、横滨等6大城市当铺居多，达2393家。另从大正十四年（1925年）内务省调查披露的信息来看，日本典当业的经营状况更是一目了然。

短短两年期间，日本全国的当铺数量已锐减1797家，下降比例为9.1%。尽管所剩当铺总家数仍比当时日本所有的其他金融机构的总和大，但业已反映出日本典当业开始逐渐走下坡路的态势。另外可以发现，日本城市的当铺数量明显少于乡村，但其对外发放的典当金额却远远超过乡村当铺的贷款量，表明城市中下层民众对典当市场的日常需求相当旺盛。再看每笔当金的平均数额，城市当铺为7.26日元，乡村当铺为4.99日元，这无疑反映出广大平民百姓是当铺的主力客户。

另外，日本6大城市全年的典当发生额相当高，累计已占到当年全国各都市典当总额1.07亿日元的59.8%，高达6339.6万日元。其中东京、大阪、神户三市更是力拔头筹，令人刮目相看，共计发放质押贷款5464.8万日元，占到全国都市典当总额的51.06%。而东京、神户两市当铺中的赎当金额数量则很大，表现为赎当率较高，分别为74.69%和82.97%，这使广大当铺能从典当利息方面稳增效益。

其二，多元化经营促进典当发展。

20年代的日本当铺，一般为民办营利性质，多由家族式经营，即祖辈几代均为当铺老板。如大正十三年（1924年）东京都市计划区域内的典当从业人员，总共1602人，其中家族成员1013人，外雇聘用589人，前者占从业总人数的63.23%，后者有些当铺里根本没有，表现为外人很难进当铺谋生。

那时的当铺，普遍规模较小，内部员工甚少，如上述东京计划区共有当铺883家，平均每家的典当从业人员尚不及两人。另一方面，这些小型的家族或个体当铺，其资本金数额通常也很低。一般来说，城市中的当铺资本金在1万日元左右，而乡村中的当铺则在5000日元以下，整个日本全国资本金在10万日元以上的大当铺仅有二三家。

在这种情况下，因资金薄弱而遇典当交易量增多时，这些小当铺便要求助于“转质”方式予以解决。它很类似中国旧社会的所谓“代当”，即小当铺将向当户收进的当物，再倒手转押给实力雄厚的大当铺，从而借此扩大营业范围和典当交易量，以图居中牟利。转质中的小当铺称“子当铺”，而大当铺称“母当铺”，小当铺扮演着二传手的角色。

为了有效地生存和发展，日本一些小当铺不仅热衷于转质业务，而且积极地兼营其他，从事多元化发展和扩张。最普遍的现象是当铺兼营衣庄或旧货庄，既发挥金融功能，又发挥商业功能。还有一些小当铺从事货币兑换业、旅馆业及不动产买卖中介等业务，千方百计拓展经营空间，以典当业为基础和核心，向其他行业横向发展，如此成为20世纪前期日本典当业特别是民办典当一个十分突出的特色。

另外值得注意的是，民办典当之所以搞多元化经营和发展，还在于日本典当法规健全，尤其是税收制度较严，致使典当业风险很大，经常难以防范和规避。

其一，典当法规要求：如当铺收当赃物，一经查出，其当物即被没收，不论善意还是恶意，处理结果相同。这使当铺不断受到赃当的困扰，别图一个保险的行当以求解脱一些。

其二，对于从事典当交易的当户，国家税务吏一旦发现其本身有滞纳税金事实，便可根据日本国税征收法，将当物予以没收，并通过拍卖变价充抵税金。于是，当铺便会因事先毫不知情而遭受不测之损失。如昭和元年（1926年）京都市统计，当年该市因当户欠漏税等原因，造成各家当铺被没收拍卖之当物共235件，合计典当金额625日元。尽管这笔钱现在看算不上什么大数，但在当时对各家当铺来说，却还是有剜心割肉之痛。

（2）公益典当兴起

在世界典当发展史上，按照典当由谁设立兴办的角度，可将典当划分为民办典当和官办典当两大类型；而从典当是否以营利为主的角度来看，又可将典当划分为民办营利典当、官办营利典当和官办公益典当。

民办典当一般为私立典当，官办典当则既有官僚个人自营，也有社会团体主办或政府机构主办三种情况。其中官办营利典当又称公共典当（英文为public pawnshop），而官办公益典当又称公立典当（如马克思在《资本论》中也曾提到，是指具有社会救济性质的典当，最早源于法文 mont－de－piété），不以营利为主，类似慈善机构，一般为某个组织经营。

公益典当是欧洲国家的发明。它在产生时间上晚于营利典当和公共典当，最早出现于意大利。日本的公益典当于大正元年（1912年）露面，第一家是宫崎县细田村营当铺。经过10多年的发展后，至昭和四年（1929年），全国共有210家，典当业中的一个分支——公益典当业已颇成规模。

其一，公益典当市场活跃。

日本公益典当最大的特点之一在于，典当利息轻于民办营利当铺，具有明显的公益性。例如，公益当铺对于小额质押贷款，一般不计利息，或即便计息，亦不论当金数额多寡，一律收取相同的利息。这与营利当铺通常实行差别利息制——当金额小当息反高完全不同。当时，这些公益当铺的典当利息统一为年息1.25分，符合日本民法所规定的法定最高利率。

在这种情况下，公益典当便受到广大社会公众的普遍欢迎，典当市场空前繁荣，市场份额越做越大。有资料显示，1929年度，日本全国210家公益当铺总共发放质押贷款823.3万日元，赎当金额502.7万日元，赎当率61.06%，当金余额320.65万日元，其中有相当一部分典当期限未满，故绝当率并非很高。从当户数量来看，全年共计68万人（不含典当二次以上者），其中工人约占40%，职员15%，小企业主10%，小商贩6%，余为农民、渔夫等。

另以东京14家公益当铺的经营状况为例，1929年全年典当金额110.5万日元；而营利当铺686家，同期放款总额为3718.3万日元。两相比较，公益当铺每家全年发放质押贷款7.8929万日元，而营利当铺每家全年发放质押贷款的平均额仅为5.4203万日元。由此可见，公益典当的市场营销能力大大超过营利典当，在日本典当市场上的竞争能力也日益增强，一度保持领先地位。

此外，公益典当即为官办居多，故其内部人事制度、员工配置，也理所当然地呈现出许多官方色彩。

如在东京市公益当铺，所有员工均由市政府社会局官员担任，受社会局公营课长领导和监管，属于典型的官办公益典当体制。而在公益典当首铺——细田村营当铺，员工有主任、会计、实习生、事务员、小使各一人，但主任由村长或村长助理兼任，不享受薪资；会计则由该村副会计兼任，负责鉴定评估当物，出纳金钱等工作。日本其他一些地区的公益当铺，内部的人员安排情况亦大同小异。应当说，这种做法并不是从事典当业的最佳选择。

尽管日本公益典当存在各种缺陷，但它在20世纪前期仍是利大于弊，有利于日本社会公众日常拓宽融资渠道的需求，故公益当铺的数量逐渐增多，分布日益广泛。

1898年甲午中日战争后，日本强行割让中国领土台湾，在台湾建立起殖民统治。其间，公益典当机制也从日本引入台湾。如大正年间（1912—1926）台北、台中两城市均有公益当铺开办，当铺主任受政府知事等官员领导，并设候补主任、管库等职，负责当铺的日常经营和管理。

其二，公益典当资金充足。

公益典当的经营管理及人事制度并不适合市场经济的发展需要。然而，其官办体制的金字招牌却给公益当铺带来了不少好处，其中之一便是企业的资本金来源可靠，相当充足。

一是多元化的资金渠道。

20世纪前期的日本公益典当，每家当铺的资金来源，一般都有以下几个途径：①政府或上级主管部门拨款或借款；②公共团体之借款；③各类捐助；④个人或法人出资；⑤银行贷款。

如1912年10月细田村营当铺创设时，由该村基本财产项下借入5000日元为当铺资本金，年利息6分，规定从大正十五年（1926年）度起，才开始渐次偿还，头14年属于并无太大压力的使用，享受到中长期贷款的优惠待遇。再如日本占领台湾时期的“台北市公营当铺”，作为公益典当开办之初，其共有资本金35万日元，其中20万日元为借款，另15万日元由市政府拨款补助，借款定为在15年间陆续清偿。又据大正十三年（1924年）12月底调查：“台中市公营当铺”共有资本金10.5万日元，其中8万日元为政府从救灾款项中拨付，余亦为市政府所负担，二者均于每年度做一次清偿，第二年再行续借。

二是有保证的资金支持。

日本公益典当不仅资金来源灵活多样，而且具有政府等各类机构或组织给予强有力的支持和保障，款项可谓随用随到。

如一家“公益义仓当铺”设立时资本金1万日元，由义仓财团公益事业费准备金项目下所出，规定以当铺发放质押贷款的利息收入偿还。但同时规定，倘若当铺资金不足，则由义仓财团补充之；而如有剩余款项时，则将其作为当铺的特别公积金使用。

又如一家村营公益当铺，开办之初资本金由该村基本财产公积金项下借来，共计3万日元。对此，村政府明确规定，今后当铺在营运过程中，于必要时，可随时借入资金。

以上表明，在任何情况下，日本公益典当的资金，一般都能够得到比较有力的保障。这使它在与民办营利典当竞争的过程中，无疑多了一份胜算。

其三，公益典当有法可依。

日本是法制比较健全的国家。对于公益典当的风行，日本于昭和二年(1927年）便公布实施了《公益质屋法》，致使公益典当依法运作，有法可依，发展极为迅速。该法比较重要的内容有以下一些。

①关于当铺名称

该法规定：禁止营利典当使用与公益典当相混淆的当铺商业字号，以维持公益典当在社会上的信誉，防止民办私立的不法典当鱼目混珠。

②关于典当金额

该法规定：公益典当法定放款数额每笔交易最多为10日元，每家当铺日放款量最多为50日元。后因社会反响太大，遂改为对于生产用途资金每笔交易上限为50日元。每家当铺日放款量上限为300日元。

③关于典当利息

该法除维持年利1.25分的规定外，还允许公益典当的经营者，在特殊情况下，突破这一利息上限，收取略为高些的典当利息。当息按月计算，未满16日者，按半月计算。

④关于典当期限

该法规定：典当期限最长为4～6个月，绝当物通过拍卖进行处理。

⑤关于典当税费

该法规定：公益典当属非营利性质，故一律免征营业税及其他捐税。

在日本，不仅中央政府制定了公益典当法规，而且地方各级政府也有相应的公益典当法规，从而上下结合，依法推进公益典当业的不断发展。如在横滨市，有《市营当铺规程》及《市营当铺执务规程》；而在日本占领台湾时期的台北市，有《公设当铺业务规则》；等等。就是小小的细田村，由于公益典当业务的扩大，该村政府也制定了《细田村营当铺规则》，用来维护公益典当秩序，规范典当双方的行为并保护其合法权益，依法管理和推进公益典当事业。

3. 当代典当业

（1）战后典当业的兴旺

二次大战后，日本作为战败国被美国占领。初期，日本国内经济凋零，失业严重，社会贫困化迅速加剧，故典当业又从20世纪上半期的逐渐衰落重新走向繁荣。

有资料显示，1952年，有一家名为“铃屋当铺”的典当机构在东京创立。当时，正值战后不久的日本陷于极端贫困之中，该当铺每天接待的绝大多数客户都是填不饱肚子的贫苦人和大学生，他们用来典当的东西也基本上是值不了什么钱的破旧物品，但铃屋当铺来者不拒，典当交易量逐年递增，生意越做越大。于是，日本许多人纷纷效法，也开始投资典当，致使国内当铺越开越多，到1960年左右，日本当铺的数量再创新高，达到2万多家，几乎与近百年前的明治时期的典当业相媲美。

随着典当业的快速发展，日本国内各界对其关注的程度亦有所提高。如每年的7月8日定为日本的“当铺日”，这一天，日本全国的当铺都要进行盛大的宣传活动，把绝当的各类物品拿出来摆地摊，并高喊“大廉价”、“大出血”、“大甩卖”等促销口号，旨在吸引过往行人或相关客户前往购买。

在典当业监管方面，战后日本出台了《典当营业法》，规定典当业的行业监管部门为各地公安委员会。凡从事典当业的人均需经各都道府县公安委员会负责审核批准，但其从业申请书是递交给所在地区警察署转呈，警察机构属于日本典当业的具体治安管理部门。之所以由公安委员会负责审批监管，主要目的是为了防止不法分子利用当铺销赃。而由警察机构进行治安管理，则有利于政府部门及时了解和掌握各家当铺的日常经营管理状况，并防止赃物通过典当渠道流通。所以，《典当营业法》在关于审核条件项目中特别规定：“受到刑事处罚后不满三年者，不得从事典当业务。”这主要是为了防止当铺与社会不法分子相勾结，利用典当业这个十分特殊的行业进行违法犯罪活动。

另一方面，日本警察机构要求，各家当铺遇有可疑情况必须及时报告，而警察在必要情况下，亦可进入当铺营业地或当物保管地进行检查，并向有关人员提出问题。但警察机构对当铺的正常经营活动不予过问。

为了防范不法分子利用典当犯罪，日本《典当营业法》规定，当户持物典当时，必须出示有效证件，确认身份后才可进行。如当铺不进行身份确认或明知当物来路不明，仍进行典当交易，则属违法，须负法律责任。

（2）当前典当业的现状

20 世纪后期，随着日本经济的空前发展，特别是金融业的持续繁荣，日本典当业又发生了一些新的变化。

其一，当铺数量减少。

1987 年时，日本的当铺数量还比较可观，如当时东京一地就有各类当铺近千家。但截止 1998 年底时，日本全国才有当铺 4750 家，数量比 40 年前下降了 76.26% 。当铺数量减少的主要原因是：

①国家及企业的福利状况大幅度改善，社会贫困化程度明显降低，人们的物质生活水平日益提高，典当融资只限于救急而非救穷。

②日本社会保险体系逐步健全，国民在遇有疾病、意外事故等情况时，大多能从保险公司得到补偿，典当的救急功能也开始受到强有力的挑战。

③日本国内面向普通民众提供个人贷款的机构日益增多，部分当户被其分流，造成典当市场出现萎缩。

其二，典当机构调整。

80 年代以来，日本当铺的性质和组织形式出现了质的变化。

首先是公益典当基本上退出了历史舞台，全国现存的当铺均为民办营利性质，这与 20 世纪前期公益当铺在日本大行其道的情景已今非昔比。

其次是当铺的结构展现出新的特点，除保留个人独资形式的当铺外，典当组织形式还出现了依现代企业制度组建的有限公司和股份公司。根据日本商法规定：当铺若是有限公司，其注册资本金必须达到 300 万日元以上（约合 22 万元人民币）；当铺若是股份公司，其注册资金必须达到 1000 万日元以上（约合 67 万元人民币）；当铺属于个人独资经营的，则法律对其注册资本金的数额即名义资本没有明确规定。据统计，目前日本全国总共 4750 家当铺，多为资本不高、规模很小的私立夫妻店。即使全国最大的典当公司，其企业注册资本金也仅为 1 亿日元（约合 670 万元人民币）。且迄今为止，日本只有一家上市的典当公司，这与美国的现代典当业难以匹敌。

其三，典当服务改善。

尽管日本的当铺数量大幅度减少，然而日本典当业的服务质量和服务水平却有了很大的提高，迈上了新的台阶。近些年来，日本一些当铺适应社会经济发展和现代生活的需要，普遍进行了改建，装修得富丽堂皇，充分博取到广大客户的青睐。如前面提到的东京那家“铃屋当铺”，从外表上看依然是传统的旧式格局，但其内部装修与陈设令人耳目一新：四周墙壁上悬挂着著名影星的照片，不停地播放着流行乐曲，而且免费为当户提供香烟和咖啡。该当铺的女老板常说：“纵然日本今天已变得相当富裕，但有些人还是乐意跑当铺，因为在这里筹集资金手续简便，省时省力。”因此，这家当铺从不拒绝任何一笔小生意，即便典当500日元的小钱在东京只够买一杯咖啡，他们照样热情接待这类当户。

其四，资金来源稳定。

当铺属于袖珍金融机构，这在日本也不例外。因而，当铺的资金是否充裕，直接关系到质押贷款业务的正常进行。据资料显示，目前日本当铺的主要客户为30岁左右年龄段、收入较低的个人，当铺向其放款的每笔数额一般在5万～15万日元之间（约合3600元～1.08万元人民币）。如东京铃屋当铺每天的典当金额平均为900日元，经营效益良好，资金需求量极大。而依日本现行有关法律，允许当铺以自己的房产、仓库等不动产作为抵押，向银行举债，借贷经营，从而用于资金运作开展业务。

其五，动产典当为主。

半个多世纪以来，日本的典当物品几经变化，典当行收当的东西档次渐高，小型化、精巧化的特征日益明显，但仍以动产典当业务为主。

据东京当铺公会2000年的调查结果显示，战后三个时期的当铺各不相同。

第一时期（1950—1965）：五大当物的排序为服装、手表、相机、珠宝和家用电器。此外，饭锅、寝具、木工用具等日常生活用品也常被典当。

第二时期（1966—1985）：五大当物的排序为手表、珠宝、相机、贵金属和家用电器。服装已很少用于典当，但高尔夫球会员证等有价证券则可典当。

第三时期（1986—2000）：五大当物变为贵金属、珠宝、手表、名牌商品和相机。事实上，其中珠宝、手表和相机始终是日本典当业务中的主要品种，50年不变。

案例19　日本当铺中的奢侈品

随着日本人日渐富裕，当铺内的典当品也从衣物或锅碗瓢盆等民生必需品，转换成名牌皮包、贵重首饰等奢侈品，而且除了缺钱的人会来当铺外，不少年轻人也会抱着寻宝的心情来此购物。

东京神田的二手店“纪川”和“纪川当铺”相连，店内摆满了录像机、数码多功能影音光碟机、相机等，店员会热心地介绍各种商品，客人则多半是西装笔挺的上班族。

纪川当铺成立于1897年，1980年开始兼营零售业。社长（总经理）纪川尚男约20年前继承这家店，当时客户约九成是男性，典当品多半是随身听。不过，最近年轻的女性客户愈来愈多，典当品则多半是名牌皮包。纪川尚男说，女性比较不排斥使用二手货。

2007年9月，纪川另外成立了一家主要销售机械式高级手表、名牌皮包的店铺，店内装潢比总店明亮，为的就是要吸引女性顾客。另外，近年来增加特别多的商品是个人电脑和数码相机，不过这两种商品的生命周期短暂，并不适合当做典当品。

当铺保管典当品并借现金给客户时，利率最高是每月9%，比最高年利率为29.2%的消费者金融公司高，不过必须保管典当品3个月，这一点和专门收购旧货的二手店不同。最近当铺和二手店的差距愈来愈小，因为以前的客户是因为真的缺钱，不得已才把贵重物品暂存当铺，现代人对物品则不如以往执著、有感情了。

其六，未来发展趋势。

如今日本典当业仍处于香火很旺的状态，全国1亿多人口，4750家当铺，约合3万多人一家，这在世界各国的比例也是很高的。不过，经过社会的长期发展，日本的融资体系和格局已基本定型，其模式为：大企业的资金主要由城市银行、信托银行、长期信用银行等大银行提供，中小企业的资金由当地的地方银行提供，而更小的企业的资金则由遍布全国的各类非银行金融机构提供。因此，日本的当铺主要担负着向公民个人发放质押贷款的职能，主要受理的当物也是常见的金银饰品、高档手表、家用电器等动产。据了解，日本典当业现今属微利行业，通常主要靠典当利息、手续费等综合费用来维持，且资金周转缓慢，各家当铺的资金平均周转次数为每年两次左右。这表明，典当业作为一个世界性的行业，其在任何国家都只能是一个小行业，即一个袖珍金融机构支撑着一个微型金融市场。这就是日本典当业和全球典当业过去、现在和将来共同的真实写照和发展特点。

（二）新加坡典当业

新加坡是东南亚小国，国土面积626.4平方千米，现有人口约310万。该国金融业发达，目前已列为仅次于伦敦、纽约和香港的世界第四大金融中心。其中，位居该国民间金融业领域的典当业，经过数百年来的演进，亦形成了一定的规模。

1. 特殊的典当历史

典当业在新加坡约有 200 年的历史。1819 年，新加坡成为英国东印度公司的商用租借地，从此开埠。1826 年，新加坡又成为臣属英国的海峡殖民地，此时中国人开始最早大批涌入。以后又来了一些别国的人口，并逐渐形成了以中国人占多数的，包括马来人、印度人、巴基斯坦人的移民社会。

据考证，典当业就是由中国移民带进新加坡的。

新加坡的华人多是中国福建人后代，他们以善于经商而闻名，当年最早的一家典当行出现于 1827 年，所在地便是在著名的牛车水（新加坡唐人街）一带的福建街上。当时，英国殖民政府诱拐和雇佣大批华工来新加坡，从事城市、港口、道路和农业等开发工作，华人之间逐渐产生融资需求，而中国传统典当业的运营，则极大地填补了民间金融市场不足的空白，与普通民间借贷共同构成了新加坡民间金融业的整体框架。从此，19 世纪的典当业在该国的华人居住区便开始红红火火地盛行起来。

进入 20 世纪后，典当业在社会发展的风风雨雨中沧桑多变，早期典当行逐渐退出历史舞台，代之而起的是一些新店。目前，新加坡典当行的老字号要属位于牛车水一带桥南路 255 号的恒发当了，它崛起于 20 年代，至今已有 70 年多的历史。另外像德兴当，也是历史较长的典当行，典当业这碗饭已吃了 29 年。

2. 健全的典当法规

新加坡典当业发展后，当时的英国殖民政府认为需要立法加以规范，于是在 1898 年通过了新加坡的第一部典当法律——《典当商法》，并决定于 1899 年 1 月 1 日起正式实施。

这部法律具有浓厚的英国政治和历史文化色彩，它以英国《1872 年典当商法》为蓝本，共计 47 条。主要内容包括典当商权利和义务，典当商开业许可，典当、赎当和绝当物处理程序，典当行为治安管理处罚等。该法在 20 世纪中，历经 1903 年、1912 年、1921 年、1934 年、1935 年、1936 年、1939 年、1952 年、1957 年、1959 年、1960 年、1966 年和 1970 年先后 13 次修正，目前的 1970 年版本已从 47 条减为 45 条，将原先版本中的第十条和第十一条，压缩合并到第九条的内容中，但其他基本内容未做更多的改动。

在这 13 次修正过程中，唯有 1957 年、1960 年和 1970 年这三次的幅度最大。如在 1970 年版本中，对典当商开业许可部分有不小的修正。原先第七条

(1) 规定："部长可以任命典当商登记官和其他官员。"现改为设立官方认可的常设机构负责市场准入和日常监管。

新加坡典当行

3. 繁荣的典当市场

迄今为止，新加坡典当业已经历了近200年的风风雨雨，无论社会如何发展变化，它始终生息不灭。作为民间金融产业，尽管典当业是一个小行业，然而，它深深植根于总有需求的一部分大众之间，加上不同时期政府的法律和政策支持，因而，新加坡典当业闯出了一条自己的路子，在国内乃至整东南亚地区，都形成了一个十分繁荣兴旺的典当市场。

据统计，整个20世纪，新加坡典当行的数量始终处于不断增加的态势，从40年代以来，只有5家典当行先后倒闭，其中3家属于经营不善关门，而2家则因专业人才奇缺难以为继。

另从1989—1998年这10年的典当业发展史来看，新加坡典当业一直在走上坡路，即使是在1997年开始后的亚洲金融危机期间，亦未受太大影响。10年来，新加坡典当市场不断扩大，公众向典当行的质押贷款次数逐年递增，这可从新加坡全国典当行累计发放的当金数额上清晰无误地反映出来。如1998年是11.6亿新元，比1989年的6.79亿新元增长70.81%，分别约合56.56亿元人民币和33.05亿元人民币，增长幅度十分明显，它直接反映了新加坡民间融资体系中健全供求关系的存在和全社会典当市场容量的可观。据悉，1998年新加坡全国共发生250万典当人次，直逼全国人口310万大关，约合平均每1.24个人即典当一次。

案例20 新加坡邮局办典当

2004年1月，新加坡传出一个爆炸性的新闻：长期以来从事邮政工作的新加坡邮政公司宣布进军典当业。按照计划，新邮政准备在其下属62个企业中挑选18个邮局开设典当行，典当业务和邮政业务分开，并为此设立了一个子公司，专门用来经营和管理典当业务。

新邮政金融服务部高级业务总监透露，公司已经设立了一家新的子公司来经营典当生意，并已经聘请了大约15名有丰富典当经验的人来经营当铺生意。他估计，典当业务可在半年内进入轨道，希望在头一年内获得盈利。

新邮政聘请的15人目前正在接受培训以适应新邮政当铺的流程作业和商业计划，其中义顺和勿洛的邮政局分行目前正在进行装修。

律政部属下的典当商注册局的条例规定，典当商所处的店面不可用来经营其他业务。为符合条例，新邮政公司必须在勿洛中心的邮政局分行内建新墙，把用来经营典当业务的地方隔开来。至于在义顺中心的分行，当铺将设在邮政局楼上的店面。

新邮政宣布，公司在为义顺和勿洛分行申请典当执照时把商业计划书提呈给当局，并列出公司有意开设当铺的其他18个邮政局分行地址。公司希望在今年底之前添设几间当铺，不过得视首两家的业务情况。

新邮政选择在义顺和勿洛的分行打头炮是因为考虑到这两个分行的人潮多，而且它们有现成的可利用店面。该公司并不想物色新店面，而是想充分利用现有店面，以避免带来额外开销。

2008年下半年经济不好，很多人在这个时候需要现金周转，当铺的生意两个月内就上升了约10%。有当铺表示，所增加的顾客当中不少是白领阶层，他们所典当的物品不是普通的首饰和金表，而是名牌手表、钻石首饰等高档物品。

光顾位于淡滨尼中心方圆当的白领当户就比以往多了3成，负责人说，白领当户典当的物品与普通当户的当品不太一样，白领当户典当的物品会比较名贵而且数量较多，让她感觉到这是本次金融海啸反而给当铺生意带来的契机。

她说："我们以往收到的表以劳力士表为主，而经济条件较好的白领典当的多数是万国、萧邦、卡地亚、百达翡丽、恒宝等名表，而首饰方面，白领典当的不是一般的金饰，而是由名家设计的钻石首饰，我前天就收到两只分别1克拉和2克拉的钻戒。"

有几名顾客是古董首饰和名表的收藏者，给她留下深刻印象。她说："有一名顾客收藏古董首饰，他典当的物品都是有50年以上历史的珠宝，他一个月内光顾了我们几次，每一次典当几件物品，总价值估计近10万元。"

虽然当铺的工作人员不方便直接问当户的背景和典当原因，但通过观察，他们还是能够觉察出这些当户不同于普通当户群，他们的经济条件较好，通常急需一笔较大的资金。一些比较健谈的白领当户会主动告诉当铺店员他们典当物品的原因。如有一名收藏名表的顾客想趁这个时候进入股市吸收低价股，因此需要20万元的资金，他带了几只名表去典当，换取数万元的现金。

在新加坡，当铺是个微型金融公司，也是个比较稳定的行业，在经济好和不好的时候，都会有顾客上门，通过类似短期贷款的方式解决资金紧张的问题。

方圆当负责人说，过去光顾当铺的顾客都是经济条件不是很好的人，他们在月底的时候手头紧，就典当首饰换取现金，等下个月收到薪水，再赎回去。以前不太常见到白领当户光顾当铺，但最近能明显感到这类当户有增加的趋势。

另一家当铺恒隆当的白领顾客也增加了约10%。经理说，最近新顾客比较多，其中部分是白领阶层。虽然当铺的生意近期有所增加，但他认为，就算经济情况继续不明朗，当铺生意也不可能突然大幅增加。他说："每个人手头上可以典当的物品不外乎那几样，不可能一直典当，当铺生意好的情况最多持续半年，过后就会恢复正常。"

新加坡当商公会会长何谦诚则认为，金融海啸对新加坡的冲击还没有完全显露出来，因此对当铺生意有怎么样的影响，目前还不明显。他说："经济情况如果继续恶化，明年初，可能有更多公司采取减薪或裁员的措施，那时光顾当铺的人可能会更多。"

4. 方便的融资渠道

在新加坡，常常光顾当铺的大有人在，特别是近几年还有不断增加的趋势。当铺是给缺钱的人应急用的，但在新加坡，人们使用当铺的方式却越来越多样化。

（1）缺钱临时应急

在人们急缺钱用的时候，当铺是个最快解决问题的选择。当铺经营者发现，常常有顾客拿一两样小件金饰来，换个十几、二十块钱用，难道他们真的就缺这十块二十块？后来发现，原来这些人大部分是因为忘记带自动提款机的提款卡，或者是购物时超出了预算，临时应个“小急”。甚至有的顾客是去自由市场买菜，要付钱的时候才发现没带着现金，于是就走进附近的典当行，摘下手上一样小金饰，换个菜钱先用上。根据当铺的统计，这种小件物品的典当生意天天都有，而80%的人会在几天以后来当铺把自己的物品赎回。

（2）寄存贵重物品

还有一种有趣的现象：有的人上当铺根本就不是因为钱不够用，而是把当铺当成了保险箱。这样做的人大部分是全家大小一起出国旅行，家中无人，担心会被盗贼光顾，因此就把家里贵重物品拿到当铺里先典当了，等回国就把它们赎回来。这远比去银行申请个保险箱要来得省时省力。

根据统计，典当的物品约70%是黄金首饰、宝石等，其次是名表、名笔。在特别允许的情况下，邮票、手提电脑和手机也可以成为典当品。当户会从当铺得到一张为期6个月的当票。在当票有效期内，当户可以连本带利还清后赎回物品，或者只还利息，延长当票的有效期。但如果当票到期不赎的话，当铺就有权把价值超过50新元的典当物送上拍卖台。如果没有人投标，绝当物品会自动归还当铺；如果有人投标，扣除典当款额、利息和拍卖费用，剩余的款项就归还给当户。

（3）典当生意红火

新加坡财政部的数据显示，2003年全国当铺典当物品数量超过280万件，借出近13亿新元，约合63.38亿元人民币。比2002年增长8%。目前，新加坡有85家当铺，近两三年来加入该行业的多达10家以上。新加坡当铺的利率为每个月1.5%，而且不收取交易费用。

在新加坡种类繁多的贷款方式中，有一部分是银行和金融公司没有提供的，这部分市场正好适合当铺去开发。当铺给融资者提供了简易的贷款服务，并且没有繁琐的手续，因此受到欢迎。

5. 良好的企业形象

如今的新加坡典当业正走向专业化，逐渐转为“微观金融服务”的一种，为人们提供快捷简便的贷款服务。

在新加坡全岛共有5家当铺的方圆集团总经理姚丽真说：“以前典当业是个很低调的行业，让很多人以为当铺都是趁火打劫的生意。但近年来，随着各当铺加强宣传，公众对典当业的认识已提高许多。加上市场上的当铺与日俱增，素质也相对提高。”

截至2004年，新加坡共有85家当铺，近年来加入该行业的多达10家以上，业者认为市场有趋饱和的现象。特别是新邮政宣布将进军典当业后，该国典当业的竞争将越来越激烈。

面对市场的种种挑战，方圆集团决定改变传统形象，以友善、专业、现代化的形象出击，以提高集团的素质和信誉，借此扩大市场占有率。姚丽真说：“我们希望通过现代化的商标、广告和装潢，塑造独特的品牌。我们的员工也将定期接受培训，以提供更专业的服务。”

尽管面对新邮政的竞争，方圆在2005年8月短短10天内还是开设了3家新当铺。它认为随着新邮政的加入，典当业将“越凑越热”。姚丽真表示：“做生意，竞争是无可避免的。新邮政有广大的顾客群。它的加入可提升典当业形象，吸引年轻专业人士，这有助于扩大市场。”

姚丽真认为新邮政和民营当铺各具优势。她说：“新邮政胜在财力雄厚，是个大型企业，能提供多元化的金融服务。私营当铺则专门提供典当服务，比较灵活，能给予顾客较高的估价。而且新邮政的服务性质主要以交易为主，私营当铺的生意在更大的程度上是建立在和顾客的关系上。”

虽然典当业正努力跻身专业“金融服务业”的行列，姚丽真并不认为业者会采用一些金融业者的日息制度。她说：“新加坡当铺的利率是许多国家中最低的。我们每个月的利率是1.5%，马来西亚的利率是2%，香港则是3.5%。而且我们没有收取交易费用，这样的收费制度是很合理的。”

姚丽真认为，典当业前景相当乐观。她表示，随着人们思想日渐开放，越来越能够接受典当业为另一形式的贷款服务，当铺在未来能够接受的典当物品也将更多样化，不再限于珠宝首饰。汽车、名牌皮包、古董和名画都可能成为典当物品。方圆的长期目标是发展年轻消费市场。姚丽真希望将当铺发展成一个年轻专业人士选择走进去‘贷款’的“便利店”。她说：“其实，向银行贷款和走进当铺‘贷款’没什么不同，只是在行销方面做法不同。这完全是人们观点的问题。”

（三）马来西亚典当业

马来西亚是东南亚的中型国家，国土面积32.9万多平方千米，现有人口约2000万。该国资源丰富，不但工农业比较发达，而且典当业也在民间金融业中占有一定的地位。

1. 多变的典当法规

马来西亚是有典当立法的国家之一，且历史十分悠久。然而，由于该国历史上曾沦为英国殖民地的缘故，马来西亚的典当法律长期以来均沿用英国模式。另因国家久经地理伸缩、政治分合之故，其典当法规沧桑多变。

马来半岛早在公元初就有一些文明古国，16 世纪初葡萄牙、荷兰殖民主义者相继入侵马来亚。1862 年，现西马的槟榔屿、马六甲和新加坡合并组成英国海峡殖民地；而现东马的沙巴、沙捞越原属文莱，1888 年两地也沦为英国殖民地。

在殖民地时期，该国最早的典当法规是《海峡殖民地当商法令》，距今已有百多年历史。进入 20 世纪后，随着马来亚全境都被英国殖民占领，该国的

马来西亚典当行

典当法规又出现了一系列的新的变化。1910 年，位于西马的吉兰丹制定了本州自己的《当商法令》，以后柔佛州、吉打州、玻璃市和东马的沙巴、沙捞越两州，亦相继出台了各自的《当商法令》。二次大战时，日本占领了马来亚、沙巴和沙捞越，战后英国则又恢复了其殖民统治，这在一定程度上都对该国的典当法规造成了深远影响。

1948 年 2 月，马来亚联合邦成立，为了加强对全国典当业的有效监管，政府很快制定了一部《联合邦州政府当商法令》。另外，1956 年联合邦成员丁加奴州也颁布实施了一部本州的《当商法令》。1963 年 9 月，马来亚联合邦同新加坡、沙巴、沙捞越组成马来西亚，后新加坡于 1965 年 8 月退出。这样，马来西亚具备了全国统一典当法律产生的政治、经济和文化基础。

20 世纪 70 年代初期，马来西亚国会通过了建国以来的第一部全国性典当法律——《1972 年当商法令》，共计七章 49 条，并于 1973 年 1 月 2 日正式实施。该法令同时宣布："旧的联合邦各州法令一概废除。"但在第四十八条中又特别规定："在新旧当商法令调换的过渡期间，第四十七条文下取消的法令与此法令同样有效。在此当商法令实施前，以旧法令发出的训令、指示、命令和条例一律有效直到满期为止。"除此七章 49 条的规定外，该法还浓缩各条内容，选其精华部分，附带制定了一部《当商规则》，共计 14 条，并公布了 5 张全国统一的典当业务表格，即格式合同样本，供各家典当行一并遵行。

10 年后即 1982 年，马来西亚国会又对这项典当法令进行了部分修正，共涉及 10 条的内容，主要是典当商开业许可、典当经营记录、当票内容、典当利息、绝当物处理等，其余内容未做大的更动，至此，具有悠久历史的马来西亚典当立法，开始进入一个全新的、比较稳定的发展时期，它对马来西亚典当业的兴旺，起到了积极的促进作用。

不过，2003 年 10 月，马来西亚主管典当业的房屋与地方政府部长黄家定表示，政府即将对当商法令进行修改，如修改当金上限 5000 元马币、当户法定年龄 16 岁、绝当物品拍卖溢价返还等条款。

黄家定指出，政府将修订典当法令，包括调整典当最高数额及提高典当者的年龄限制，并制定明确条例对付"收购当票"的非法典当活动，以保护典当者的利益。

他说，《1972 年当商法令》的一些条文已经过时，例如最高典当额仅 5000 元，即使一种物品价值不菲，但最高也只能以 5000 元典当。

"在现有法令下，当铺即使想要给予更高的典当数额，却受到法令的约束，这对于一个需要更多钱来周转的顾客来说，无法发挥很大的作用，而对当铺来说，业者想多做一些生意也不行，对双方都没有好处。”

他表示，更甚的是，一旦典当者迫切需要更多金钱周转，但物品只能典当最高5000元，在无计可施的情况下，他们可能向高利贷伸手，结果对他们更加不利，所以，典当的最高数额有必要调整。

他还说，现有法令也规定16岁以下者不能进入当铺典当物品，由于有关年龄规定已经不能符合时代需求，因此，他建议将现有的年龄限制提升到18岁以下。

他强调，在修订的法令下，金店及当店的界线分得清清楚楚，各有各界线，谁也不能越界，否则，拥有合法执照的当铺与没有合法执照的当店将没有两样。

2. 严格的入市条件

依据国家的典当法律，马来西亚的13个州和首都联邦直辖区的典当业统一由中央政府所属的房屋与地方政府部负责监管。该部部长有权决定在哪些地域内允许批设典当行，或不提出任何解释就撤销已获批准的任何一家典当行的开业申请，还可以随时委任执照审核官员与当商检查官员依法进行具体监管工作。

在当商个人资质方面，《当商法令》第八条规定：“除非出示由县区内副总警监或更高警官的签署证件，证明他是个良好公民，否则执照署官员不能发出执照予任何人。”这表明，典当行老板必须品行端正，没有前科，并由警察机构权威人士出具的书面证明确认，方才具备申请开业从事典当的起码资质条件。

在典当行资本金方面，政府一般要求达到的下限为200万元马币（即林吉特），约合450万元人民币。而且，即使一名典当行老板再申请开一家分支机构，也必须缴纳200万元马币注册资本金，单独申领一张营业执照。实际上，在政府眼中，这只是同一典当商号下的两个独立法人，而典当行老板内部怎样看待则是另一码事。总之，马来西亚《当商法令》允许一人分别开设多家典当行，只要你具备良好公民的条件，有规定数额的注册资本金，便可以提出成为典当商的申请。

不过，马来西亚政府对于典当业的市场准入却还有以下二点独特的规定。

(1) 实行当商申请担保制度

《当商法令》第九条第二款（B）规定：“除非执业当商提出2名被礼申官员认为合格的担保人保证该当商诚意遵守此法令并按期付清应缴纳之码金及以现款或以下不动产作为抵押或其他方式使礼申官员认为适当，否则不能发出礼申，上述2名担保人须签名于指定的表格上。”在这里，政府要求典当行业申请人必须具有2名有效的担保人，同时做出货币或不动产抵押担保，才能成为获准持照的执业当商。

(2) 实行当商经营权投标制度

《当商法令》第九条第二款（A）和第十条第一款分别规定：当商营业执照不容许“超过3年的有效期”；3年后若继续经营，“要求以规定表格投标，使获得执照权利”。即是说，典当行从业许可证有效期3年，营业执照届满时，任何当商无一例外的都必须参加政府统一组织的公开招投标活动，并以政府接受的高价位胜出，才能获得一张有效期3年的新营业执照。这显然是马来西亚的一项特色发明，它将典当行的经营权完全市场化运作了。

3. 宽松的经营环境

马来西亚全国共有400多家典当行，按人口比例计算，平均不到5万人就有一家，可见人均占有量较大。

该国的典当行大致有两种类型，一种是马来西亚华人经营的典当行，另一种是多为银行附设开立的回教当铺。从数量上看，华人典当行远远超过回教当铺，占有相当大的优势，几乎控制了该国的典当市场份额，但回教当铺却具备较浓厚的政府色彩，往往能够得到政府在各方面给予的有力支持，因为回教即伊斯兰教是马来西亚的国教，全国约有50%的人信奉回教。如1998年11月24日，马来西亚政府财政部曾拨款2000万元马币（约合4350万元人民币）给大马回教经济发展基金局，用于落实该局实施的“全国回教当铺先驱计划”，支持马来西亚国内典当业的整体发展。对此，该局负责人当时曾指出：在东南亚金融危机期间，面临财务困难的马来西亚商家们，不妨去回教当铺典当自己的一些贵重物品，以期迅速变现，解燃眉之急。

相比之下，华人典当行虽鲜有政府资金支持的机会，但政府有关法律却允许这些典当行负债经营。例如，典当行可以从各类金融机构贷款。在马来西亚，典当行合法运用银行贷款是件极为普通的事。一般做法为，由典当行以自有资产或在押当物作为债权担保，向银行申请抵押贷款。银行根据典当行的经营状况等资质条件，最高按一比一的比例向典当行发放贷款，即以典当行注册资本金的100%行贷。在这里，典当行将当户质押在当铺中的当物再转押给银行，属于借鸡生蛋之举，可谓一举两得。既获得了经营上的资金支持，提升了典当企业自身的资本实力，又充分利用了在押当物担保功能，扩大了其运营空间，的确是十分聪明的融资方式。有时，马来西亚的一些典当行，还会获得银行等金融机构发放的信用贷款，这当然主要取决于银企之间良好的业务合作关系，特别是典当行的历年经营业绩和企业信用等级。

根据《1972年当商法令》规定，马来西亚全国实行差额当息制度，依当金数额大小而不同，即当金10元马币以下，每月1分；10元至50元，每月2分；50元以上者，则为每月1.5分；并规定任何一笔当金超过10元者，均由典当行加收0.5元的手续费。1982年4月，重新修正实施的《当商法令》规定，改差额当息制度为等额当息制度，即无论每笔当金数额大小，当息一律为每月2分，但凡当金超过10元者，例须加收0.5元手续费的规定未变。与此相比，马来西亚的回教当铺则颇具公益性质，政府规定该类当铺不收任何利息，而只收取一定的服务费，慈善救济的功能显而易见。

（四）菲律宾典当业

在菲律宾，不论是大中城市还是乡村小镇，几乎每条街上都可以看到Pawnshop的招牌，顾客川流不息，提着东西进去，却空着手出来，似乎是不寻常的生意。说不寻常，但这里却是菲律宾普通百姓几乎都会光顾的地方，因为Pawnshop就是当铺。当铺在亚洲特别是东南亚国家很普遍，但是火到这种程度却是菲律宾特有的现象了。

（1）手机、首饰最常当

当铺生意火是因为老百姓有需求。菲律宾人没有攒钱的习惯，每个月的工资都会花光，如果遇到亲人住院急需救命、给儿女交学费等问题时，就会捉襟见肘，只好提着家里的东西去当铺“融资”了。

据不完全统计，菲律宾的当铺总数近万家，其中CebuanaLhuillier是菲律宾最大的当铺连锁店，有400多家店铺，分布在几乎每个城镇。虽然没有直接的数据，但据观察，很多城镇的当铺要比银行数量多。对于菲律宾普通百姓来说，银行的职能仅限于领工资。

当铺一般开在人流量较大的闹市区，在一些中小城市，经常能看到当铺一家挨一家的场景。当铺接收的物品以首饰和手机为主，手提电脑、手表、数码相机等也是常典当的物品。因为这些物品如没被赎回，店主容易转手出售。

（2）利息相对较高

马尼拉闹市区一家当铺的员工理查德说，当铺一般只付给客户典当物品市场价的20%～40%。如你随身带去的手机，目前市价约1.2万比索（约2000元人民币），理查德称最多只能换2000比索（约330元人民币），因为手机已使用了一年多，还要扣除耗损费。当铺在评估物品的价格后，会给客户一张字条，上面写明典当物品的详细状况，如手机型号、首饰重量和长度等，以及换取款额和利息。当铺每月向客户收取3%～5%的利息。有些当铺把第一个月的利息扣除。客户要赎回物品时，要付清换取的款额加上利息。如果客户未能在6个月内赎回物品，物品即归当铺所有。由于利息相当高，很多客户没能力赎回物品，这就是当铺最赚钱的地方。在马尼拉唐人街附近的一家当铺，干脆在当铺内摆个专柜，专门卖没有被赎回的二手首饰。有不少菲律宾人的手机都是从当铺买的便宜货。

马尼拉街头当铺

(3) 竞争激烈出新招

因为有了当铺，穷人们得过且过，有助于社会的和谐和稳定。另一方面，经济越是不景气，当铺就越开越多，反过来有利于创造就业和经济发展。早在上世纪70年代，当时的总统就颁布了《当铺管理法》，鼓励和规范当铺的发展。业内人士估计在若干年内当铺数量的增长率超过10%。开当铺的手续很简单，只要10万比索的资本（合人民币1.6万元），缴纳1000比索的手续费就可以在两周左右拿到营业执照。

由于当铺业竞争激烈，当铺老板争相以别出心裁的创意拼抢顾客。2002

年菲律宾第一家“手机当铺”连锁店开张。“手机当铺”不仅从事手机典当的业务，也兼营新旧手机及零部件的销售和手机修理业务。目前手机当铺已经开了10多家分店，每开一家分店都以当时最时髦的手机款式作为该店的“形象代言”招牌，所以只要看招牌就知道这家“手机当铺”是哪一年开业的。最近菲律宾又出现了“笔记本电脑当铺”。

（4）为什么不爱存钱

菲律宾人为什么不爱存钱呢？有人认为这和菲律宾人的生活环境有关。菲律宾潮湿炎热，人们笑称全年只有hot、hotter、hottest（热、很热、最热）三个季节，年平均气温在27℃左右。在这样的气候下，菲律宾各岛屿常年郁郁葱葱，瓜果遍地。因为不愁吃，不愁穿，菲律宾人没有攒钱的习惯，有多少钱就花多少钱。

菲律宾的机关、企业一般每半个月发一次工资，菲律宾人通常是刚从银行把工资取出来就去逛商场、下馆子、唱卡拉OK，直到把口袋里的比索花光。路上遇到堵车时，会忽然冒出几个兜售香烟的小贩，他们卖烟是一根一根地卖，烟民们从来不在乎零买比整包买贵，也可能因为剩下的钱还不足够支付整包烟吧。

案例21　警察典当配枪

菲律宾民达那峨岛南古达巴托省圣婴镇的5名警察典当配枪近一个月后东窗事发，调查发现5人当枪是为筹措子女学费，不过，他们将面临革职处分。

不久前，南古达巴托省国家调查局接获报案，指称镇上一家当铺暗中进行军火交易，调查局在申请搜查证后前往取缔。

调查局人员在当铺中发现6把枪，其中5把是警用配枪。调查发现，5名警员是于2008年6月初当枪，筹钱缴付子女学费。6月是菲律宾新学年开始的月份，而南古达巴托省是菲律宾最为贫穷的省份之一。调查局人员表示，这5名警察将面临行政起诉及革职处分，而接受警枪的当铺也面临吊销营业执照的命运。

（五）蒙古典当业

如果身处蒙古国，你不时会听到旁边的年轻人这样的对话：“你怎么没戴首饰?”“送到‘家里’了。”他们所说的“家里”就是指蒙古国数量众多的当铺。运营规范的当铺现在已成了蒙古国人生活中不可或缺的“小银行”。

然而，近日蒙古警察总局预防犯罪处针对连续发生的当铺被盗案，对首都乌兰巴托和其他大城市的当铺进行防盗安全检查时意外地发现，当铺中竟存放着大量被盗赃物。

（1）当铺特别多

蒙古的当铺特别多，仅首都乌兰巴托就有1000多家，分布在大街小巷，且全部是私营的，主要集中在金店、大商店门口，以及生活服务中心和茶馆附近。当铺的面积不大，大约在10平方米左右，大门上有一个小口，是接取东西用的。因为蒙语中没有当铺这个词，所以，招牌上写的是俄语，字母后面标着利息数，让人一目了然。当铺收取的物品主要以金银首饰为主，还有家电和地毯等，都是老百姓日常生活用品。大部分当铺的月利率在10%～12%左右。如果当户在规定时间内没有及时赎回，当铺老板就有权出售该物品。当铺出售的东西比较便宜，基本价格为典当时的报价加上利息。

蒙古当铺在1990年前就有了，当时国家允许个人开当铺。但是由于当铺经常搬家，当户想赎东西时经常找不着保存物品的当铺，引发了不少纠纷。为此，现在国家禁止个人开当铺，但可以以公司名义开办。当铺经营许可证6个月换发一次，这样既便于管理，又保护了当户的利益。

当铺的兴起，是与蒙古人的生活习惯密切相关的。蒙古人没有存钱的习惯，贷款做生意，借钱过日子是最普遍不过的了，几乎每个家庭都有债务。当铺因为手续简单，渐渐地就成了蒙古老百姓自己的“银行”：家里没钱交水电费了，过年过节了，就当点东西，等有了钱再赎回来。如有位好酒的老头，妻子不给他酒钱，他就把结婚戒指拿去当，妻子和孩子没办法，每次又到当铺把戒指赎回来。

（2）赃物的“好去处”

据蒙古警察总局预防犯罪处统计，在蒙古发生的众多盗窃案件中，有20%～30%的赃物送进了当铺，因为当铺可以当场给现金。当铺老板根本不用考虑赃物积压在手里，每天都有一些人专门到当铺询问收购东西。在当铺里经常能看到中国元朝时期的铜佛像、明清时的鼻烟壶等古董，据说价格很便宜。

针对盗窃案件增加、大量赃物经当铺转手的现象，近期，蒙古出台了一条规定：如果当铺收取并转卖赃物，警察机关将对当铺老板处以刑事拘留、没收赃物和关闭当铺的处罚。现在当铺老板在收受物品时，不仅要看当户的身份证，还要登记居住地址和身份证号码，以备检查之用。如果手续不全，无论东西多好多便宜，老板也不敢收。

（3）高利贷风险大

在蒙古，当铺既可以做典当生意，国家也允许其放高利贷。一些人因生意资金周转不开、孩子出国学习等原因，手头需要大量的现钱。如果从银行贷款，因个人信用、偿还能力和手续复杂等因素，许多人拿不到银行贷款。尽管当铺的月利息高些，但由于手续相对简便，人们还是愿意去当铺贷款。如果你想贷到数额较大的现金，只要抵押房屋或汽车等大件物品，写个合同，再到公证处公证一下就可以拿到钱了。

虽然放高利贷来钱快，但当铺风险也大。面对大数额的借款，当铺老板就需要仔细考虑了。比如一个蒙古人抵押房子后拿着钱出国了，如果在规定时间内不连本带息赎回房子，当铺老板只能由法院拍卖后才能拿到相应补偿。但是如果房主长期在国外，没有房主的许可，法院无权开庭受理拍卖，当铺老板既不能出租，也不能居住，只能乖乖地等待。

（六）哈萨克斯坦典当业

哈萨克斯坦银行系统由中央银行、二级银行、非银行金融机构组成。典当行属于非银行金融机构，由哈萨克斯坦国家银行颁发银行业务经营许可证。截至 2000 年 5 月，哈国共有典当行 43 家，其中 40 家有权经营部分银行业务。

典当业从前叫高利贷，但现在是一种很普通的金融业务，是为那些今天、现在就急需不多点钱的人们提供的独具特色的“急救”。更常见的是非常的消费目的，而且又急着要用钱。一般的银行不会对“短期”资金、小额资金感兴趣，既麻烦，利润也相对不大，因此普通老百姓只有求助于典当行。

作为借贷机构的当铺，其业务本身基本上就没变过。也就是从那时起，社会上就有了对他们业务的一些老的错误观点。大家不知怎的总是想，当铺的利润主要都是靠卖售绝当品。然而并不是这么回事：典当行主要靠的是当金利息。哈国典当业的利息相当高：每月 9%～12%，贷款是短期的：1～3 个月，期限越长，利息要得越低。

最多的当品是珠宝首饰，占各种当品的 90%。其次是小汽车，再其次是占几个百分点的消费品。但他们并不是什么都要。那些复杂而贵重的家用机器、餐具、古玩等等，典当行都不接受其作为当物，因为在这些东西变成绝当品后，在鉴定、售卖方面，都会出现问题。而且市场很饱和，出售这种商品要赚钱很困难。首都阿拉木图的典当行也不接受毛皮做当物，因为没有好的鉴定专家。

珠宝首饰是最理想的当品。它们体积小，价格高，在保险柜和银行的保险箱里保管起来很方便。而小汽车也需要地方停放，必须要把它好生保管在停车场里。典当行在借贷条件上、快速售出那些当物时，会承担附加的费用。而借贷资金的快速回收对典当行也非常重要，任何的滞纳都可能影响到其财务状况和安危。

阿拉木图许多典当行如今都有“专业化”的优越性：它们更喜欢接受的当物大部分是珠宝首饰，其余是小汽车。在种种情况下，当物的估价都相当低，不会高于其市场价的 50%～60% 。当户能得到这个估价的 70% ，还必须按 9%～10% 的月利息归还。如果用珠宝首饰制品做押，阿拉木图的典当行一般会贷给 2 万～4 万坚戈。如果用小汽车典当，能借到的钱会多些，1000～5000 美元，当金利息也要低些，每月平均 4%～5% 。

现在还有些典当行专门收购珠宝首饰等贵重品，但这种典当行不多见。它们给珠宝首饰估的价格一般非常低，然而当金利息率却非常高。它们只给当物价值的 25%～30% ，再不会多给。于是经常出现这种情况：人家到这个典当行里来一次就再也不来了……

大多数典当行还是希望有老顾客多次来找它们借钱，典当行很注重这些顾客，用更好的典当条件吸引它们，用能给出的最有利价格收当他们的当物等等。

典当行的基本客户群一般是靠工资生活或靠自己做小生意赚钱的人：国家预算范围内的工作人员、商人、市场上的集装箱业主和没有稳定工资的人。他们常常需要钱来补足周转资金或者只不过就为了生活。

很多人把自己的“祖传宝物”拿到典当行，只为等到领薪水那一天。因而现在典当行同银行不一样的就是，针对自然人非常普通的需求。不管怎样，典当行的顾客都不会太富有，典当业业务市场也相当狭小。

这是其发展的主要限制，典当行的工作人员也这样认为。因此在哈萨克斯坦，典当行相对不多，约有 80 家，在百万人口的大都市阿拉木图有 26 家。

但事实证明，随着居民消费的提高、商品市场日趋饱和，典当行将会缓慢而确定地增长。在许多国家都如此，会一直持续到这个金融服务市场完全饱和为止。例如俄罗斯，他们的消费需求高些，现在有 1000 多家典当行，在莫斯科就超过 300 家。据统计，当金也要高些，为 300～1000 美元。

近几年哈国政府为典当业创建了最为自由的条件。两年前典当业还处在中央银行的严格监管之下，每一家典当行的头头与主会计师都必须由中央银行批准。当时，必须要受过经济或金融高等教育，有工作经验，那时还要求交很多的金融报表。

现在所有的限制和约束都取消了：任何人都可以开当铺。甚至可以说，典当行被算入了中小商务范畴。银行也不太在意典当业的业务，这是些相当麻烦和薄利的事情。因此哈萨克斯坦只有“货币中转”银行有大型典当行网络，其他的典当行都是些私人商务性质的公司。

国家还放宽了对典当行的日常活动的监管。按照规定，对那些小汽车或是珠宝首饰之类的绝当品，典当行必须公开拍卖。但这对典当行、对监管机构都是那么的麻烦，因此所有的规定都被取消了。

典当行通过其合作商店出售绝当物品，监管机构对此睁一只眼闭一只眼，他们都明白，典当业的经营活动不会危险到国家的金融安全，至于它们跟客户如何就是他自己的事情。

平静的典当业现在已经成长起来了。显然，本质上，人类在任何社会时期都需要急需的贷款，因此作为其独特的机构的当铺，从金字塔时代到21世界的航天时代都顺利地存活着。

四、国际典当制度比较

典当业在世界各国和地区都是一个历史悠久的行业。然而，由于国度、民族、社会环境的不同，特别是经济、政治、文化等领域的差别影响，故各国和地区的典当行千姿百态、别具特色，典当业在体制、法规和经营管理等方面更是存在着万种风情。这就需要我们对世界各国和地区的典当进行一番系统的比较，尤其是重点了解和掌握海外典当的利弊优劣，从而去粗取精，人为己用，在对其深入的研究、探索和合理的扬弃、借鉴中，不断升华我们的典当经营理念，促进全球典当业的继续发展。

（一）典当立法

世界许多国家和地区都有典当法律，用于调整人们相互之间形成的社会客观存在的典当关系，从而规范典当行为，维护典当秩序，保护典当当事人的合法权益。

总的来说，依国家结构形式的不同，世界上的典当法律大致分为两种类型。其一是单一制国家的中央典当立法，即有关典当的国家法律，同时有地方性典当法律存在，如英国、新加坡、中国等欧亚国家。其二是联邦制国家中的州、邦典当立法，即有关典当的联邦成员法律，如美国、加拿大等美洲国家。

英国典当业产生于中世纪，因而很早就有典当立法。1603 年，斯图亚特王朝在英国建立，国王詹姆斯一世在位期间（1603—1625），曾经颁布过限制典当业的法规，对英国典当业的发展形成了一定的制约和阻碍。1785 年，英国议会通过典当立法，率先全球实行了典当经营的国家许可证制度，并规定了当息、当期和当税等。1800 年，英国议会又通过了一项新的典当业法案，调整了当息和当期。1872 年 8 月 10 日，英国议会通过了英国历史上第一部最完备的典当法律——《1872 年典当商法》（另译《当铺老板法》）。该法共计 8 章 57 条及 6 张附表，洋洋万言，内容丰富，在后来的 100 多年中，始终是英国典当业的基本“大法”，并且对英联邦其他成员国的典当立法产生了极其深远和重要的影响。

其后，英国议会于1893年、1922年和1960年三次修改该法，其中最后一次定名为《1960年典当商法》，使其成为英国的一部现代典当成文法。然而不久，这部曾多次修改、经历了百年风雨沧桑的英国典当成文法便寿终正寝，退出了历史舞台，由英国《1974年消费信贷法》中的典当条款所取代。

美国老当铺

从亚洲来看，1899年新加坡颁布施行了《典当商法》，印度尼西亚有1929年的《荷属东印度典当业条例》，斯里兰卡有1942年的《典当商法令》，马来西亚1972年通过了《当商法令》等，都对本国的典当业进行了不同程度的法律规范，从而起到了促进典当业发展的作用。

在中国，香港地区1858年开始施行《当押商条例》，几经修改，至今沿用。台湾地区 1940 年制定了《台铺业管理规则》，也曾多次修改，并长期生效。后于 2001 年 6 月颁布实施《当铺业法》。

就中国内地而言，中国人民银行监管典当业期间，曾于 1996 年 4 月下发《典当行管理暂行办法》，作为一部部门行政规章，尽管立法级别不高，但该办法对新中国典当业的规范发展功不可没。2001 年 8 月，国家经贸委监管典当业期间，颁布施行了《典当行管理办法》，同为部门规章，用于进一步指导和规范中国典当业的持续发展，曾经起到十分重要的作用。此外，中国还有一些地方性法律和法规。如 1993 年的《深圳经济特区典当规定》、1994 年的《海南经济特区典当业管理办法》、1995 年的《广东省典当条例》等等。

美国是联邦制国家，但没有统一的联邦典当法规。美国典当业从一开始就是通过各州立法分别进行调整和监管的，这一点与世界上绝大多数国家都完全不同。目前，美国 50 个州和首都所在地的哥伦比亚特区均有典当专项法规，其中有些州的典当法规历史悠久，已长达近 200 年的时间。

在美国，人们公认纽约州是第一个依法向本州典当行发放经营许可证的州，它于 1803 年便从事此举。然而，当时该州并未制定内容完备的典当法规，而仅是包含在其他法规中的典当法条片段。1823 年，宾夕法尼亚州制定了美国历史上第一部州立典当法规，用于规范 19 世纪 20 年代美国第一次经济危机爆发后兴起的典当业。以后，美国各州的典当法规相继出台，至 1898 年已有 30 多个州通过了典当立法，逐渐形成了具有美国特色的典当法律系统。

美国早期的典当法规，尽管在立法制度、立法程序尤其是立法技术上都存在不少缺陷，但它已经比较准确地涉及典当法规的核心部分。如一些州立法规对典当行依法开业领取营业执照有着十分严格的规定；一些州立法规侧重于制定最高典当利率，禁止或者限制典当行吸取除当息之外的其他任何典当费用；还有一些州立法规只准典当行向当户发放上限固定的当金数额，并规定绝当物须经公开拍卖处理；等等。这些州立法规的颁布和施行，无疑在实践中有力地促进了美国典当业的发展。

进入 20 世纪后，美国的典当立法发生了一些变化，即联邦立法倾向的出现和各州立法格局的形成。如有关机构于 1921 年制定了美国《统一典当法草案》(另译《典当业通则草案》)，拟作为美国典当业的统一样板法推行，但后来各州并不响应，只好作罢，故在美国典当业领域，至今起决定作用的仍是各州的州立典当法规。

作为联邦制国家，加拿大的不列颠哥伦比亚省于 1996 年出台了《典当商法》；澳大利亚的维多利亚州于 1958 年曾有《典当商法》，后又于 1989 年修

澳大利亚典当行

改定名为《1989 年旧货商和典当商法》，分别用来对各自州的典当业进行调整和规范。

案例 22　美国典当业受中产阶层青睐

典当业在美国已经相当成熟，普及程度很高。美国典当协会近期发布的消息显示，目前美国共有典当行 1.2 万家，典当从业人员近 8 万人，直接为 3400 多万社会公众（约占美国总人口的 12%）提供典当服务。

好莱坞地区有一家典当行叫国王典当行，这里的顾客有一般的市民，也有不少好莱坞的明星。国王典当行的当物有珠宝、古玩、乐器、钟表、服装等，分为典当工作区和当物销售区，其服务又分普通客户区、特殊客户区和贵宾客户区，如果是好莱坞明星来典当或购买物品，他们会被请到贵宾室去洽谈。

在美国典当上市公司中排名前三名的分别为：美国国际典当有限公司、EZ 典当公司和第一现金服务有限公司，这三家公司被称为美国典当业的三朵金花。美国典当业进入快速发展期是最近二三十年来的事。如国际典当有限公司创建于1984年，目前在美国本土21个州拥有典当连锁店450家，还在英国和瑞典设有子公司，2005年底，该公司股价为每股23美元左右，是美国股民热捧的股票之一。

美国典当业有两个显著特征，一是当户人数众多，当铺密度高，平均每1.4万人有一个当铺，二是富裕的中产阶级成为典当业客户主体。休斯顿一名连锁典当行的老板保罗·埃奇说，从前他的当户年收入都在1.2万美元左右，而现在的当户年收入近5万美元。据有关机构调查显示，当户典当借贷的动机主要是为购买或修理汽车、支付医疗账单、支付房租等。

"其实，把家里一些贵重物品暂时拿去典当，在国外是很流行的。在英国和美国，一些白领出国考察或旅游前，经常把自己的名贵轿车或稀世名画拿去典当，目的是让典当行替自己暂时保管。"一位有国外生活经验的律师说。

（二）典当行业性质

典当是质押贷款行为，人类特殊的融资方式；典当机构是经营货币的金融机构，因而典当业理所当然地属于金融行业，这已经成为世界各国和地区的一种长期的共识。

《美国百科全书》指出："典当商是从事以个人财产质押借贷生意的人。"对此，美国《新标准百科全书》说："典当商是通过收取借款人个人寄存物做押的放款人"；而《阿卡德米克百科全书》认为："典当商是以个人财产做押发放小额贷款的人。"另据美国《芬克韦恩诺尔新百科全书》的定义，典当业是由典当商从事的"以个人财产或者可转让的证券或票据质押借贷的行业"。

在美国，《华盛顿州典当法》规定："典当指任何一个全部或者部分从事以个人财产质押担保，或者以押金或出卖个人财产作为担保，或者以买卖个人财产作为担保而放贷生意的人。"《印第安那州典当法》则规定："典当商指任何从事以押金或个人财产质押、或者以出卖个人财产作为还款保证而提供贷款的个人、合伙、组织或者公司。"

以上表明，美国的典当机构是从事质押贷款的金融机构。其一，质押标的通常是个人财产，或以个人财产为主；其二，经营对象无一例外皆为货币，贷款是典当机构的主要业务。因此，美国一些典当专家和学者普遍认为，典当是"现代社会的古老融资术"；典当业属于"边缘银行业"，即它是不从事存款、信用贷款、一般担保贷款和结算业务而只从事特殊质押贷款业务的非银行金融业。

在英国，典当业的金融行业地位同样得到确认。《大英百科全书》指出："典当业是接受家庭用具或者个人财物作押贷款给顾客的行业。"《1872 年典当商法》第六条曾规定：典当商指"开有一家店铺，以买卖货物或者动产，或者以货物或动产质押发放贷款的人"。这里，着重强调典当的本质是货币经营，质押贷款是典当机构的核心业务。

马来西亚《1972 年当商法令》第三条规定："任何人（A）向其他人士收取或领取任何物品作为抵押不能超过 5000 元的款项；（B）在彼此同意或了解下，收取或领取任何物品，而付予或预先给予或借予不超过 5000 元的款项，而这些物品在较后时得以买回或赎回，将被视为经营典当生意者。"该国同样把典当定位于专门经营货币的行业。

案例 23　泰国开学当铺火

泰国大中小学开学是每年 5 月，以便与热季错开时间。但 2007 年的开学月有一大特点，就是"火了当铺"——由于经济不景气，许多家长典当值钱的财物供子女学费。

泰国副总理兼社会发展和人类安全部长派汶说，为了解决子女学费和购买上学用品，已有约 8 万人在当年 4 月前往曼谷及附近地区的 33 家国营当铺典当物品。从职业来看，排在首位的是普通雇员，其次分别是家族主妇或无业人员、商人、公务员以及大学生等。典当最多的物品是各类金银首饰和珠宝，其次分别是照相机、手表和电视机等。

当铺是许多泰国民众经济困难时候的重要依靠。多年来，走进当铺的泰国人每年都有所增加。据统计，2005 年和 2006 年，当过东西的泰国民众分别为 96 万人和 107 万人，用于典当的资金总额超过 80 亿泰铢，而估计 2007 年全年使用国营当铺服务的人数将达到 116 万人。

为了缓解家长在子女新学年开学前的开支负担，泰国政府已下令 33 家国营当铺降低借款利息，利息标准为：不超过 3000 泰铢（1 美元约合 34 泰铢）的借款月利息为 0.75%；3000～1 万泰铢月利息为 1%；1 万～50 万泰铢月利息为 1.25%。该标准实行时间为 2007 年 4 月 14 日～7 月 16 日。为了解决国营当铺资金周转问题，泰国政府此前已筹备了 6 亿泰铢，并将视需求情况增加资金供给。

中国香港地区《当押商条例》第二条也规定："'当押商'指经营贷出款项的业务的人，而该人是为赚到利息，或为获得或期望获得利益、收益或报酬而贷出款项的，并以当押取得的物品作为抵押。"此处无疑承认当押商的质押贷款活动是一种金融性活动。

由此可见，世界各国和地区一般都认为，典当的主要功能是融资功能，从而将其划归为经营货币的行业范畴内，并顺理成章地赋予其金融行业的固有属性。

（三）典当监管体制

1. 政府监管体制

世界各国和地区大同小异，通常从两个角度入手。一是金融角度，即实行典当经营许可证制度，赋予典当行贷款经营权。二是治安角度，即实行特种行业许可证制度，加强对典当业务的治安防范。

从美国来看，美国全国没有统一的典当法规，各州的法规大同小异，然而都清一色将典当机构作为消费信贷组织即金融类组织进行监督和管理。《印第安那州典当法》规定："任何个人或者机构未经州《典当法》授权和首先从金融当局领取营业执照，均不得从事典当业务或者相关广告业务或者以典当行名义进行的业务。"一般来说，美国的典当业监管职能由各州政府的消费信贷部门和治安管理部门分别行使，如佛罗里达州是"农业和消费者服务部"，纽约州是"消费者事务管理部"等等。依据《佛罗里达州典当法》的规定，各家典当行必须把每日典当交易的清单邮至所在辖区的警察局，并允许使用电脑管理的典当行借助警方提供的功能软件，通过电子邮件上报。

英国将典当企业视作特殊的消费信贷机构，规定典当业由英国政府贸易和工业部中的公平交易处负责监管。典当行开业必须向公平交易处申领消费信贷执照，即A类执照，否则便属违法。

《瑞士民法典》第九百零七条规定："典当业，经州政府许可后，始得营业。"第九百一十五条又规定："各州得为典当业规定细则"，但"非经联邦委员会批准，不得生效"。

新加坡仿英制，视典当业为特殊的金融行业，典当业由政府律政部负责监管。该国《典当商法》第七条规定："（1）部长可以任命典当商登记官和其认为为本法的目的所必需的或者合算的数目的典当商登记官助理的其他官员。（2）登记官助理受登记官认为适当而限定的界限的界限，具有并行使本法授予登记官的所有权力。"第八条则规定："每一典当商应当每年从登记官领受从事其商务的许可证。"

香港长期以来亦从英制，其典当业的直接监管部门是特区政府警务处。港府《当押商条例》第五条规定：“处长在有人以证明的表格及方式向其提出申请并缴付证明的费用后，可向该人批出经营当押商业务的牌照。”

香港政府认为，设立典当行由警方发牌有利于监管及防范销赃。因为当铺并非大众常用服务，而开设过程亦较经营一般商店复杂，根据《当押商条例》，任何人需申请牌照，必须向警务处处长提出申请，获批牌照后才可经营典当业务，否则即属违法。

警方是签发当押商牌照及规管的部门，作用是管制典当交易，使其符合监管要求，并以正当手法经营。规管层面包括，当铺对押品损失或损伤而需承担法律责任、当铺的贷款利率、当物的拥有权及处理方式等。警方在审核每一项申请时，需仔细研究申请资料及申请人的背景，并咨询该当铺所属区域的区议员及居民意见。

由于客人将物品典当时要填个人资料，如姓名、地址及身份证号码等，故当铺亦是警方找寻赃物的其中一条线索。为防止当铺成为贼人销赃之地，警方与当铺一直有紧密合作，警方会不时将赃物的资料，如名表的款式及型号交给当铺，一旦当铺东主核对资料后发现店内当物可疑，需即时报警，助警方凭赃捉贼。

台湾地区也将典当业纳入普通经济领域进行监管。其原《当铺业管理规则》多处规定：典当业的主管机构是政府“内政部”和各级政府。该规定第六条明确指出：“设立当铺业应将左列各事项填具申请书及债务联保单等文件，连同执照费送经直辖市或县（市）警察局，审校合乎规定后，转请直辖市或县（市）政府发给营业许可执照。”

马来西亚典当业的最高监管机构是中央政府的房屋及地方政府部。该国《1972 年当商法令》第十条规定：“（1）部长可能在宪报上通告，规定一个不超过三年的期限在各州内任何特别指定地区，多少执照被批准，同时要求以规定表格投标，使获得执照权利。（2）部长可能在宪报上通告，委任某某执照官与当商检查官员在州内负起这法令下应办的工作。”

日本典当业的行业监管部门是各地公安委员会。该国《典当营业法》规定，凡从事典当业者均需经各都道府县公安委员会审校批准。从业申请书先递至辖区警察署，由其初审合格后再转呈公安委员会。警察机构是日本典当业的具体治安管理部门，这与世界各国和地区的情况基本相同。

另外值得特别注意的是：许多国家和地区普遍颁布和实施了典当专项法规，使其成为政府监管部门依法监管典当业的充分法律依据。

案例24　西方通用的典当标识

长期以来，我国当铺习惯于使用文字作为营业标识，如在门店上挂一个“当”字招牌。而西方国家则一律使用实物作为当铺标识，即欧美通用的3颗金色圆球。

据史料记载，金球标识最早起源于中世纪意大利的佛罗伦萨，是当时声名显赫、权倾一时的银行家——梅迪奇家族制服袖口上的装饰纽扣的变种。该家族称霸于15世纪的欧洲金融市场，主要经营银钱业并兼放高利贷。

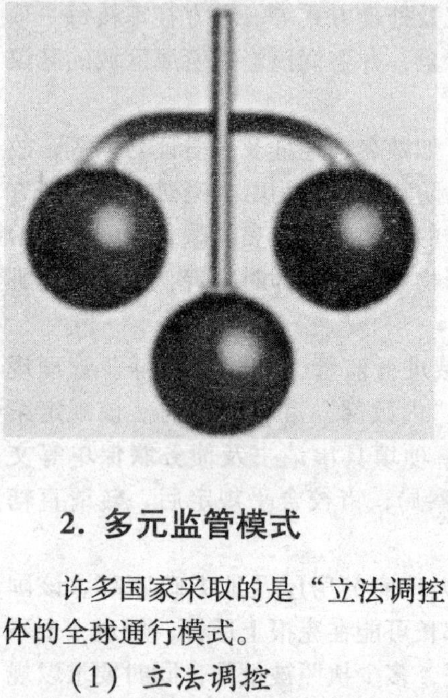

几百年来，金球造型已成为世界无人不晓的当铺标识，并被用于与典当业有关的一些领域。它通常由3颗形状和尺寸相同的圆球组成，相互以十字线连杆联结，上面2颗，下面1颗。一些当铺偶尔也使用银色圆球或蓝色圆球作为标识，但球的数量不变。

美国典当协会的会徽图案中也含有当铺球型标识，只是3颗球均未取全圆形状。相比之下，英国典当协会的会徽图案，则十分完整地移植了当铺球型标识。

2. 多元监管模式

许多国家采取的是“立法调控、行业自律为主、执法监督为辅”三位一体的全球通行模式。

（1）立法调控

世界主要国家制定了典当专项法规，旨在通过法律手段对典当业进行有效监管。如美国虽无统一的联邦典当法，但51个州区都有地方性典当立法；英国在《消费信贷法》中辟有“典当条款”专章，新加坡为《典当商法》，我国香港为《当押商条例》等。典当立法一般包括典当业市场准入条件、典当程序、典当期限、典当利率及当物处理等内容，是政府有关部门及典当行业自律组织实施监督和自律的重要法律依据。

（2）行业自律

行业自律组织是典当行业协会，各国均有。它是政府与典当企业之间的桥梁，分担了大量的政府职能，成为各国典当业监管体系中发挥作用比例最大的一方。

其一，协调功能。主要表现在配合政府依法从事行业自律方面。如就典当行的开设、布局、经营管理、风险防范、维护社会治安等环节，制定公约、行规，并处理消费者投诉，保护典当双方的合法权益。同时，代表行业利益敦促政府对典当法律进行修改完善，并采取措施约束会员企业严格遵守国家的现行法律、法规。

其二，公关功能。主要表现在对外宣传、信息发布方面。如建立网站、自办刊物、出版著作、市场调查、召开会议等，树立典当业的良好形象，推动典当业的健康发展。

其三，服务功能。主要表现在为会员企业提供经营便利方面。如各国典当业协会都制作有统一的行业标识，要求会员企业在营业场所醒目处张挂，以协会的无形资产，向消费者展示这些企业的商誉。一些国家的典当业协会还统一会员企业的当票格式，如英国；或者确定统一的典当利率，如我国台湾等等。此外，典当行业自律组织兴办典当学校或培训机构，培训典当从业人员，颁发政府认可的执业资格证书，如英、美两国等。

（3）执法监督

政府在典当业监管体系中的地位重要，但投入的力量较小，发挥作用的比例不大。大体上分为两条线：一是主管部门发照，负责典当行的市场准入和退出，属于宏观管理性质。二是执法部门负责典当业的日常治安管理，属于微观管理性质。其中后者又是政府监管的主要方面，有些国家甚至合二为一，连发照也由执法部门负责，如日本和中国香港，分别由公安委员会和警务处发照；在美国，典当经营认证由各州的消费信贷管理部门发放，各级警察局从事治安管理；在英国，政府公平交易办公室向典当行发放消费信贷执照，新加坡是律政部，马来西亚是地方政府房屋部等等。总之，各国政府的监管工作基本上局限于发照，其他大量的工作由典当行业协会依法进行。

（四）典当市场准入

由于典当业是特殊金融业，故世界各国和地区在典当市场准入方面，普遍实行许可制而非登记制，即由政府进行行政审批后，投资者才能进入典当业。

美国《亚拉巴马州典当法》第七条规定："典当商由州银行部贷款局批准发照。"《印第安那州典当法》第七条规定："典当商由州金融机构部批准发照。”《南卡罗来纳州典当法》第五条规定：“典当商由州消费信贷部批准发照。”

典当业在美国是行政许可制，即有比较严格的市场准入条件。

从合理布局上看，得克萨斯州典当法规定，新设典当行及分支机构，所在区域人口必须有 25 万以上方可被批准，且每家典当行直线距离必须在 2 英里（约合 3.2 公里）以上。路易斯安纳州规定，任何人不得距赌博场所 300 英尺内开设典当行，密西西比州则规定，开设典当行必须距海岸边赌博船坞半英里以上，否则属于违法。另外在美国巴尔的摩市，立法规定自 1996 年起不再审批新设典当行，但规定典当行可以依法转让，从而变更经营者。

美国枪支典当

从人员素质上看，美国一些州对典当从业人员普遍要求较高。如印第安那州规定，典当从业者至少应当有 2 年金融工作经历，且在州警察局没有任何犯罪记录报告，同时需有 3 封在典当行就业的推荐信，其中一封必须来自美国一家金融机构。

英国典当行设立标准是，除了一般企业的设立标准外，在英国申请设立典当行还需要以下条件。

第一，典当经营许可证书。英国典当行必须拥有典当经营许可证书，即A类许可证书，它由英国公平贸易办公室颁发。

第二，营业地址。典当行必须有相应的办公地址，通常位于主要商业街上。

第三，安全设施与商业保险。典当行对当物负有安全责任，必须采取适当安全措施保证当物完好。此外，商业保险对典当行是不可或缺的。虽然法律没有明文规定必须对当物投保，但英国典当协会建议典当行为了保持商誉与交易安全，应给予当物投保。

第四，足额资金。法律没有明确规定典当行的最低资本金额，但启动资金一般在5万～10万英镑之间。

第五，专业评估人员。鉴于英国当物主要为首饰，高水平的专业评估人员对典当行的日常运营是必需的。

《爱尔兰消费信贷法》第八条规定："凡设立典当行，必须依《1995年消费信贷法》领取《贷款人许可证》。"

在亚洲，新加坡典当行的合法营业执照有效期一年，每年换发一次。该国《典当商法》第八条（1）和（4）分别规定："每一典当商应当每年从登记官领受从事其商务的许可证，并为此将在许可证签发之前被收取部长规定的费用。""每一许可证应自签发之日开始，并于每年的12月31日终结。"据了解，新加坡政府律政部当商注册局在换发典当行营业执照时，除严格审核每家典当行的资质条件、经营业绩外，还特别注意企业的社会形象如何，即在过去一年的经营中，典当企业受公众投诉比率的高低，这已经成为典当行能否连续开业的重要参照系。此外，政府对于非法经营典当者予以严厉打击和制裁。如《典当商法》第八条（5）规定："任何人没有登记官签发的生效的有效许可证而从事典当商的行为都构成违法，并应处以不超过2000元的罚款；在第二次或者以后又再犯，应加处不超过6个月的监禁。"

相比之下，马来西亚则实行典当经营权投标制度。该国《当商法令》第九条第二款（A）和第十条第一款分别规定：当商营业执照不容许"超过3年的有效期"；3年后若继续经营，"要求以规定严格投标，使获得执照权利"。即是说，典当行从业许可证有效期3年，营业执照届满时，任何当商无一例外的都必须参加政府统一组织的公开招投标活动，并以政府接受的高价位胜出，才能获得一张有效期3年的新营业执照。这显然是马来西亚的一项特色发明，它将典当行的经营权完全市场化运作了。

斯里兰卡的典当业同样发达，且历史悠久。尽管当今银行业发达，但人们并未放弃典当这种古老的融资方式。1942 年，该国政府颁布了《典当商法令》，允许持照典当商从事典当业务。1961 年政府又通过《银行法》，授权银行也可以兼营典当，这使斯里兰卡的典当业更加兴旺，但同时不少典当行也受到银行的挑战而难以为继。

几年前，哈萨克斯坦的典当业还处在该国中央银行的严格监管之下，每一家典当行的头头与主会计师都必须由中央银行批准，并且必须要受过经济或金融高等教育，有工作经验，还要求典当行交很多的金融报表。但现在哈国政府为典当业创建了最为自由的条件。例如，所有的限制和约束都取消了：任何人都可以开当铺。

中国原《典当行管理办法》第九条规定："设立典当行，应当经所在地县级以上人民政府经济贸易委员会同意，由省级人民政府经济贸易委员会批准，报国家经济贸易委员会备案。"（同意—批准—备案）第十一条规定："设立典当行，应当持批准文件和省级人民政府经济贸易委员会核发的《典当经营许可证》，到公安机关申领《特种行业许可证》，到工商行政管理机关申请登记注册，领取营业执照后，方可营业。"

案例 25　中美典当业市场准入的非资本因素

典当业在美国是行政许可制行业而非工商登记制行业，即有比较严格的市场准入条件。

从合理布局上看，得克萨斯州典当法规定，新设典当行及分支机构，所在区域人口必须有 25 万以上方可被批准，且每家典当行直线距离必须在 2 英里（约合 3.2 公里）以上。路易斯安纳州规定，任何人不得距赌博场所 300 英尺内开设典当行，密西西比州则规定，开设典当行必须距海岸边赌博船坞半英里以上，否则属于违法。另外在美国巴尔的摩市，立法规定自 1996 年起不再审批新设典当行，但规定典当行可以依法转让，从而变更经营者。

从人员素质上看，美国一些州对典当从业人员普遍要求较高。如印第安那州规定，典当从业者至少应当有 2 年金融工作经历，且在州警察局没有任何犯罪记录报告，同时需有 3 封在典当行就业的推荐信，其中一封必须来自美国一家金融机构。

相比之下，中国典当业市场准入的非资本因素比较笼统，除治安管理外，典当立法规定得普遍不具体。如在典当行分布上，《典当管理办法》只规定：

“符合国家对典当行统筹规划、合理布局的要求”，而如何统筹、怎样合理并无标准。另如在人员素质上，该办法仅要求“有熟悉典当业务的经营管理人员及鉴定评估人员”，而何为熟悉、对什么鉴定评估并不明确。

由此可见，典当业在中国还是一个很不成熟的行业，其市场准入条件远不如美国那样严格，因而是一个相对易于进入的行业。

（五）典当企业产权性质

1. 公立、私立两种模式

在英国，典当业仅限于私营，有些著名典当行已经是百年老店，经历了某一家族好几代人的连续经营和管理。另如德国、瑞典、爱尔兰等大多数欧洲国家也如此，那里的典当行皆为民办私立。

然而在法国，典当业则一般属于各级地方政府经营，即公立当铺。另外在奥地利、意大利等国，长期以来一直是公立当铺居于统治地位。如奥地利维也纳的市政典当行，与法国巴黎的市政典当行同样显赫，在欧洲大陆国家的知名度相当高。

日本的典当企业过去是公营和私立皆有。但20世纪后期开始，公立当铺逐渐消失，典当行均为私营。

在东南亚地区，新加坡、马来西亚的典当业都是私营性质，政府资金一般不涉足这个行业。

但是泰国却属于公、私混营典当业的国家。该国不但存在着数量众多的个人独资型的典当行，还同时有各级政府直接投资和经营的公立当铺。如泰国首都曼谷市政管理委员会，60年代初期便挺进典当业，目前设有一家包括19家分支机构的典当行，在曼谷家喻户晓，经济效益和社会效益“双赢”。

相比之下，瑞士同样既有公营当铺，又有私营当铺。《瑞士民法典》有：“各州须规定，仅得许可州或乡镇的公共机构以公益企业经营典当业。”“对私营典当所的营业许可限制一定的营业期，但该期限可以更新。”

中国台湾地区也是公、私营当铺皆有。如原《当铺业管理规则》第二十九条规定：“直辖市或县（市）政府，为调节平民经济需要，应设立公营当铺，如有必要得设立分铺，并与牌号上标明直辖市或县（市）政府公立字样。”

中国法律不允许私立典当行存在。

瑞士典当行

2. 三类企业组织形式

即独资制典当行、合伙制典当行和公司制典当行。

典当业务通常比较单一，决定了典当企业的规模较小，在一定程度上更适合于个体经营。

在美国，数以万计的典当行都是个人独资企业，且绝大多数又是家庭型企业；只有七八百家典当行属于公司型企业，在组织形式上采取了合伙制或股份制，但同样都属于私营性质。

中国港澳台地区的典当行亦为独资制的居多。

中国内地只允许公司制典当行存在，且只能是有限责任公司一种企业组织形式，与《公司法》相冲突。

（六）典当企业资本金

海外一般不规定典当企业的注册资本金，但各国或地区的具体情况也不尽相同。

美国《南卡罗来纳州典当法》规定：3.5 万美元是经营典当行的最低限要求；《佛罗里达州典当法》规定：典当行开业净资产应达到5 万美元；而《印第安那州典当法》规定：开业典当行的净资产不得少于 7.5 万美元，且流动资产还至少应为5 万美元。

英国要求典当企业必须具备“适当的财力”，通常新开一家典当行，应有5 万～10 万英镑作为启动资金。

新加坡《典当商法》第九条规定：“（典当业）申请者在普通账号上存入一笔5000 元的存款，作为其许可授予的正当商务行为的担保。”而每家典当企业的注册资本下限为200 万新元。

中国台湾地区 1965 年《当铺业管理规则》第三条规定：“当铺业之资本额不得少于银元7 万元。”1982 年该规则修正案相同条款又规定：“当铺业之资本额不得少于新台币 90 万元。”但现行《当铺业法》第七条仅规定：“当铺业之最低资本额，由中央主管机关定之。”

（七）典当企业资金来源

典当行是边缘金融机构，以经营货币即对外发放贷款为主业，这就需要其有充足的资本金，从而保证日常运营。

由于典当行不吸收公众存款，故其资本构成为：自有资金 + 利润积累 + 对外筹措，其中自有资金为主，对外筹措为铺，后者属于负债经营。

从国际来看，各国和地区均允许典当行向其他金融机构融资，成为自身的重要资金来源。依日本现行有关法律，允许典当行以自有房产、仓库等不动产作为抵押，向银行举债，借贷经营，从而用于补充资金开展正常的典当业务。

马来西亚也允许典当行从各类金融机构贷款，负债经营，借贷比例是一比一，即不超过注册资本金的数额。但该国典当行不仅可以用自有资产作为债权担保，还可以用在押当物作为债权担保，后者类似于质押担保中的“转质”，属于借鸡生蛋之举，可谓一举两得。只要控制好风险，即获得了资金支持，提升了典当行的资本实力，又充分发挥了在押当物的新一轮担保功能，扩大了典

澳门老当铺

当行的运营空间。

在中国，关于典当行负债经营，人民银行监管典当业期间明确禁止，《典当行管理暂行办法》第二十五条第一款规定："典当行以使用自有资金从事质押贷款业务为限。"国家经贸委监管典当业后则有条件放开。《典当行管理办法》第四十二条第（二）项规定："典当行从金融机构贷款，余额不得超过其注册资本；典当行分支机构不得从金融机构贷款。"

（八）典当服务对象

世界各国和地区的典当服务对象主要是自然人。如美国典当人口是3450万社会公众，既有穷人又有中产阶级，而澳门典当人口则绝大多数是赌客。

在日本，经过社会的长期发展，日本的融资体系和格局已基本定型，其模式为：大企业的资金主要由城市银行、信托银行、长期信用银行等大银行提供，中小企业的资金由当地的地方银行提供，而更小的企业的资金则由遍布全国的各类非银行金融机构提供。因此，留给日本典当业的金融市场份额微乎其微，主要是担负着向公民个人发放质押贷款的职能。

在中国，由于主流融资渠道并不健全，金融机构结构不尽合理，广大中小企业融资难，故典当行的服务对象包括自然人、法人和其他组织，典当市场空间很大，尤其为中小企业服务前景可观。如企业典当交易笔数占10%，但典当金额却占90%，企业典当大有可为。

韩国因服务对象不同，当铺分为二手名牌货当铺和普通传统当铺。

位于首尔狎鸥亭洞Rodeo街头的T当铺是一家以名牌货为担保，提供贷款的名牌货专业当铺。当期一个月，月息4分。

一日，一名中年男子从购物箱里拿出一件黑色的意大利产“杰尼亚”男西装给店主看。他看到店主仔细打量西装时，多次重复说：“这件衣服就只穿过一次。”这名当出西装拿到40万韩元的男子说：“大儿子工作了，因此想给他买件西装。”他说，典当的西装是2008年4月小女儿出嫁时女婿送的礼物。中年男子原先在大企业供职，2004年退休后开了一家餐馆，但由于生意不好，于2008年6月关门，此后一直没有找到合适的赚钱途径。他说：“没有脸见女婿，因此，即使写报道也不要写我的姓名。”然后转身离开。

随着经济萧条现象日益加深，分散在首尔狎鸥亭洞和清潭洞一带的收二手名牌货的当铺最近生意兴隆，前来典当高档货的人明显增加。就是说，曾经购买过价格达数百、数千万韩元的包和首饰品的人也陷入了生计困难。首尔狎鸥亭洞Rodeo街头附近有30多家收二手名牌货的当铺。

据这里的二手名牌货当铺称，截止到2008年上半年，来此典当货物或购买货物的大部分是二三十岁的年轻人，但从经济萧条现象已非常明显的下半年开始，包括40～60岁的中老年人等，各年龄段的顾客都找到了这里，不过大多有当无赎，就是来卖货的。L当铺店主李某说：“由于经济变萧条，几乎没有人来赎当。”

T当铺店主金某说：“四五个月前，来此卖东西的人一天有10人左右，但现在已超过30人。近来很多人来这里都是要卖名牌货。”

来找二手名牌货当铺的人的情况还算好些。在传统当铺里，则有不少人拿着没有任何价值的东西试图换钱，如电热毯、老式录音机、旧相机等。当铺主人金某说：“全部都是不能典当的东西。”当户沈某则说：“为了给孩子买件冬季夹克衫而来到这里。已经来了三次，每次都说不收。”

案例26　经济下滑典当兴旺

日子难过天天过，手中无钱急需钱，这是目前印度尼西亚中低收入人家庭日常生活的一个真实写照。为适应这一社会状况和现实需要，典当业时下在印尼尚不景气的金融服务等行业中一枝独秀，特别是国营当铺，可谓是门庭若市，生意兴隆。

来自首都雅加达的消息说，近来，到当地当铺的顾客络绎不绝，仅雅加达分行一家，每天就有150～200人来这里典当物品。他们中，有的丈夫陪着妻子来，也有的孩子扶着老人来。典当的物品包括从床单到轿车等不一而足，其中，最多的还是金首饰，占典当物品的95%。

为方便群众，印尼当铺总行也抓住机会，在进一步发挥全国各个省当铺分行的作用上大做文章，为图借此机会开拓业务。业内人士称，在加强这种全国性的服务网络过程中，印尼的典当业也取得了良好的经济资产和社会效益。

典当业走势看好，的确与当铺经营方法得当密切相关。据雅加达分行主任苏瓦诺透露，2006年以来，该行已经对经营战略做出重大调整，将利润目标从去年的340亿印尼盾降低到160亿印尼盾（1美元约合1.4万印尼盾），以期扩展业务，回报社会。

苏瓦诺说，当铺按典当物品市场价的85%付款，顾客是不吃亏的。物品留在当铺的期限为4个月。到期后，如果顾客不来将自己的物品赎回，那么，当铺便将其物品拿到拍卖市场上去拍卖。如果拍卖所得高于支付原物品的金额，当铺还会将这份差额返还给原物主。

可见，老百姓大多垂青国营当铺，而不是将手中的金首饰直接卖给个体金匠，有其应急和求稳心理。据悉，多数顾客只是希望通过物品典当获得现金来解决燃眉之急，内心并不希望从此失去自己心爱的首饰和物品。虽然也有极少数人将金首饰直接卖给个体金匠，但大多数印尼人认为，在自己不了解市场行情的情况下，与个体户打交道很容易上当受骗。

欧洲的斯洛文尼亚共和国位于原南斯拉夫的西北部，所谓“传统”当铺，全斯洛文尼亚就只剩下两家了。

其中一家在西北小城施科菲亚洛卡，老板是安东·穆恩。令穆恩没有想到的是，典当这一行道最近竟然又繁荣起来。他说：“这让人清楚地感受到金融危机的存在。我们的顾客都是低收入者和家庭妇女，是那些靠几百欧元过活的人。现在他们不仅在像圣诞节这样的非常时期缺钱，而全年都缺钱。”

穆恩对典当很在行，他是从学徒做起的。他知道，人们下决心当东西很难：“这是件让人难堪的事情。所以我常常跟顾客讲，没有什么不好意思的。来这儿的顾客一般都是从银行拿不到贷款的人，我们让他们把这里看做是一个小型银行。我尽量安慰他们，跟他们说，只要按照契约办事，就可以赎回所当的物件儿。”

当然，穆恩也不会像过去那样接收所有的东西了，他要仔细斟酌后才决定收不收当物。旧的厨房用具、旧钟表、廉价首饰或者小摆设一类的东西他是拒收的。“以前我们接受几乎所有的旧东西。那时候常常出现估价问题。比如有人拿来一套银制餐具，想当200欧元。而我们只能给他当50欧元，弄不好就会吵起来。而现在顾客一般都当金首饰或者金牙什么的，这就比较好估价，我们给这些物品秤一下重量就行了。另外还有不少电器送来典当，根据购货单和保险单我们也很容易给这些物品估价。一般都是小数额的交易，超过500欧元对我们的顾客来说就是很多钱了。”

斯洛文尼亚的典当利息是每月4分。“我们尽量让典当物品物归原主。我们希望顾客能够在规定的时间期限内赎回当物。但如果他们过时不赎的话，我们就把这些物品卖给代销商。”穆恩说。但谁也不能保证这些物品能够以合适的价格卖出去。穆恩希望顾客能够按时赎回他们的当物，所以如果穆恩觉得顾客不想赎回当物的话，就会拒收。

（九）典当经营规模

这里主要是指世界各国和地区典当经营主体的保有量。

据不完全统计，按人口比例划分，中国台湾省典当行的密度最高，约合1万人一家典当行；其次是澳门，1.25万人一家；美国名列第三，每1.67万人一家典当行；日本2.11万人一家；加拿大2.16万人一家；香港3.6万人；新加坡4.24万人；马来西亚5万人；英国19.13万人；瑞典22.5万人。中国内地典当行人均保有量最低，2008年约合34.21万人一家，但北京为8万人一家，上海为9万人一家。而2000年则约合94.61万人一家，其中北京为29.41万人一家，上海为34.21万人一家。

按照台湾省的比例，中国内地理论上可有13万家典当行，即每个省级行政区4000多家，而2006年只有2930家，每个省级行政区平均才94家，从数量上说远远不够。

案例27　不俗的典当网

据介绍，随着互联网的普及，在美国纳斯达克上市的网络公司已达千家。其中唯一的一家典当网络公司是Pawnbrfoker. Com，汉译为“美国典当在线”。

它是世界上第一个典当网络平台，目前全美已有3000家典当行加盟，占到了美国典当行总数的1/5。在美国典当在线提供的网络平台上，共有2亿件各类当物寻找买主，等待变现。其中包括高档珠宝、名表、电器、乐器、收藏品等，为广大消费者购买二手货创造了便利条件。

由于经营有方，管理成功，美国典当在线自1999年12月上市后，其股票市值始终在每股6.5～8.5美元之间波动，与上市初始时的每股7美元相比，可谓变幅不大。

另外值得一提的是美国典当法规站点。该站点刊载了许多国家和美国一些州的典当法规，如加拿大不列颠哥伦比亚省典当法，2000年最新修正版，内容详尽丰富，颇具参考价值。

随着美国典当业的日益繁荣，美国各级典当行业自律组织也越办越火，有关典当的理论研究成果出现十分看好的市场行情。与此同时，美国的典当书籍也越出越多，近年比较流行的有《典当商操作手册》，信息丰富，适用于任何类型的当铺，实用性很强；《怎样开当铺》，介绍经营和管理典当行的基本常识，为有意从事典当业的人士提供了入门的要诀；《现代典当文摘》，属于综合性读物，尤其突出各类当物的评估技术，对典当行从业人员和典当师均有裨益。

（十）典当经营范围

1. 典当业务

美国当物一般只涉及有形资产中的动产类民品，常见为黄金、珠宝、钻石、金银饰品、家用电器、乐器、工具、渔具、手表、照相机、艺术品等，同时还包括合法枪支。在美国，由于当物品种的多样性、特殊性和典当交易习惯所致，美国的典当行通常分成综合性典当行和专业性典当行两大类。

综合性典当行即接受一切合法当物典当的典当机构，而专业性典当行则专门经营少数特殊类型当物的典当。从后者来说，珠宝典当和枪支典当是美国最具特色的专业化典当模式。如美国一些典当行对外称作“珠宝店”，通常只做珠宝、钻石、金银饰品等典当生意。另由于美国是枪支大国，枪支的流通率很高，故美国有些典当行专门经营合法枪支的典当，其商业字号也干脆叫做“枪店”或“枪店与当铺”，这样的典当行名称和典当生意在世界上绝无仅有。

案例28 买枪成杀手

2007年4月16日，美国弗吉尼亚理工大学发生了美国历史上最大的校园枪击案，而凶手赵承熙使用的2把手枪中的一把就是从典当行购买的。据美国媒体报道，赵承熙于2月9日在学校对面的JND典当行购买了一把22毫米的“瓦尔特P22”手枪，这种手枪做工精良，但价格昂贵，属于美国警察和枪支狂热爱好者偏爱的枪支类型。正是用这把手枪和另一把从枪店中买的手枪，他在犯罪现场共发射200多发子弹，杀死32人。

杀手买枪的典当行

英国典当业的经营范围比美国宽泛得多。它一方面以民品为主，其中最大宗的是珠宝典当；另一方面在动产类中包括汽车、赛车等典当，在财产权利即无形财产方面，则包括股票等有价证券典当。

加拿大的当物类型与美国相似，主要是民品，其中珠宝、乐器、金银饰品更多一些。

新加坡只允许动产典当。该国《典当商法》第三条规定：典当商“应当认定为从事收取典当动产商务的人”。

越南允许典当民用飞行器，但该国《民航法》第十九条规定：典当飞行器必须写成书面形式，并在登记处登记署登记后方能生效。

香港《当押商条例》第二十一条规定：身份证、护照、银行存折、照片等，不得作为典当品。一般典当行主要以金饰、手表、（打）火机、金笔等民品为当物。

台湾地区规定的禁当物品有：违禁物品、有价证券及各种存款凭证、机关印信及其他政府机关管理之财物、军警制服及其他附属物品、政府核发之证照及私人身份证明文件。

以上表明，世界各国和地区的典当经营范围大同小异，但亦存在一些特点：

其一，当物以个人财产为主，通常为公物不当。至于公物的标准，各国和地区自有界定。

其二，当物以动产为主，不动产几乎不用于典当。这与世界上不动产一般只作为抵押标的而不作为质押标的的通行法规和惯例相一致。

其三，当物以动产类中的民品为主，通常是珠宝、钻石、金银饰品和其他日常生活用品等。

2. 非典当业务

除了典当业务之外，许多国家的典当行还从事非典当业务，即发挥多元化营销作用。

首先，多元化营销作用是典当行的社会作用。

典当行的多元化营销作用是一种客观存在，其中除了变卖或拍卖绝当物品外，从事其他相关商品的寄售和零售业务，对于古今中外的典当行来说亦非常普遍。

仅以当代美国的典当行为例。美国第二大典当企业——EZ 典当公司，截至 1999 年 12 月共有 334 家分支机构，其中最大的一家连锁店用于借贷业务的面积为 3200 平方英尺，约合 297 平方米；而用于各类商品零售业务的面积也达 1800 平方英尺，约合 167 平方米。该公司过去 3 年来的各类商品销售年度营业额均在 1 亿多美元，其中 1998 年为 1.123 亿美元，1999 年升至 1.300 亿美元，2000 年又高达 1.399 亿美元，分别超过同期典当服务费收入 5287 万美元、5870.2 万美元和 5747.5 万美元二倍以上。而该公司 3 年来的赎当率一直保持在 70% 左右，即绝当物品价值分别为 6029.7 万美元、7790.8 万美元和 7180 万美元，说明该公司每年全部商品销售额不光来自绝当物品，还包括其他来源的商品，否则不可能卖价这样高，均冲上 1 亿多美元。

另据美国典当上市公司之一的美国典当市场有限公司统计，1999 年财政年度，该公司的典当服务费收入占公司总收入 31.9%，而各类商品包括死当物品在内的销售收入则占66.9%，多元化商品销售功能发挥的作用显而易见。

以上情况表明，典当行的商品销售对象虽以绝当物品为主，但同时也开展其他商品的零售和寄售业务。如零售可以批发或购进新旧货物赚取商品差价为目的；而寄售则以为客户代理销售旧货为主，典当行赚取的是服务费。典当行这种多元化的市场营销作用，是在长期的历史发展中形成的客观社会作用。由于典当行发放贷款必须以物质押，即对当物（旧货）进行鉴定、评估、作价，故其能够积累起丰富的旧货业务经验，而零售、寄售、变卖时，又主要是以旧货为交易对象，所以典当行的多元化商品销售功能具有一种天然的客观必然性。即它一方面经营货币从事金融借贷活动，另一方面经营旧货进行商品销售活动，且销售方式多样，零售、寄售、变卖和拍卖四位一体。

这种多元化的市场营销作用使典当行在社会经济发展过程中，能够更加全面地满足广大客户的需要。客户到典当行可以从事典当交易，以具有一定价值的物品或者财产权利质押担保换取当金；或者从事商品交易，购买典当行销售的绝当物品或其他物品；或者将自己打算出卖的物品送至典当行代为销售等等。如此一来，典当行的业务范围得到合理扩大，商品销售功能得以充分发挥。就好比现在人们进入银行，即可以储蓄、贷款，又可以由其代收各种费用，消费者进一家门便能办妥几样事，金融活动与商业活动交叉进行，各取所需。

反过来说，如果人为地禁止典当行从事零售和寄售活动，只允许其在一个十分狭小的范围内经营，实际上是限制了典当行与生俱来的多元化商品销售功能和市场营销作用的发挥。其结果必然造成典当行部分社会功能的闲置，使广大消费者只能分头再去找旧货商店或寄卖行从事原本能在典当行就直接完成的商品交易行为。

其次，多元化营销作用是典当行的法定作用。

这一点在国外典当立法中十分突出，典当行的多元化市场营销作用普遍受到法律的承认和保护。如1998年1月1日起实施的美国《佛罗里达州典当业法》规定："典当商也可以从事货物买卖，包括寄售和零售。"而该州早些时候的典当法则曾更加明确地指出："典当交易指典当行任何买卖、寄售、典当旧货的行为。"另如加拿大不列颠哥伦比亚省1996年实施的《典当商法》规定："典当商指从事典当并货物买卖的人。"在这里我们看到，外国普遍以立法形式对典当行的多元化商品销售功能和市场营销作用加以确认，允许典当行从事除绝当处理之外的商品零售和寄售活动。因此，国外一些典当行在向客户介绍本企业的经营范围时，往往提到三个英文词汇：即loan、buy、sell，分别表示发放贷款、买进和卖出货物。其中关于卖出货物的基本方式包括对新旧货的零售、旧货的寄售和死当物品的变卖及拍卖。

国外典当立法不仅对典当行多元化的商品销售功能以具体法律条款的形式予以规范，而且一些典当法律的名称本身就体现出典当行的这种全方位的销售功能和市场营销作用。如美国爱达荷州的典当法律称为《旧货商和典当商法》，视典当行与旧货商店为一体，法律上承认典当行的旧货买卖功能。华盛顿州叫《典当商和旧货商法》，同样对典当行与旧货商店之间的密切联系充分肯定，允许典当行从事旧货买卖。另在澳大利亚，1998 年 7 月修正施行的典当法律也称《旧货商和典当商法》，对典当行与旧货商店共同的旧货买卖业务予以法律界定，使这两个相近的行业在相同的一部法律中得到必要的规范。

实践表明，将多元化的市场营销作用作为典当行的一项重的法定作用看待，体现了西方发达国家典当立法的健全和成熟，反映出其典当法律对典当行全方位商品销售功能比较准确的认识。相比之下，我国典当立法还远远落后于典当实践，迄今为止始终未能全面认识典当行的商品销售功能及其重要性，甚至明文规定禁止典当行从事零售和寄售业务。如中国人民银行 1996 年 4 月颁布施行的《典当行管理暂行办法》第二十五条规定：典当行不得经营“商品寄售、零售以及旧物收购”业务。后来国家经贸委和商务部分别接管典当业监管职责以来，也同样明确禁止典当行从事零售和案售业务。

对此我们认为，这是对典当行传统固有功能不了解或不重视的一种反映。不利于现代典当行向全方位的服务角色发展，实际上迫使许多典当行在“地下”发挥其本身所拥有、但却未受到法律保护的多元化商品销售功能，这不能不说是我国典当立法的一个重大缺憾。

（十一）典当经营模式

1. 重视资本运作

维系企业可持续发展的动力之一是资金实力。对此，国外典当企业十分清楚，而且许多典当行除做金融中介业务外，还从事多种经营，这就更需要以雄厚的资金作为生存与发展的强大基础。

在国外，特别是美国一些大典当企业为源源不断地获取资金，一般都选择主要的资本运作方式，即发行股票上市，成为上市典当行。截至目前，美国共有5家上市典当行。

如美国EZ典当公司，2002年10月市值2634万美元，每股2.45美元；而2003年12月26日每股已升至8.47美元，公司经济效益大幅度增长。2007年10月市值更是升至5.48亿美元，每股14.30美元。

再如第一现金服务有限公司，2001年7月市值6352万美元，每股7.56美元；2002年2月市值略升，达到7140万美元，每只股票7.93美元；2007年11月市值再升至4.28亿美元，每股27.56美元。

这表明，典当企业上市融资，已成为当代世界典当业的一大潮流。典当企业从事成功的资本运作（当然并不局限于发行股票一种），有利于其做大做强，有利于其进一步拓宽融资渠道和经营范围，无疑是典当行迅速稳健发展的充分保证。

2. 实行连锁经营

连锁制是一种现代化的企业组织形式和经营方式。其实质是社会化工业大生产原理在流通业、服务业等行业中的应用，具有广泛的行业适应性。其核心是标准化、专业化和统一化的结合，尤其追求企业标准、经营理念、基本运作、特色服务和科学管理的统一。连锁制的这些优点，于20世纪中后期逐渐被国外的典当企业所采纳。

如美国国际典当有限公司，总部在得克萨斯州沃思堡市，总共有487家连锁典当行，其中在美国本土22个州有412家，英国、瑞典共有53家，员工总数5152人。另如1989年5月成立的EZ典当行，员工3100人，在美国本土12个州有280家连锁典当行；第一现金服务有限公司则在美国本土11个州和墨西哥共有连锁典当行243家。

欧美其他国家的大典当企业同样实行连锁经营。英国最大的邦德典当行有120家连锁，排名第二的哈维·汤普森典当行有100家。墨西哥最大的典当行——怜悯山当铺在国内共有90多家典当行，仅在首都墨西哥城就有14家。

案例29 海外典当行一瞥

美国西雅图有一家典当行，其商业字号称为“快捷贷款站”，甚具吸引力，令人垂涎欲滴。澳大利亚的一些当铺名称亦很抓人，如叫“现金俱乐部”、“勇敢者贷款办公室”等。这些典当行均在店名上下工夫，原因之一是避开传统典当中“当”字给人所留下的不好印象。

在南非，目前典当业十分红火，穷人、富人皆有典当融资的经历。其中，有一家叫“五星当铺”的典当行经营效益最好。该行的商业口号是：“我们以最低的利率放款!”这使许多客房不断光顾，典当交易非常畅旺。五星当铺也因此延长营业时间，每周一至五，早8点至晚5点开门，周六8点至13点，只在周日和公共节假日才关门谢客。相比之下，澳大利亚的典当行一般上午9点开始营业，每周六中午12点就打烊了。

在英国，许多典当行是百年老店，几代人前赴后继悉心经营，生意一直火爆。如“梅家族典当珠宝店”建于1825年，现在是英国西北部最大的典当行。另如位于伦敦的“汤普森典当公司”，1837年领取的出生证，主要从事钻石、珠宝、手表、相机、首饰、乐器等品类的动产典当。1999年5月，该公司与英国另一家大当铺哈维典当行实行资产重组，更名为“哈维·汤普森典当公司”，致使这两家强强联合的典当行成为英国典当行业中的龙头老大。

泰国曼谷市政府搞了一家公立典当行，连锁经营十分成功，全市19家分支机构。

澳门当铺虽然不大，但连锁经营却搞得较好。当户可以在澳门典当香港取赎，港澳连锁，十分方便。

由此可见，典当企业实行连锁经营，特别是国际化连锁经营，有利于优化典当资源配置，有利于合理调度和运用企业资金，有利于增强企业的市场竞争能力并提升企业的整体形象，因而是典当企业立足本土，走向世界的一条有效途径。但中国差距较大，原《典当行管理办法》第十二条规定：典当行不得跨省（自治区、直辖市）设立分支机构。

（十二）典当金额

典当行是从事特殊质押贷款的金融机构。然而世界各国和地区的典当法规，对其每笔发放的贷款数额通常都有明确的限制，着重突出典当机构的小额金融信贷特色。

在美国，典当行每笔发放的当金数额平均为70～100美元，但低的仅为20美元，而高的则可达数千美元或更多。由于各州的典当法律不同，故各州典当行的典当金额上限颇有差异。

新墨西哥和南卡罗纳州的法定当金上限最低，规定仅为2000美元；其次较低的州是怀俄明州，当金上限为3000美元；堪萨斯州则为5000美元。在夏威夷州，一笔当金的高限数额是1万美元；得克萨斯州达到1.1250万美元；最高的州是俄克拉何马州，当金上限为2.5万美元。此外，美国许多州的法律对典当金额的上限标准没有明确的说法，只是规定某一数额以上的典当利率不再变化，以此来约束典当行对典当金额的发放。

英国典当行

长期以来，英国每笔当金的法定数额上限都是 50 英镑，不允许突破。《1974 年消费信贷法》将其暴升至 5000 英镑，1983 年又依法增加到 1.5 万英镑，1988 年则再提高到创纪录的 2.5 万英镑。经过几次调整，英国典当行的融资作用无可否认地得到了进一步发挥。

在东南亚，新、马、泰三国均立法规定了典当金额的上限标准。新加坡《典当商法》第三条规定：典当行只能向当户"支付或者预付或者借给一笔或者几笔不超过 1000 元的货币"，即当金上限为 1000 新元。马来西亚《1972 年当商法令》第三条规定：典当行只能"向其他人士收取或领取任何物品，而付予或预先给予或借予不超过 5000 元的款项"，即当金上限为 5000 马元。泰国的法定典当金额上限是 10 万泰铢。

泰国典当行

香港长期以来对每笔当金的最高数额亦有十分严格的限制。有资料显示，1950 年的当金上限是 500 港元，1984 年提高到了 2. 5 万港元。而 1990 年修正的《当押商条例》附表 1 中规定：“本条例适用的最高贷款额为 5 万港元。”即从 1984 年的 2. 5 万港元增加至 5 万港元，2009 年则又增加至 10 万港元，从而给予典当机构较大的资金运作空间。

案例 30　买票缺钱当名表

一天下午，南京某典当行接到一位一口京腔的日本女士从北京打来的电话。她老公现在南京办企业，因事急需她带 2 个专家明天一早赶到南京，但她买机票的钱一时不够，让老公在南京用名表当点钱给她汇过去。因老公的普通话太“业余”，于是，只好由她长途电话先帮着联系。

半个小时后，老公赶到，把一块崭新的瑞士“帝驼”表当了 15 天。然后，用银行卡给她“刷”过去 5000 元。15 天后，夫妻俩到夫子庙游玩时，只交了区区 37. 5 元的典当息费，就把名表赎了回去。临走时，那位妻子又发挥了一下她纯正的中国话：“我老公常住南京，以后请多多关照，谢谢。”

（十三）典当期限

典当期限是典当行允许当户使用当金的时间界限，它同时也是典当行可以占有当户所交付当物的时间界限。典当期限届满，当户偿还当金本息及相应费用后，有权赎当；典当行接受赎当后，则有义务向当户返还当物。

按照世界各国和地区的立法规定，典当期限亦分为法定当期和约定当期两种类型。

1. 法定当期

指立法规定当期的期次或者当期的上下限，不允许典当双方任意选定，又细分为全部法定或部分法定。

一是法定当期期次，表现为全部法定。即典当双方进行一次性典当交易行为的期限单位，通常以日或月为单位计算。如当户向典当行举债，只能以1个月、2个月、3个月等月为单位划定借贷期限，此处的不同月期限，便为法定当期期次。我国原《广东省典当条例》第二十条规定："典当期限分为10日期、1个月期、3个月期。"这里的当期期次是三档，而当期上限是3个月。这里的当期期次和当期上限同时由立法规定。

二是法定当期上下限，表现为部分法定。即典当双方进行一次性典当交易行为的最长期限和最短期限，通常也以日或月为单位计算。如当户向典当行借贷一次，希望典当期限为2个月，但实际上法律规定最短是3个月或最长是1个月。这里的1个月和3个月便分别是典当期限的上限和下限。

美国各州的法定当期上限均不相同，长短皆有，通常平均最长为60天左右的居多。中国人民银行《典当行管理暂行办法》第三十条规定的当期上限是"典当期限最长为3个月"。而商务部《典当管理办法》第三十六条则调整为：当期"最长为6个月"。这里的当期上限是法定的，而当期期次是约定的。

有些国家和地区还有法定当期下限。如美国《北卡罗来纳州典当法》规定："典当期限不低于30天。"而《亚利桑那州典当法》则规定："典当期限至少90天。"我国台湾《当铺业法》第二十一条规定：典当期限"不得少于3个月，少于3个月者，概以3个月计算"。这里的当期下限是法定的，而当期期次是约定的。

2. 约定当期

指当期的期次或者当期的上下限均无立法规定，允许典当双方任意选定。突出地表现为是全部约定，而不是像只有当期期次属于约定性质的那种部分约定。

如在美国阿肯色、康涅狄格、特拉华等州，均无关于当期期次或者当期上下限的任何立法规定，完全由典当双方在典当交易中自由约定。

典当期限是典当双方都必须正确认识的问题。

（1）从典当行来说，当期长短利弊皆有

当期长，表现为高利高风险。通常存在着四种可能性。一是典当行获得较丰厚的息费收入，这是典当行追求长当期的出发点和目的。二是典当行的借贷风险增加，长当期会使典当行的当金本息难以收回，因为当期越长，各种不确定的因素也越多。三是典当行的当物保管压力上升，长当期会使当物难以达到理想的仓储效果。甚至会因保管不善致典当行遭受损失。四是典当行一旦面临长当期所造成的绝当，在处置过程中会因市场行情变化过快面临变现风险。

当期短，表现为低利低风险。正好与当期长的结果相反。诸如典当行虽息费收入较低，但其当金本息及相应费用却会回笼较早，有利于加快典当行的资金周转；而其他各项风险亦会有所降低等等。

（2）从当户来说，当期长短同样利弊皆有

当期长，当户获得典当行货币使用权的时间充裕，有利于最大限度地满足其自身的生产、经营或者生活消费的需要，亦会使当户偿还典当行当金本息及相应费用的能力得到有效的积聚。然而当期长，便意味着当户向典当行支付当金息费的负担加重，加上其他一些不利因素，则会因此造成绝当。

当期短，当户向典当行支付当金息费的压力虽会有所减轻，但偿还时间的紧迫却会形成其另一种现实的债务负担。

世界各国和地区的典当期限长短不一，通常以月为单位计算。

关于典当期限，美国 50 个州和首都哥伦比亚特区的相关法规不尽相同，甚至出入颇大。

当期最长的州是新泽西州，1994 年 3 月以来，一直实行的是 12 个月。其次是佛蒙特州和密歇根州，当期为 6 个月。再有就是纽约州和马萨诸塞州，当期为 4 个月；另外内华达州为 120 天。

在美国，不少州的法定典当期限为 90 天，如印第安那州、肯塔基州、新墨西哥州、密苏里州、北卡罗来纳州等。与此同时，实行 30 天典当期限的州也有一些，如密西西比州等。

相比之下，典当期限为60天的在美国比较普遍，共有10个州实行这样的法定当期，比例占到了20%左右。

根据精确统计，现行美国典当期限平均为69.8天，即2个多月。这表明，美国的当期总体上还是偏短的。

英国现行法定当期为6个月，但当户可与典当行协议适当延长。如该国《1974年消费信贷法》第一百一十六条规定：“（1）典当物品在6个月当期内可随时赎回。（2）除第（1）款有规定外，赎当期限也即为典当商与当户协议以典当方式担保债权的期限，若双方同意延长这一期限亦同。”此外，英国典当业协会在推广使用的格式当票上也明确指出：典当期限为6个月或典当双方约定的更长赎期。

瑞典的当期是4～6个月不等，具体情况根据当金数额的大小而定。

澳大利亚规定，除非典当商与当户特殊约定，一般当物保存期限为3个月。3个月后，除非物品被售出或已在拍卖，当户可在任何时候赎回当物，典当商不能收取当户超期利息，但可收取相应的超期保管费。如当户遗失当票，他仍可提供证明其身份的文件赎回当物。而且，即便典当期限已经结束，当户与典当商也可协商同意延长典当期限。

新加坡的当期从英国，亦定为6个月，同时允许当户与典当行之间协议延长，该国《典当商法》第十六条规定：“每典质（即当物）应当自典当之日起的6个月内可以赎回”，但规定典当当天不许赎回。

马来西亚的当期法定为6个月，并允许协议延长或上利清票后续展3个月以上。该国《1972年当商法令》第十八条规定：“在此法令下，礼申当商于典当日起至6个月期间内或经双方同意延长的期间内让任何人出示当票并付清贷款母利时（代人赎贷）赎回典押品”；第19条则规定：“当任何人出示当票及清还有关典当品的利息后，则礼申人可以在该人的要求下延长赎期至少不少过3个月的期限。”

泰国公立当铺的典当期限为5个月，俗称150天，这对于普通当户来说，还款及赎当的时间均比较充分。

香港当期为农历4个月，不以公历计。

澳门当期为3个月。

台湾当期也是3个月，其《当铺业法》第二十一条规定：“当铺业之满当期限，不得少于3个月，少于3个月者，概以3个月计之。”

案例31　菲佣救活港岛当铺

有140多年历史的香港典当业近来遇到了新鲜事，大批菲律宾女佣开始成为港岛当铺的常客，为不甚景气的典当业增添了活力。

据介绍，这些菲佣一般利用双休日去当铺交易，当物多为金银饰品。如在德辅道邻近中环街市的一家押店，常有一群一群的菲佣蜂拥而至，令当铺老板忙得不亦乐乎。尽管菲佣与押店“朝奉”语言不通，但收当金银饰品是当铺的强项，故无需太多沟通，作价同样准确。难怪一名菲佣用英语表示，她当了一对耳环，竟获取500港元，这使她颇感意外。

然而，香港海外女佣雇主协会主席容女士称，对于菲佣典当一事应持谨慎态度，因为“树大有枯枝”，菲佣的当物也存在赃当嫌疑。她提醒说，有些菲佣利用打工之便，偷盗雇主财产，才有当物去押店套现。她指出：一旦发现来港不久的菲佣即拥有较多金饰，雇主便需注意，以防家中财产失窃。

不过，现时香港押店对于来押物品的来历，并没有一套完善的检核方法，有押店职员更加表示，很难分辨押物是否贼赃，不过他们也不担心会因此招致太大损失。

土瓜湾一间押店的职员说，他也得悉中区一间押店，近来生意甚佳，原因是多了一批外籍女佣工光顾，将物品交到押店典当。他称押店绝对不会接受贼物，不过押店本身很难确定来押物品是否属于来押者所有，行内一贯的做法，是要求顾客签字申明来押物品属他们所有。另一方面，他们会记录来押者的个人资料，如他们的身份证或护照等。

他承认这样的做法，并不能杜绝损失，只是希望能借此避免负上法律责任。他说以往警方亦曾在押店起回赃物，不过数量不多。故此，他们也不太担心会招致重大损失，因为经营押店本身亦有一定风险，如事事担心，根本不能在此行立足。

（十四）典当息费

典当是以物换钱的特殊融资方式，当户与典当行的典当交易行为是一种商品交换行为。在这里，典当双方商品交换的标的是货币，当户获得了资金的使用权，必须承受一定的资金价格负担，即向典当行支付一定的当金利息，同时还应当支付一定的相应费用，如鉴定、评估、保管、保险等费用。

一方面，它具有方便、快捷的重要优点，常使当户在极短的时间内融资成功，因而其典当贷款的息费较高。另一方面，典当机构发放的贷款一般为小额贷款，这使典当交易的成本相对较高，故典当息费也达到高于一般金融机构贷款的水平。

古往今来，世界各国和地区的典当立法，均对典当息费制度予以明确的规定。

1. 在收取方式上

通常采取以下两种方式：

（1）单一费用制

即只收当金利息不收其他费用的典当收费制度。世界上不少国家和地区实行这种制度。仅以美国为例，收取当金利息的方式五花八门，大致有以下一些：

一是根据当期长短征收。属于固定比例利息制。如亚拉巴马、密西西比和蒙大拿三州的月利率均为25%，夏威夷州20%，堪萨斯州10%，新泽西州和威斯康星州各为3%等。

二是根据当金多少征收。属于差别比例利息制。如科罗拉多州当金50美元以下月利率20%，50美元以上则为10%；又如缅因州500元美以下25%，500美元以上则为20%等等。

三是根据交易次数征收。属于非比例利息制。如佛罗里达州最少收5美元，佐治亚州则最少收10美元等等。

四是根据当物类型征收。属于非比例利息制。如密歇根州规定，凡当物为非珠宝类型，则每月加收0.1美元。

实行单一费用制的优点是，不致使当户产生歧义，因为典当行只收取一种费用，故当户心理上的感觉要好一些。如香港《当押商条例》第十一条第四款规定：当押商不得“在本金、利息……款项之外，要求支付或收取任何款项”。然而这种单一费用制的缺陷却是，典当行收取费用的透明度不够，实际上在利息中或许已经包含了其他科目的相应费用，属于收在暗处。

（2）多元费用制

即既收当金利息又收其他费用的典当收费制度。世界上许多国家和地区实行这种制度。举例来说，一些国家收取综合费用的方式同样五花八门，大致有以下一些：

一是根据当期长短征收。如我国人民银行和国家经贸委监管典当业期间，均分别立法规定，典当行执行的月利率为银行同期同档次法定利率并适当上浮，而月综合费率则为4.5%。

二是根据当金多少征收。如美国《加利福尼亚州典当法》规定：当金15～

20 美元至 2100～2500 美元，当期在 90 天以下的，可向当户收取 3～140 美元服务费，利息另付。

三是根据交易次数征收。如美国《内华达州典当法》规定：每次典当交易均可向当户收取 5 美元手续费，利息另付。

四是根据当物数量征收。如美国《亚利桑那州典当法》规定：每件当物可向当户收取 5 美元保管费，利息另付。

实行多元费用制的好处在于，每笔息费科目具体，属于收在明处，不致使当户产生歧义。但过多的收费科目却有可能造成当户的反感，认为典当行的综合资金价格太高。

2. 在利率水平上

从美国来看，美国各地的典当利率极不相同，主要因典当市场大小、当金供求情况、各州法律规定而形成差异。美国的典当利率实行两种模式：

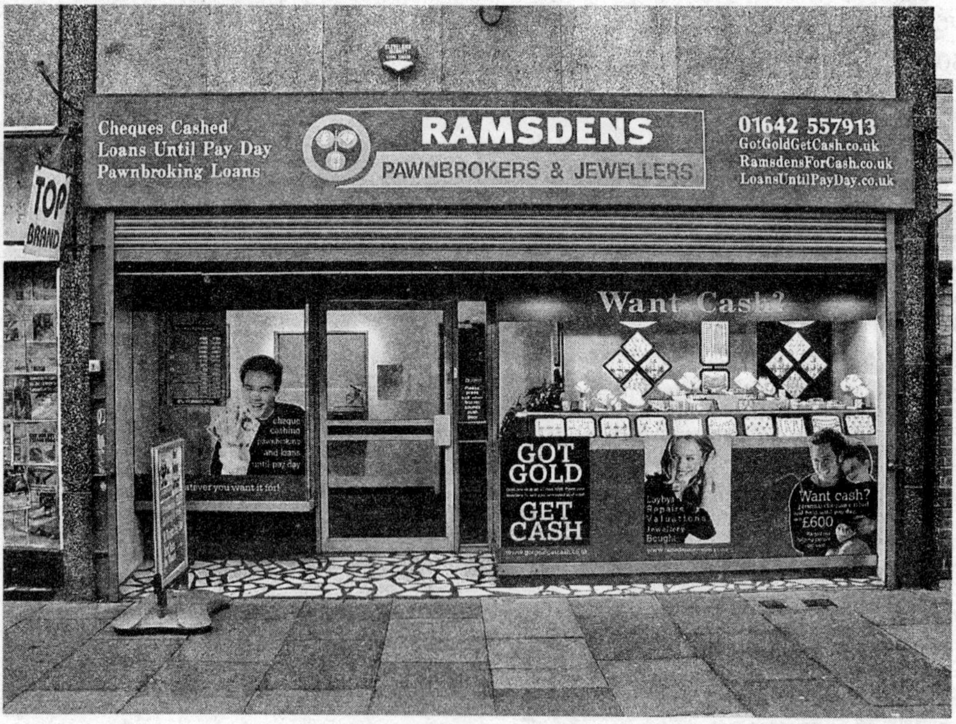

英国典当行

其一是非差别月利率。如亚拉巴马、夏威夷、堪萨斯等州均如此，其中最高月利率为25%，最低3%。无论高低，每月固定不变。

其二是差别月利率。如缅因、罗德岛、弗吉尼亚等州皆这样，其中有的州根据当金数额大小决定典当利率，有的州根据典当期限长短决定典当利率；最高月利率达25%，最低则为1%，一般月利在二三分的较多见。

英国自《1872年典当商法》问世，该国的典当月利率便为2%。然而至20世纪70年代末，英国开始实行差别利率制，规定月息2分不变，但当金在50英镑以上者则予以酌减。

新加坡的法定月利率为1.5%，这项规定已保持百年不变。

泰国公立当铺实行差别典当利率制。规定：当金在3000泰铢以下者，月利率0.95%；3000泰铢以上者则为2%。但该国私营典当行的贷款月利率却是非差别性质的，一般为2%，即典当月息2分。

马来西亚起先实行差别典当利率制，如《1972的当商法令》规定：当金10马元者典当月利率1%，10～50马元为2%，50马元以上则为1.5%。1982年典当法律修正后，马来西亚便改行非差别典当利率制，统一规定为，当金10马元以上者，典当月利率均为2%。

香港自1984年以后实行农历月典当利率3.5%。

澳门的法定典当利率为每月5%。

台湾当息曾长期没有确切的规定。如原《当铺业管理规则》第十七条称："当铺业之月息利率，由省、直辖市主管机关会同财政有关机关及该同业公会依照当地银行担保放款通行利率，参酌物价指数、当地经济情况及公营当铺利率分别议定之。"然而现《当铺业法》第十一条规定：年率"最高不得超过48%"，即每月4分。

案例32 经济危机典当火

2009年1月的西班牙，到处都是长长的队伍。失业率升高、物价上涨、利率提高和信贷限制让许多西班牙家庭都在临近月底时出现了手头拮据的情况。于是，西班牙的当铺顾客云集。也许在这个危机四伏的冬天，21世纪的新债权机构是唯一紧俏的买卖。

房地产市场泡沫破裂是解释费尔南多·罗梅罗（化名）在寒冷冬季的午后心甘情愿地来到马德里银行集团下属的典当行排队的原因之一。他来这里典当一只价值3000欧元的金表，"我希望能当500欧元，好用来支付我欠下的电话费。"在这家典当行的等候大厅里挤满了前来典当物品的人。

费尔南多是西班牙每年光顾典当行的17万多名顾客当中的一员。在西班牙，共有21家典当行，它们分属于各家银行。2008年2月的统计数据显示，有效的39.1万笔典当业务共带来了1.88亿欧元的收益，比上一年增加了14%。西班牙全国典当委员会的安东尼奥·克拉雷特·加西亚说："典当买卖总是在经济困难时期出现繁荣。"

一家典当行的发言人罗莎·里奥哈说："对于我们这个行业来说，危机就是业务增长的机会。"这家典当行在西班牙开设有6家店铺，并正在计划以特许经营的方式继续扩张。

（十五）绝当处理

处理绝当物品，是典当行通过变现弥补损失并期望盈利的必要经营过程。对此，世界各国和地区均立法保护典当双方的合法权益，使绝当处理始终纳入市场化、正规化、法制化的轨道。

国际典当法律关于绝当处理的内容通常强调三个方面。一是绝当制度设计问题，二是绝当物品所有权的转移问题，三是绝当物品的处置方式问题。

1. 绝当制度设计

绝当制度设计是指典当期限届满另加一定的宽限期终止后，当户既不赎当也不续当时，典当行关于绝当的程序安排。

如当期30天，宽限期10天，表明当户可以在40天之内随时赎当，但40天后，当户仍不赎当也不续当，则典当行便可以依法启动绝当程序，有权以相应方式处置当物。

然而，比较世界各国和地区的典当法规，我们却会发现，我国长期以来实行的绝当制度明显存在着重大缺陷。

（1）宽限期规定不合理

从国际典当惯例来看，大多数国家和地区实行的是长宽限期、弹性宽限期。如英国规定绝当是指从典当之日起计6个月，即6个月之内当户均可赎当，6个月后绝当；美国有些州是90天，有些州则是4个月或6个月不等；新加坡是6个月，泰国是5个月，我国香港和台湾分别是农历4个月和公历3个月等等。这种绝当制度要求，无论当期长短，当户都能享有一个较长的、非固定的宽限期，如在英国，当期1个月，则宽限期就是5个月；当期4个月，则宽限期就是2个月，宽限期随当期自动调节，依此类推。

相比之下，我国典当业复出20多年来始终实行的都是短宽限期、固定宽限期。如中国人民银行监管典当业期间曾规定，自典当期限届满10日内，当户既不赎当也不续当的为绝当，而原国家经贸委和商务部更是相继将10日又缩短为5日。按照后两种绝当制度，无论当期长短，当户都只能享有一个极短的、固定的宽限期。如当期15天，则宽限期是5天，即20天就绝当；当期1个月，则宽限期也是5天，即1个月零5天就绝当；当期3个月，则宽限期还是5天，即3个月零5天就绝当；宽限期不能自动调节，依此类推。

由此可见，我国现行的绝当制度给当户所留的宽限期太短，这样不利于当户筹资赎当，也是完全不符合国际典当惯例的，甚至有显失公平之嫌。

(2) 绝当后收费难解决

从典当业的性质来看，发放贷款收取息费是典当行的主营业务，而绝当并非典当行的最佳营利渠道。因为，典当行是融资平台，而不是二手货收购站，绝当多了对典当行并没有更多的好处。故此，典当的绝当制度设计应当倾向于长宽限期、弹性宽限期，即为广大当户提供一个尽可能宽松的、人性化的绝当期限，旨在鼓励其赎当，从而由典当行赚取合理的典当息费。

然而，按照我国现行的绝当制度，典当期限届满另加5天后就绝当，事实上对典当行本身并不利。如某当户当期1个月，逾期5天赎当，典当行只能收取5天的逾期息费（包括罚息等，下同）；而该当户逾期20天赎当，则前5天属绝当前，可依法收取息费，而后15天属绝当后，收取息费于法无据。也正因为如此，在实践中，各地人民法院对于典当行收取绝当后息费的行为往往不予支持，从而导致一些典当行遭受许多经济上的损失。

相反，如果按照国际典当惯例设计绝当制度，典当行就能收取更多的绝当前息费。如，假设自典当之日起6个月才绝当，某当户当期1个月、逾期5个月赎当，则典当行可以依法收取长达5个月的逾期息费，这比当期1个月、逾期5天赎当对典当行有利得多。而且，此处收取的息费属于绝当前，不会像绝当后那样引起任何法律纠纷，故典当行理直气壮，毫无风险。

综上所述，我国现行的绝当制度应当重新设计，且越早越好，这样才能更加有利于我国典当业的健康发展。

2. 关于绝当物所有权转移，世界通行两种法定制度

(1) 单一制

即立法规定凡绝当物品，无论当金数额大小，其所有权一律自动转移至典当行，成为典当行的财产。

如美国《得克萨斯州典当法》、《密苏里州典当法》等都有类似的规定。

香港《当押商条例》第八条（1）规定："除本条例及任何其他法律另有规定外，当押物品如在当押商贷出任何款项的日期起计4个农历月届满时仍未被赎回，则成为当押商的财产。"

台湾《当铺业法》第二十一条规定："满当后5日内仍得取赎或付清利息顺延质当。届期不取赎或顺延质当者，质当物所有权移转于当铺业。"

（2）差额制

即立法规定一个界限，根据当金数额大小来决定绝当物品所有权是否自动转移。通常在法定数额界限以下的绝当物品转移所有权至典当行，而法定数额界限以上的绝当物品并不当然转移所有权，仅由典当行负责处置变现。

如英国《1974年消费信贷法》中的典当条款规定：当金数额25英镑以下的绝当物品，"均得由典当商变卖"。1998年该法修正案将上限调至75英镑。新加坡规定的上限为50新元，马来西亚规定为100马元。

3. 关于绝当物处置方式，世界通行变卖和拍卖两种法定方式

在美国，一些州立法规定变卖。如1996年9月最新修正的《新墨西哥州典当法》规定，绝当物采取变卖方式处理，但销售收入部分做了相应的合理扣除后，其溢价部分需返还当户。同年9月最新修正的《佛蒙特州典当法》中也有类似的规定，即强调典当行负有绝当物销售溢价返还的义务。

而另一些州则立法规定拍卖。美国有相当一部分州立典当法规主张典当行对绝当物进行拍卖处理，其中有些州对此还有若干相应的特殊规定。如《马萨诸塞州典当法》强调："凡当金在25美元以上的绝当物品必须拍卖。"《罗德岛州典当法》中的拍卖起始标准亦为25美元，而《宾夕法尼亚州典当法》则规定："凡绝当物必须在当金发放日起的12个月内拍卖，拍卖价格至少应达到当金数额的125%。"即该州的法定典当期限为90天，绝当物在后9个月内应当通过拍卖变价，价格除收回当款本金外，至少还要高出本金1/4，以做利息之用及拍卖成本等费用的支出。在美国，这些要求绝当物拍卖的各州典当法规，还无一例外的规定，凡拍卖价格做了必要的本息、成本等费用的扣除后，任何溢价剩余部分均须返还当户。如不仅上述3个州如此，而且密歇根、新罕布什尔、新泽西、纽约和弗吉尼亚等其他5个州亦是这样。

此外，绝当物销售公告在美国也很盛行。很多州立典当法规对于典当行销售绝当物问题十分重视，并规定了一些解决方式和措施。通常是由典当行将要举行变卖或拍卖的有关信息，及时向社会公众传递，以典当行必须承担的这项

义务保证当户依法享有的相应权利。目前，美国有7个州的典当法规对此做了具体要求，一般是让典当行采取报刊公告的方式说明即将对绝当物进行变价处理，特别是通过拍卖销售必须发布公告。如1996年9月最新修正的《马萨诸塞州典当法》规定：凡绝当物必须拍卖变价，凡拍卖则必须发出公告。又如1998年3月最新修正的《康涅狄格州典当法》规定：绝当物销售前必须发布报刊公告。另在密歇根、新泽西、罗德岛和弗吉尼亚第4个州，早在1993—1994年间，它们就已经通过各自州的典当立法对绝当物销售前的报刊公告方式，做出了明确的具体规定。

案例33 一家当铺的半天

中午刚过，在我国某知名外资企业市场部工作的小陈，便带着自己心爱的相机走进了某典当行。他说，自己因买手提电脑急需一笔钱，可存折离到期还有1个月，所以就先当了相机，等发了工资再赎回来，“这样既避免了提前取款造成损失，又解了我的燃眉之急。”

15点30分起十分钟不到，又来了3位赎当人。沈先生一个月前急着交服装店房租，用价值万把元的足金项链当了3000元，现在资金回笼，准备赎回去，连利息带费用，总共支付150元。一身珠光宝气的姚太太，几天前家人突然发病要住院，她当即摘下一对钻石耳环，当出4000元现金付了住院费。打扮入时的王姑娘，面对众人询问十分爽快：“我赚得多，花得也多，到月底就没钱用了，也不愿借钱欠人情。喏，就是这个钻戒，月底当，月初赎，交20来块‘手续费’就行了。”

16点45分已近下班时分，一位30岁左右的女士满头大汗地推门而入。“这能当多少钱？”凑近看，是一只镀金浪琴表。柜台后工作人员戴上放大镜审视一番后，抬起头：“是原装正品。身份证有吧？1000元。”趁工作人员办手续的间歇，女士告诉周围人，明天要去外地旅游，手头不大够，“一个月后来赎回去，怕啥。”

20世纪70年代，英国曾对绝当处理进行过改革。在《1974年消费信贷法》的典当条款中，仍规定典当期限为6个月，但允许展期5天。如该条款第一百二十条（2）规定：“‘当期届满’将适用于‘当期届满后5天’所取代。”另外在绝当物所有权转移方面，条款将《1960年典当商法》中的40先令改为25英镑，即该条款第一百二十条（1）所说：“典当物品之所有权转移典当商。典当期限为6个月，所押当物的一次性当金数额不超过25英镑，或者当金数额限于25英镑以下”。对此，1998年修正案将其上调为75英镑。

1974 年该条款还同时规定：当金 25 英镑以上的当物，如当户既不赎当也不续当，“典当物品均得由典当商变卖。”这里不再强调销售方式必须是公开拍卖，只一般规定“绝当物已具有变现可能时，典当商可以将其销售，但须在规定期限内告知当户销售意图（事先另有规定的除外）后进行，通知中载明报价及其他应当规定的事项。”这里的“销售”既可以是拍卖也可以是变卖，而这里的“规定期限”为 14 天。但 1983 年修正案规定，当金 50 英镑以下的绝当物不必售前通知；1998 年修正案则又改为当金 100 英镑以下的绝当物不必售前通知，表现为给予典当商们越来越大的经营自主权，标志着英国典当业所处的市场环境在某些方面逐渐宽松起来。

在澳大利亚，如超过 50 澳元的典当物品在 3 个月或约定期限内没有被赎回，典当商应以最易取得最高利润方式将物品出售。他们可进行公共拍卖（“公共拍卖”是指通过报纸发布广告邀请公众参与的或在典当经销者所在区域公布的拍卖）或变卖。如物品出售价值超过原来典当金额与利息之和，且当户在 12 个月内要求偿还，该盈余部分必须退还当户。如盈余超过 50 澳元，典当商必须在销售物品后 21 天内以挂号信通知当户，请其在 12 个月内取回盈余部分。

据统计，目前新加坡 85 家典当行，1998 年全年的典当金额高达 11.60 亿新元，约合 56.78 亿元人民币，而其中的绝当金额为 1.91 亿新元，约合 9.35 亿元人民币。另据介绍，由于近年来东南亚经济衰退，致使典当行中的绝当物一直居高不下，从 1994 年至今连续 5 年多总价值分别接近 5.20 亿新元，约合 25.35 亿元人民币。这就是说，新加坡每年都有相当多的绝当物需经拍卖行敲槌处理。只是因为新加坡《典当商法》第十七条规定：“一典质典当金额超过 50 元的款项，在其被典当商处理时，应当……由许可的拍卖商销售处理”，而典当价值在 50 新元以下的物品绝当之后则无须进行拍卖，故需要委托拍卖行拍卖的并非绝当物的全部。

在新加坡，政府指定 4 家拍卖行负责专营全国的绝当物拍卖，其中每家轮值一年。原先法律规定每月的头 7 天进行拍卖，自 1994 年起则改为每月的第二个周末拍卖。拍卖前，85 家典当行都要将上拍绝当物登记、编号、造册，并至少在拍卖日 3 天前送达拍卖行。拍卖行则需在拍卖前发布拍卖公告，公告要求在同一报纸两个不同日期各发布一次，且第二次必须至少在拍卖日 3 天前刊登，运作组织的颇为规范和严密。

新加坡的绝当物拍卖标的一般是金银珠宝、名贵手表或高档相机，在 1999 年 8 月 14 日举行的一次例行拍卖会上，新加坡恒生当铺总共委托上拍了

995 件拍品，包括戒指、耳环、胸针、项链、手镯和手表。其中价值最高的是手表，如一块白色镶钻的劳力士手表，拍卖底价为 1.65 万新元，约合 8.04 万元人民币；另有一条镶钻金项链，拍卖底价为 1.1 万新元，约合 5.36 万元人民币。据悉，通常每月的拍卖会总共会上拍 2 万多件拍品，拍卖行要马不停蹄地整整拍上 2 天才能完成任务。

更有趣的是，新加坡法律规定，典当行在拍卖会上也可以举牌竞价，表现为既是绝当拍品的委托人，又是绝当拍品的竞买人、买受人，而这一点与中国《拍卖法》中关于“委托人不得参与竞买，也不得委托他人代为竞买”的规定完全不同。分析起来可以发现，这主要是为了保护典当行的合法权益。因为绝当物品如果无人竞买，又不允许典当行竞买，那么该物品的所有权就无法转移，等于原当户不赎却仍享有该当物的所有权，这显然是不公平的。所以，新加坡法律允许在绝当物拍卖这一特殊的拍卖过程中，委托人也得成为竞买人，从而使绝当物的所有权合法转移到包括典当行在内的所有竞买人名下。这一点对中国的典当业和拍卖业来说，无疑都具有实践操作上的借鉴作用。

对于绝当物的处理，马来西亚《当商法令》第二十三条明确规定：“（A）

马来西亚典当行

如果数目未超过100元者将归属执照持有人所有，或（B）如果数目超过100元者，交由执照持有人加以拍卖，拍卖应由合法拍卖官主持。”就是说，政府法令以当金100元马币、约合220元人民币划界，100元以下的绝当物，其所有权自动转移至典当行，100元以上者，则必须通过拍卖机构进行拍卖，从拍卖获得的价金中由典当行优先受偿。不过，该法令同时规定：“当商在拍卖时可出价（叫价）买回他店里的下架货而在如是的购买下，他应被视为该物的合法物主。”此条表明，拍卖中的绝当物，要么被他人买走，要么由典当行购回，从而在拍卖槌下完全解决绝当物的所有权问题。否则，如果绝当物无他人竞买，又不准典当行竞买，那么绝当物仍归原当户所有，而典当行又本息全无，这对典当行的利益显然是一种伤害。所以，与新加坡立法相类似，马来西亚的典当法律也充分考虑到了这一点，既保护了当户的合法权益，如拍卖成功溢价返还当户；又同时保护了典当行的合法权益，如典当行成为买受人取得绝当物所有权。

在拍卖过程中，马来西亚政府并不指定专门的拍卖机构从事垄断性经营，如像在新加坡那样，而是允许所有的典当行根据需要自行选择它所愿意委托运营的拍卖机构。但国家法律对绝当物拍卖程序却有一些特殊要求。

如1982年修正的《当商法令》第四条规定：“每一次之拍卖必须于每月初之7日内，地点及时间一定要得到礼申官员之批准”；“每次拍卖之地方必须是公众场所，并能容纳相当多之买家”；“每件典当物品之最低拍卖价格为典当物品贷款加上10%的价格”等等。至于绝当物拍卖溢价返还当户问题，马来西亚典当法律也做了明确规定，同时要求典当行在拍卖盈余出现后七天内以法定表格用挂号信通知原当户，而原当户在绝当物拍卖后的4个月内，仍可持原当票向典当行主张拍卖盈余部分。

附 录

一、典当管理办法

商务部　公安部2005年第8号令

《典当管理办法》已经商务部部务会议审议通过，并经公安部同意，现予公布，自2005年4月1日起施行。

商务部部长：薄熙来

公安部部长：周永康

第一章　总　则

第一条　为规范典当行为，加强监督管理，促进典当业规范发展，根据有关法律规定，制定本办法。

第二条　在中华人民共和国境内设立典当行，从事典当活动，适用本办法。

第三条　本办法所称典当，是指当户将其动产、财产权利作为当物质押或者将其房地产作为当物抵押给典当行，交付一定比例费用，取得当金，并在约定期限内支付当金利息、偿还当金、赎回当物的行为。

本办法所称典当行，是指依照本办法设立的专门从事典当活动的企业法人，其组织形式与组织机构适用《中华人民共和国公司法》的有关规定。

第四条　商务主管部门对典当业实施监督管理，公安机关对典当业进行治安管理。

第五条 典当行的名称应当符合企业名称登记管理的有关规定。典当行名称中的行业表述应当标明“典当”字样。其他任何经营性组织和机构的名称不得含有“典当”字样，不得经营或者变相经营典当业务。

第六条 典当行从事经营活动，应当遵守法律、法规和规章，遵循平等、自愿、诚信、互利的原则。

第二章 设 立

第七条 申请设立典当行，应当具备下列条件：

（一）有符合法律、法规规定的章程；

（二）有符合本办法规定的最低限额的注册资本；

（三）有符合要求的营业场所和办理业务必需的设施；

（四）有熟悉典当业务的经营管理人员及鉴定评估人员；

（五）有两个以上法人股东，且法人股相对控股；

（六）符合本办法第九条和第十条规定的治安管理要求；

（七）符合国家对典当行统筹规划、合理布局的要求。

第八条 典当行注册资本最低限额为300万元；从事房地产抵押典当业务的，注册资本最低限额为500万元；从事财产权利质押典当业务的，注册资本最低限额为1000万元。

典当行的注册资本最低限额应当为股东实缴的货币资本，不包括以实物、工业产权、非专利技术、土地使用权作价出资的资本。

第九条 典当行应当建立、健全以下安全制度：

（一）收当、续当、赎当查验证件（照）制度；

（二）当物查验、保管制度；

（三）通缉协查核对制度；

（四）可疑情况报告制度；

（五）配备保安人员制度。

第十条 典当行房屋建筑和经营设施应当符合国家有关安全标准和消防管理规定，具备下列安全防范设施：

（一）经营场所内设置录像设备（录像资料至少保存2个月）；

（二）营业柜台设置防护设施；

（三）设置符合安全要求的典当物品保管库房和保险箱（柜、库）；

（四）设置报警装置；

（五）门窗设置防护设施；

（六）配备必要的消防设施及器材。

第十一条 设立典当行，申请人应当向拟设典当行所在地设区的市（地）级商务主管部门提交下列材料：

（一）设立申请（应当载明拟设立典当行的名称、住所、注册资本、股东及出资额、经营范围等内容）及可行性研究报告；

（二）典当行章程、出资协议及出资承诺书；

（三）典当行业务规则、内部管理制度及安全防范措施；

（四）具有法定资格的验资机构出具的验资证明；

（五）档案所在单位人事部门出具的个人股东、拟任法定代表人和其他高级管理人员的简历；

（六）具有法定资格的会计师事务所出具的法人股东近期财务审计报告及出资能力证明、法人股东的董事会（股东会）决议及营业执照副本复印件；

（七）符合要求的营业场所的所有权或者使用权的有效证明文件；

（八）工商行政管理机关核发的《企业名称预先核准通知书》。

第十二条 具备下列条件的典当行可以跨省（自治区、直辖市）设立分支机构：

（一）经营典当业务三年以上，注册资本不少于人民币1500万元；

（二）最近两年连续盈利；

（三）最近两年无违法违规经营记录。

典当行的分支机构应当执行本办法第九条规定的安全制度，具备本办法第十条规定的安全防范设施。

第十三条 典当行应当对每个分支机构拨付不少于500万元的营运资金。

典当行各分支机构营运资金总额不得超过典当行注册资本的50%。

第十四条 典当行申请设立分支机构，应当向拟设分支机构所在地设区的市（地）级商务主管部门提交下列材料：

（一）设立分支机构的申请报告（应当载明拟设立分支机构的名称、住所、负责人、营运资金数额等）、可行性研究报告、董事会（股东会）决议；

（二）具有法定资格的会计师事务所出具的该典当行最近两年的财务会计报告；

（三）档案所在地人事部门出具的拟任分支机构负责人的简历；

（四）符合要求的营业场所的所有权或者使用权的有效证明文件；

（五）省级商务主管部门及所在地县级人民政府公安机关出具的最近两年

无违法违规经营记录的证明。

第十五条　收到设立典当行或者典当行申请设立分支机构的申请后，设区的市（地）级商务主管部门应当报省级商务主管部门审核，省级商务主管部门将审核意见和申请材料报送商务部，由商务部批准并颁发《典当经营许可证》。省级商务主管部门应当在收到商务部批准文件后 5 日（工作日，下同）内将有关情况通报同级人民政府公安机关。省级人民政府公安机关应当在 5 日内将通报情况通知设区的市（地）级人民政府公安机关。

第十六条　申请人领取《典当经营许可证》后，应当在 10 日内向所在地县级人民政府公安机关申请典当行《特种行业许可证》，并提供下列材料：

（一）申请报告；

（二）《典当经营许可证》及复印件；

（三）法定代表人、个人股东和其他高级管理人员的简历及有效身份证件复印件；

（四）法定代表人、个人股东和其他高级管理人员的户口所在地县级人民政府公安机关出具的无故意犯罪记录证明；

（五）典当行经营场所及保管库房平面图、建筑结构图；

（六）录像设备、防护设施、保险箱（柜、库）及消防设施安装、设置位置分布图；

（七）各项治安保卫、消防安全管理制度；

（八）治安保卫组织或者治安保卫人员基本情况。

第十七条　所在地县级人民政府公安机关受理后应当在 10 日内将申请材料及初步审核结果报设区的市（地）级人民政府公安机关审核批准，设区的市（地）级人民政府公安机关应当在 10 日内审核批准完毕。经批准的，颁发《特种行业许可证》。

设区的市（地）级人民政府公安机关直接受理的申请，应当在 20 日内审核批准完毕。经批准的，颁发《特种行业许可证》。

设区的市（地）级人民政府公安机关应当在发证后 5 日内将审核批准情况报省级人民政府公安机关备案；省级人民政府公安机关应当在 5 日内将有关情况通报同级商务主管部门。

申请人领取《特种行业许可证》后，应当在 10 日内到工商行政管理机关申请登记注册，领取营业执照后，方可营业。

第三章 变更、终止

第十八条 典当行变更机构名称、注册资本（变更后注册资本在5000万元以上的除外）、法定代表人、在本市（地、州、盟）范围内变更住所、转让股份（对外转让股份累计达50%以上的除外）的，应当经省级商务主管部门批准。省级商务主管部门应当在批准后20日内向商务部备案。商务部于每年6月、12月集中换发《典当经营许可证》。

典当行分立、合并、跨市（地、州、盟）迁移住所、对外转让股份累计达50%以上、以及变更后注册资本在5000万元以上的，应当经省级商务主管部门同意，报商务部批准，并换发《典当经营许可证》。

申请人领取《典当经营许可证》后，依照本办法第十七条的有关规定申请换发《特种行业许可证》和营业执照。

第十九条 典当行增加注册资本应当符合下列条件：

（一）与开业时间或者前一次增资相隔的时间在一年以上；

（二）一年内没有违法违规经营记录。

第二十条 典当行变更注册资本或者调整股本结构，新进入的个人股东和拟任高级管理人员应当接受资格审查；新进入的法人股东及增资的法人股东应当具备相应的投资能力与投资资格。

第二十一条 无正当理由未按照规定办理《特种行业许可证》及营业执照的，或者自核发营业执照之日起无正当理由超过6个月未营业，或者营业后自行停业连续达6个月以上的，省级商务主管部门、设区的市（地）级人民政府公安机关应当分别收回《典当经营许可证》、《特种行业许可证》，原批准文件自动撤销。收回的《典当经营许可证》应当交回商务部。

省级商务主管部门收回《典当经营许可证》，或者设区的市（地）级人民政府公安机关收回《特种行业许可证》的，应当在10日内通过省级人民政府公安机关相互通报情况。

许可证被收回后，典当行应当依法向工商行政管理机关申请注销登记。

第二十二条 典当行解散应当提前3个月向省级商务主管部门提出申请，经批准后，应当停止除赎当和处理绝当物品以外的其他业务，并依法成立清算组，进行清算。

第二十三条 典当行清算结束后，清算组应当将清算报告报省级商务主管部门确认，由省级商务主管部门收回《典当经营许可证》，并在5日内通报同级人民政府公安机关。

省级人民政府公安机关应当在5日内通知作出原批准决定的设区的市（地）级人民政府公安机关收回《特种行业许可证》。

典当行在清算结束后，应当依法向工商行政管理机关申请注销登记。

第二十四条　省级商务主管部门对终止经营的典当行应当予以公告，并报商务部备案。

第四章　经营范围

第二十五条　经批准，典当行可以经营下列业务：

（一）动产质押典当业务；

（二）财产权利质押典当业务；

（三）房地产（外省、自治区、直辖市的房地产或者未取得商品房预售许可证的在建工程除外）抵押典当业务；

（四）限额内绝当物品的变卖；

（五）鉴定评估及咨询服务；

（六）商务部依法批准的其他典当业务。

第二十六条　典当行不得经营下列业务：

（一）非绝当物品的销售以及旧物收购、寄售；

（二）动产抵押业务；

（三）集资、吸收存款或者变相吸收存款；

（四）发放信用贷款；

（五）未经商务部批准的其他业务。

第二十七条　典当行不得收当下列财物：

（一）依法被查封、扣押或者已经被采取其他保全措施的财产；

（二）赃物和来源不明的物品；

（三）易燃、易爆、剧毒、放射性物品及其容器；

（四）管制刀具，枪支、弹药，军、警用标志、制式服装和器械；

（五）国家机关公文、印章及其管理的财物；

（六）国家机关核发的除物权证书以外的证照及有效身份证件；

（七）当户没有所有权或者未能依法取得处分权的财产；

（八）法律、法规及国家有关规定禁止流通的自然资源或者其他财物。

第二十八条 典当行不得有下列行为：

（一）从商业银行以外的单位和个人借款；

（二）与其他典当行拆借或者变相拆借资金；

（三）超过规定限额从商业银行贷款；

（四）对外投资。

第二十九条 典当行收当国家统收、专营、专卖物品，须经有关部门批准。

第五章 当 票

第三十条 当票是典当行与当户之间的借贷契约，是典当行向当户支付当金的付款凭证。

典当行和当户就当票以外事项进行约定的，应当补充订立书面合同，但约定的内容不得违反有关法律、法规和本办法的规定。

第三十一条 当票应当载明下列事项：

（一）典当行机构名称及住所；

（二）当户姓名（名称）、住所（址）、有效证件（照）及号码；

（三）当物名称、数量、质量、状况；

（四）估价金额、当金数额；

（五）利率、综合费率；

（六）典当日期、典当期、续当期；

（七）当户须知。

第三十二条 典当行和当户不得将当票转让、出借或者质押给第三人。

第三十三条 典当行和当户应当真实记录并妥善保管当票。

当票遗失，当户应当及时向典当行办理挂失手续。未办理挂失手续或者挂失前被他人赎当，典当行无过错的，典当行不负赔偿责任。

第六章 经营规则

第三十四条 典当行不得委托其他单位和个人代办典当业务，不得向其他组织、机构和经营场所派驻业务人员从事典当业务。

第三十五条 办理出当与赎当，当户均应当出具本人的有效身份证件。当户为单位的，经办人员应当出具单位证明和经办人的有效身份证件；委托典当中，被委托人应当出具典当委托书、本人和委托人的有效身份证件。

除前款所列证件外，出当时，当户应当如实向典当行提供当物的来源及相关证明材料。赎当时，当户应当出示当票。

典当行应当查验当户出具的本条第二款所列证明文件。

第三十六条　当物的估价金额及当金数额应当由双方协商确定。

房地产的当金数额经协商不能达成一致的，双方可以委托有资质的房地产价格评估机构进行评估，估价金额可以作为确定当金数额的参考。

典当期限由双方约定，最长不得超过 6 个月。

第三十七条　典当当金利率，按中国人民银行公布的银行机构 6 个月期法定贷款利率及典当期限折算后执行。

典当当金利息不得预扣。

第三十八条　典当综合费用包括各种服务及管理费用。

动产质押典当的月综合费率不得超过当金的 42‰。

房地产抵押典当的月综合费率不得超过当金的 27‰。

财产权利质押典当的月综合费率不得超过当金的 24‰。

当期不足 5 日的，按 5 日收取有关费用。

第三十九条　典当期内或典当期限届满后 5 日内，经双方同意可以续当，续当一次的期限最长为 6 个月。续当期自典当期限或者前一次续当期限届满日起算。续当时，当户应当结清前期利息和当期费用。

第四十条　典当期限或者续当期限届满后，当户应当在 5 日内赎当或者续当。逾期不赎当也不续当的，为绝当。

当户于典当期限或者续当期限届满至绝当前赎当的，除须偿还当金本息、综合费用外，还应当根据中国人民银行规定的银行等金融机构逾期贷款罚息水平、典当行制定的费用标准和逾期天数，补交当金利息和有关费用。

第四十一条　典当行在当期内不得出租、质押、抵押和使用当物。

质押当物在典当期内或者续当期内发生遗失或者损毁的，典当行应当按照估价金额进行赔偿。遇有不可抗力导致质押当物损毁的，典当行不承担赔偿责任。

第四十二条　典当行经营房地产抵押典当业务，应当和当户依法到有关部门先行办理抵押登记，再办理抵押典当手续。

典当行经营机动车质押典当业务，应当到车辆管理部门办理质押登记手续。

典当行经营其他典当业务，有关法律、法规要求登记的，应当依法办理登记手续。

第四十三条 典当行应当按照下列规定处理绝当物品：

（一）当物估价金额在 3 万元以上的，可以按照《中华人民共和国担保法》的有关规定处理，也可以双方事先约定绝当后由典当行委托拍卖行公开拍卖。拍卖收入在扣除拍卖费用及当金本息后，剩余部分应当退还当户，不足部分向当户追索。

（二）绝当物估价金额不足 3 万元的，典当行可以自行变卖或者折价处理，损溢自负。

（三）对国家限制流通的绝当物，应当根据有关法律、法规，报有关管理部门批准后处理或者交售指定单位。

（四）典当行在营业场所以外设立绝当物品销售点应当报省级商务主管部门备案，并自觉接受当地商务主管部门监督检查。

（五）典当行处分绝当物品中的上市公司股份应当取得当户的同意和配合，典当行不得自行变卖、折价处理或者委托拍卖行公开拍卖绝当物品中的上市公司股份。

第四十四条 典当行的资产应当按照下列比例进行管理：

（一）典当行自初始营业起至第一次向省级商务主管部门及所在地商务主管部门报送年度财务会计报告的时期内从商业银行贷款的，贷款余额不得超过其注册资本。典当行第一次向省级商务主管部门及所在地商务主管部门报送财务会计报告之后从商业银行贷款的，贷款余额不得超过上一年度向主管部门报送的财务会计报告中的所有者权益。典当行不得从本市（地、州、盟）以外的商业银行贷款。典当行分支机构不得从商业银行贷款。

（二）典当行对同一法人或者自然人的典当余额不得超过注册资本的 25%。

（三）典当行对其股东的典当余额不得超过该股东入股金额，且典当条件不得优于普通当户。

（四）典当行净资产低于注册资本的 90% 时，各股东应当按比例补足或者申请减少注册资本，但减少后的注册资本不得违反本办法关于典当行注册资本最低限额的规定。

（五）典当行财产权利质押典当余额不得超过注册资本的 50%。房地产抵押典当余额不得超过注册资本。注册资本不足 1000 万元的，房地产抵押典当单笔当金数额不得超过 100 万元。注册资本在 1000 万元以上的，房地产抵押典当单笔当金数额不得超过注册资本的 10%。

第四十五条　典当行应当依照法律和国家统一的会计制度，建立、健全财务会计制度和内部审计制度。

典当行应当按照国家有关规定，真实记录并全面反映其业务活动和财务状况，编制月度报表和年度财务会计报告，并按要求向省级商务主管部门及所在地设区的市（地）级商务主管部门报送。

典当行年度财务会计报告须经会计师事务所或者其他法定机构审查验证。

第七章　监督管理

第四十六条　商务部对典当业实行归口管理，履行以下监督管理职责：

（一）制定有关规章、政策；

（二）负责典当行市场准入和退出管理；

（三）负责典当行日常业务监管；

（四）对典当行业自律组织进行业务指导。

第四十七条　商务部参照省级商务主管部门拟定的年度发展规划对全国范围内典当行的总量、布局及资本规模进行调控。

第四十八条　《典当经营许可证》由商务部统一印制。《典当经营许可证》实行统一编码管理，编码管理办法由商务部另行制定。

当票由商务部统一设计，省级商务主管部门监制。省级商务主管部门应当每半年向商务部报告当票的印制、使用情况。任何单位和个人不得伪造和变造当票。

第四十九条　省级商务主管部门应当按季度向商务部报送本地典当行经营情况。具体要求和报表格式由商务部另行规定。

第五十条　典当行的从业人员应当持有有效身份证件；外国人及其他境外人员在典当行就业的，应当按照国家有关规定，取得外国人就业许可证书。

典当行不得雇佣不能提供前款所列证件的人员。

第五十一条　典当行应当如实记录、统计质押当物和当户信息，并按照所在地县级以上人民政府公安机关的要求报送备查。

第五十二条　典当行发现公安机关通报协查的人员或者赃物以及本办法第二十七条所列其他财物的，应当立即向公安机关报告有关情况。

第五十三条　对属于赃物或者有赃物嫌疑的当物，公安机关应当依法予以扣押，并依照国家有关规定处理。

第五十四条　省级商务主管部门以及设区的市（地）级商务主管部门应

当根据本地实际建立定期检查及不定期抽查制度，及时发现和处理有关问题；对于辖区内典当行发生的盗抢、火灾、集资吸储及重大涉讼案件等情况，应当在24小时之内将有关情况报告上级商务主管部门和当地人民政府，并通报同级人民政府公安机关。

第五十五条 全国性典当行业协会是典当行业的全国性自律组织，经国务院民政部门核准登记后成立，接受国务院商务、公安等部门的业务指导。

地方性典当行业协会是本地典当行业的自律性组织，经当地民政部门核准登记后成立，接受所在地商务、公安等部门的业务指导。

第五十六条 商务部授权省级商务主管部门对典当行进行年审。具体办法由商务部另行制定。

省级商务主管部门应当在年审后10日内将有关情况通报同级人民政府公安机关和工商行政管理机关。

第五十七条 国家推行典当执业水平认证制度。具体办法由商务部会同国务院人事行政部门制定。

第八章 罚 则

第五十八条 非法设立典当行及分支机构或者以其他方式非法经营典当业务的，依据国务院《无照经营查处取缔办法》予以处罚。

第五十九条 典当行违反本办法第二十六条第（三）、（四）项规定，构成犯罪的，依法追究刑事责任。

第六十条 典当行违反本办法第二十八条第（一）、（二）、（三）项或者第四十四条第（一）、（二）、（五）项规定的，由省级商务主管部门责令改正，并处5000元以上3万元以下罚款；构成犯罪的，依法追究刑事责任。

第六十一条 典当行违反本办法第三十七条第一款或者第三十八条第二、三、四款规定的，由省级商务主管部门责令改正，并处5000元以上3万元以下罚款；构成犯罪的，依法追究刑事责任。

第六十二条 典当行违反本办法第四十五条规定，隐瞒真实经营情况，提供虚假财务会计报告及财务报表，或者采用其他方式逃避税收与监管的，由省级商务主管部门责令改正，并通报相关部门依法查处；构成犯罪的，依法追究刑事责任。

第六十三条 典当行违反本办法第二十七条规定的，由县级以上人民政府公安机关责令改正，并处5000元以上3万元以下罚款；构成犯罪的，依法追究刑事责任。

第六十四条　典当行违反本办法第二十六条第（一）、（二）、（五）项，第二十八条第（四）项或者第三十四条规定的，由所在地设区的市（地）级商务主管部门责令改正，单处或者并处 5000 元以上 3 万元以下罚款。

典当行违反本办法第二十九条或者第四十三条第（三）、（五）项的规定，收当限制流通物或者处理绝当物未获得相应批准或者同意的，由所在地设区的市（地）级商务主管部门责令改正，并处 1000 元以上 5000 元以下罚款。

典当行违反本办法第四十四条第（三）、（四）项规定，资本不实，扰乱经营秩序的，由所在地设区的市（地）级商务主管部门责令限期补足或者减少注册资本，并处以 5000 元以上 3 万元以下罚款。

第六十五条　典当行违反本办法第三十五条第三款或者第五十一条规定的，由县级以上人民政府公安机关责令改正，并处 200 元以上 1000 元以下罚款。

第六十六条　典当行违反本办法第五十二条规定的，由县级以上人民政府公安机关责令改正，并处 2000 元以上 1 万元以下罚款；造成严重后果或者屡教不改的，处 5000 元以上 3 万元以下罚款。

对明知是赃物而窝藏、销毁、转移的，依法给予治安管理处罚；构成犯罪的，依法追究刑事责任。

第六十七条　典当行采用暴力、威胁手段强迫他人典当，或者以其他不正当手段侵犯当户合法权益，构成违反治安管理行为的，由公安机关依法给予治安管理处罚；构成犯罪的，依法追究刑事责任。

第六十八条　在调查、侦查典当行违法犯罪行为过程中，商务主管部门与公安机关应当相互配合。商务主管部门和公安机关发现典当行有违反本办法行为的，应当进行调查、核实，并相互通报查处结果；涉嫌构成犯罪的，商务主管部门应当及时移送公安机关处理。

第六十九条　商务主管部门、公安机关工作人员在典当行设立、变更及终止审批中违反法律、法规和本办法规定，或者在监督管理工作中滥用职权、徇私舞弊、玩忽职守的，对直接负责的主管人员和其他直接责任人员依法给予行政处分；构成犯罪的，依法追究刑事责任。

第九章　附　则

第七十条　各省、自治区、直辖市商务主管部门、公安机关可以依据本办法，制定具体实施办法或者就有关授权委托管理事项作出规定，并报商务部、公安部备案。

第七十一条 外商及港、澳、台商投资典当行的管理办法由商务部会同有关部门另行制定。

第七十二条 本办法由商务部、公安部负责解释。

第七十三条 本办法自 2005 年 4 月 1 日起施行。《典当行管理办法》（国家经贸委令第 22 号）、《典当业治安管理办法》（公安部第 26 号令）同时废止。

二、香港当押商条例

（第 166 章）

本条例旨在就当押商牌照的发出以及就若干当押交易的规管及管制作出规定；就当押物品订立若干条文；就与前述事项相关或由前述事项附带引起的事宜作出规定；以及废除《1930 年当押商条例》（PawnbrokersOrdinance1930）。

［1984 年 8 月 24 日］　1984 年第 284 号法律公告

第 1 条　简称

本条例可引称为《当押商条例》。

第 2 条　释义

在本条例中，除文意另有所指外——

“身份证明文件”（proofofidentity）具有《入境条例》（第 115 章）第 17B 条给予该词的涵义；（由 1997 年第 80 号第 103 条修订）

“物品”（goods）指任何可作为抵押品的物品、物件或其他东西；

“订明”（prescribed）指由根据第 26 条订立的规例加以订明；

“处长”（Commissioner）指警务处处长；

“牌照”（licence）指根据第 5 条批出的牌照；

“当押商”（pawnbroker）指经营贷出款项的业务的人，而该人是为赚取利息，或为获得或期望获得利润、收益或报酬而贷出款项的，并以当押取得的物品作为抵押；

“当票”（ticket）指根据第 13 条交付的当票；

“当票复本”（duplicateticket）指根据第 14 条交付的当票复本；

“农历月”（lunarmonth）指中国农历月；

“总登记册”（generalbook）指当押商根据第 12 条备存的总登记册。

第 3 条　本条例的适用范围

（1）本条例的条文并不适用于当押商所贷出而款额超过附表 1 所指明款额的贷款，亦不适用于作为该笔贷款的抵押品的当押物品或与该笔贷款或如此当押的物品有关的当押商或借款人。

(2) 凡——

(a) 当押商向借款人贷出2笔或超过2笔以同一当押物品作为抵押品的贷款；及

(b) 所有该等贷款尚欠的本金总额在任何时间超过附表1所指明的款额，则本条例的条文并不适用于任何该等贷款，亦不适用于作为任何该等贷款的抵押品的当押物品或与任何该等贷款或如此当押的物品有关的当押商或借款人。

(3) 尽管本条例另有规定，不得只因某人支付、贷出或借出任何超过附表1所指明款额的款项而将该人当作为当押商。

第4条 当押商须领取牌照

(1) 任何人除非根据及按照有效的牌照经营当押商业务，否则不得经营该项业务。

(2) 任何人违反第（1）款，即属犯罪，可处罚款$50000及监禁2年。

第5条 牌照

(1) 处长在有人以订明的表格及方式向其提出申请并缴付订明的费用后，可向该人批出经营当押商业务的牌照。

(2) 除非处长信纳——

(a) 申请人是经营当押商业务的适合及恰当人选；

(b) 申请人已遵守与申请有关的本条例条文及规例；及

(c) 在所有情况下，批出该牌照并无违反公众利益，否则不得批出牌照。

(3) 每个牌照均须采用订明的格式，并授权获批给牌照的人在牌照上指明的处所经营当押商业务，由批出牌照的日期起计为期12个月。

(4) 处长在有人以订明的表格及方式向其提出申请并缴付订明的费用后，可将牌照续期，而第9条的条文对任何该等续期的申请具有效力。

(5) 任何人作出任何虚假或误导的陈述，或提供任何虚假或误导的资料，而该等陈述或资料是与根据本条提出的任何领取牌照或牌照续期的申请有关的，即属犯罪，可处罚款$20000及监禁1年。

第6条 转让牌照及转换处所

(1) 除按本条规定外，牌照不得转让。

(2) 处长在有人以书面向其申请转让牌照并提出令其信纳的充分因由后，可准许将现行有效的牌照转让他人，直至牌照有效期届满为止，而该项转让须在牌照上批注。

(3) 凡牌照根据第（2）款转让，则第8或9条提述的获批牌照的人，须解释为提述获转让牌照的人。

（4）凡当押商拟将其当押商业务从其牌照上指明的处所转往并非在牌照上指明的处所，可以书面向处长申请，要求将他拟转往经营该当押商业务的处所批注在其牌照上，以代替首述的处所。

（5）处长可酌情决定，批准根据第（4）款提出的批注申请，而申请如获批准，则有关牌照须据此加以批注。

第 7 条　向法团或合伙批出或转让牌照

（1）凡法团或合伙欲根据第 5 条领取牌照，申请须由一名就此事获得授权的人以有关法团或合伙代表的身份提出；如处长批出牌照，牌照上须述明牌照是批给该名作为有关的法团或合伙代表（视属何情况而定）的人。

（2）凡根据第 6 条将牌照转让予任何法团或合伙，牌照上须述明牌照是转让予一名就此事获授权作为有关的法团或合伙代表（视属何情况而定）的人。

第 8 条　牌照的条件

（1）牌照须受订明的条件规限。

（2）凡牌照的某项条件遭违反，获批给牌照的人即属犯罪，可处罚款 $ 10000 及监禁 6 个月。

第 9 条　取消及拒绝续期

如有下列情况，处长可随时取消牌照或拒绝将牌照续期——

（a）处长信纳有人曾作出任何虚假或误导的陈述，或提供任何虚假或误导的资料，而该等陈述或资料是与领取牌照或牌照续期的申请有关的；或

（b）获批给牌照的人被裁定犯了本条例所订的罪行，或被裁定犯了根据本条例订立的任何规例所订的罪行；或

（c）牌照的某项条件遭违反，不论是否有人被裁定犯了第 8（2）条所订的罪行；或

（d）处长认为获批给牌照的人不再是经营当押商业务的适合及恰当人选；或

（e）处长认为为公众利益起见而有此需要。

第 10 条　上诉以及取消牌照的执行及影响

（1）如有任何人因处长根据第 5、6 或 9 条所作的决定而感到受屈，可在决定作出之日起计 28 天内，以呈请方式向行政长官提出上诉，而行政长官在接获任何该等上诉后，可维持、更改或推翻处长的决定。

（2）如有人根据第（1）款对根据第 9 条取消牌照的决定提出上诉，则取

消牌照的决定须暂停执行，直至行政长官聆讯上诉后作出裁决为止。

（3）牌照的取消并不影响当押商以当押商身份所订立、有关以任何当押物品作为抵押品而贷出款项的协议，或其他由当押商以该身份订立的类似协议；当押商亦不会只因牌照被取消而失去对任何物品或当押物品的留置权或权利，或失去对有关贷款及从贷款所得利润的权利；但须准许当押商就牌照被取消前所收取的物品，继续进行及结束其业务。

第 11 条　贷款的利息

（1）当押商在将当押物品交回之前，除可收回以向其当押的任何物品作为抵押品而由其支付或贷出的本金外，尚可向申请赎回该等物品的人要求支付及收取按农历月计算的单利息，利率不得高于附表 2 所指明的利率。

（2）当押商接受本金及利息的支付，即为有关贷款所需或附带引起的费用的完全偿付。

（3）凡当押商要求支付或收取高于附表 2 所指明利率的单利息，或要求支付或收取复利息或本金及利息以外的任何款项，则有关以当押物品作为抵押品而贷出款项的协议，不得予以强制执行，而在任何该等情况下——

（a）借款人或物品的拥有人有权无须支付利息或支付有关贷款所需或附带引起的任何费用而赎回当押物品；及

（b）当押商有权追讨该笔贷款。

（4）对于任何贷款，当押商不得——

（a）要求支付或收取高于附表 2 所指明利率的单利息；

（b）要求支付或收取复利息；或

（c）在本金、利息及第 14 条所订明用以支付开支的款项以外，要求支付或收取任何款项。

（5）任何当押商违反第（4）款，即属犯罪，可处罚款＄20000 及监禁 1 年。

第 12 条　有关贷款的详细资料须记入当押商备存的总登记册上

（1）当押商须按订明的格式备存总登记册，并须将或安排将格式上所指明的关于每笔贷款的详细资料，在贷出任何款项前记入总登记册上。

（2）任何当押商违反第（1）款，即属犯罪，可处罚款＄5000。

第 13 条　发给借款人的当票

（1）当押商在贷出任何款项当日，须向借款人交付一张订明格式的当票。

（2）任何当押商违反第（1）款，即属犯罪，可处罚款＄5000。

第 14 条　当票复本的交付

（1）如借款人或物品的拥有人遗失或误置当票，或被人以欺诈手段取去或获取当票，而物品仍未赎回或售出，则当押商须在有人向其提出申请并完成下列手续时，向该人交付有关当票的复本——

(a) 出示其身份证明文件并自称为借款人或物品的拥有人；及

(b) 交出订明款项以支付开支；及

(c) 以订明的表格作出法定声明，说明遗失当票的情况，并将该法定声明交给当押商。

(2) 现授权当押商为执行本条而监理以订明表格作出的法定声明。

(3) 任何人根据本条作出法定声明，而该份声明在任何要项上属虚假或误导的，即属犯罪，可处罚款＄20000 及监禁 1 年。

(4) 除第 (5) 款另有规定外，任何当押商就任何仍未赎回或售出的物品——

(a) 拒绝监理或没有监理由一名已遵从第 (1) 款 (a) 及 (b) 段规定的人所作的法定声明；或

(b) 拒绝或没有将一张当票复本交付一名已遵从第 (1) 款 (a)、(b) 及 (c) 段规定的人，即属犯罪，可处罚款＄10000 及监禁 6 个月。

(5) 当押商如证明其有合理因由相信该人并非借款人或物品的拥有人 (视属何情况而定)，则并没有犯第 (4) 款所订的罪行。

第 15 条　交出当票及还款后获交回物品

(1) 除第 16 条另有规定外，在任何款项的贷出日期起计的 4 个农历月内，如有人交出当票或当票复本连同当时应付的本金及利息的全数，则当押商须将与该张当票或当票复本及该笔贷款有关的物品交付该人。

(2) 任何当押商违反第 (1) 款，即属犯罪，可处罚款＄10000 及监禁 6 个月。

第 16 条　当押商在某些情况下扣留物品

(1) 尽管有第 15 条的规定，凡在有人根据该条向当押商交出当票或当票复本之时或之前有下列情况，当押商须将当押物品扣留，不予交付——

(a) 当押商已获借款人或物品的拥有人以书面通知不可交付该物品；

(b) 当押商已获职级不低于警长的任何警务人员以书面通知，述明该物品属非法当押物品或疑属非法当押物品；或

(c) 当押商已接获任何自称为借款人或物品拥有人的人根据第 14 条就该物品提出的申请。

(2) 任何当押商违反第 (1) 款，即属犯罪，可处罚款＄5000。

第 17 条　未赎回物品成为当押商财产

(1) 除本条例及任何其他法律另有规定外，当押物品如在当押商贷出任

何款项的日期起计 4 个农历月届满时仍未被赎回，则成为当押商的财产

（2）尽管有第（1）款的规定，如在任何款项的贷出日期起计 4 个农历月届满前，借款人欲延续贷款，则当押商在借款人缴付当时应付的利息后，须准许延续贷款，而凡在此情况下，须向借款人交付一张新当票，并须在总登记册上重新登记；而就第 15 条及本条而言，新当票交付当日须当作贷出任何款项的日期。

（3）任何当押商违反第（2）款，即属犯罪，可处罚款 $ 5000。

第 18 条　借款人等提供资料

（1）向当押商申请将物品当押或申请赎回当押物品的人，须在提出申请时，就下列事项向当押商提供令当押商满意的资料——

（a）其身份证明文件；及

（b）其居住地；及

（c）如他并非物品的拥有人，则该拥有人的姓名及居住地；及

（d）如申请赎回物品，则在何种情况下提出申请。

（2）任何申请将物品当押或申请赎回当押物品的人，根据本条提供资料时提供虚假的资料，即属犯罪，可处罚款 $ 20000 及监禁 1 年。

第 19 条　未经拥有人授权而将物品当押

（1）任何人不得未经物品的拥有人为当押目的而妥为授权或雇用而将他人拥有的物品当押。

（2）任何人违反第（1）款，即属犯罪，可处罚款 $ 20000 及监禁 1 年。

第 20 条　就未经拥有人授权而当押的物品而发出搜查令

如有人在裁判官席前经宣誓后作出书面告发，指称有颇能成理的理由使人相信任何物品未经其拥有人授权而当押，则裁判官须发出手令，指令搜查其觉得该等物品可能存放的地方；如经搜查发现任何该等物品，执行该手令的人须取得或安排取得该等物品并加以保管。

第 21 条　对当押商收取当押物品时的禁制

（1）当押商不得收取——

（a）任何人当押的任何物品，除非当押商已事先检查借款人的身份证明文件；或

（b）任何未满 17 岁的人当押的任何物品；或

（c）上有任何标记或标志的任何物品的当押，而该标记或标志显示该物品是或曾是国家、市政局或任何其他法定机构或法定权力机关的财产。（由 1999 年第 71 号第 3 条修订）

（2）当押商不得要求取得或接受下列物件作为抵押品——

（a）任何根据《人事登记条例》（第 177 章）发出的身份证，或任何护照、委任证或其他确定持有人身份或国籍的证件；

（b）银行储蓄或存款账户的存折；或

（c）借款人或物品拥有人本人或其任何家庭成员的照片，不论该照片是否已经冲晒。

（3）任何当押商违反第（1）或（2）款，即属犯罪，可处罚款 $ 5000 及监禁 6 个月。

第 22 条　当押商就损失或损害须负的法律责任

（1）凡有下列情况，当押商须补偿借款人或当押物品的拥有人所受的全部损失或损害——

（a）在当押物品赎回期限届满之前，因当押商的过失、疏忽或行为不当而使当押物品——

（i）被人盗去、遗失或被人以不正当方法处置；或

（ii）遭毁灭、遭损毁或价值受损；或

（b）当押商并无遵从第 16 条的规定。

（2）第（1）款中的“赎回期限”（theperiodforredemption）就任何当押物品而言，指 4 个农历月的期间，由以当押物品作为抵押品而贷出任何款项的日期（——如根据第 17 条所界定者）起计。

（3）任何当押商违反第（1）款，即属犯罪，可处罚款 $ 5000。

（4）在任何法庭或裁判官席前进行的任何法律程序中，不论该法律程序是否就本条所订罪行而进行的，该法庭或裁判官须判借款人或有关物品拥有人获得一笔款项，作为有关损失或损害的赔偿，但须从该笔款项中扣除与该物品有关的贷款而在当时应缴的本金及利息。

（5）尽管第（1）或（4）款另有规定，根据本条当押商对于损失或损害所须负的法律责任，就任何一件当押物件而言，不得超逾附表 1 所指明的款额。

第 23 条　法庭就合法或非法当押物品所具权力

（1）凡在法庭或裁判官席前进行的任何法律程序中——

（a）任何物品看似已向当押商非法当押；或

（b）某人已被裁定犯了本条例所订的罪行，而在裁定该人有罪的法庭或裁判官席前就该罪行而呈堂的任何物品，看似已向某当押商当押，不论该当押商是否该名被裁定有罪的人，则法庭或裁判官须按本条规定的方式处置该等

物品。

(2) 法庭或裁判官可就第(1)款适用的任何物品而主动或应申请作出以下命令——

(a) 该物品的拥有权一经证明,则在符合第(3)款的规定下,命令该物品在下列情况下须交付或不得交付拥有人,以在一切情况下法庭或裁判官觉得属公平者为准——

(i) 在当押商已获缴付他就该物品而贷出的款项及到期应缴的利息后;或

(ii) 在当押商获缴付该笔贷款或利息的任何部分后;或

(iii) 无须向当押商缴付该笔贷款或利息的任何部分;

(b) 如无法确定物品的拥有权,或无法寻获拥有人,则命令将物品出售或由处长保留管有;或

(c) 命令物品由政府没收。

(3) 在根据第(1)(a)款作出命令时,法庭或裁判官须考虑拥有人及当押商的行为,并考虑物品的非法当押是否由于任何一方的过失或不小心所引致或促成,而对于由双方分摊任何损失或损害事宜——

(a) 如法庭或裁判官裁定对于引致或促成物品的非法当押——

(i) 双方在行为上并无任何过失或不小心;或

(ii) 双方在行为上犯上同等的过失或不小心,则须将有关的损失或损害平均分摊;

(b) 如法庭或裁判官裁定物品的非法当押全部或较大部分是由拥有人或当押商(视属何情况而定)在行为上的过失或不小心所引致或促成的,则须在顾及双方就该项非法当押而各别应分担的责任下,将损失或损害按责任的全部或该较大部分予以分摊。

(4) 凡任何人申索物品的拥有权,除非当押商及该名据称是拥有人的人已有机会陈词,否则法庭或裁判官不得根据第(2)款作出命令。

(5) 法庭或裁判官一经根据第(2)款作出任何命令,该命令即禁制拥有人或任何其他人以任何民事补救方式追讨物品,而拥有人除根据该命令的条款外,无权申索物品的归还。

(6) 除非法庭或裁判官信纳物品无须在任何法律程序中用作证物,否则不得根据第(2)款作出将物品交付、出售或没收的命令。

(7) 凡法庭或裁判官根据第(2)(b)款命令将物品出售或保留,而在作出该命令的日期起计6个月内,并未有人展开法律程序以确定其对物品的拥有权或权利或其对出售物品所得收益的权利,则该物品或出售物品所得收益即

成为政府的财产。

(8) 除保留物品的命令外，根据第 (2) 款作出的命令，必须在就该命令提出上诉的期限届满后，方可执行；如有人正式提出上诉，则必须在上诉有最终裁决或遭放弃后，方可执行该命令。

(9) 在本条中，“拥有人”(owner) 包括——

(a) 在当押时对物品有拥有权的人；

(b) 对未经其授权而当押的物品有拥有权的人；及

(c) 遭当押人以欺诈、非法或违法手段取去物品的人。

第 24 条　进入及视察的权力

(1) 警长级或以上的警务人员或任何获处长为下列事项而以书面授权的人，可在出示其所据权限（如有此需要）后——

(a) 在任何合理时间进入并视察任何——

(i) 在牌照上指明的处所；或

(ii) 其合理地怀疑是用作经营当押业务的处所；

(b) 要求出示并视察或检查在该处所内的任何物品、文件或纪录；

(c) 抄录或复印任何该等文件或纪录；及

(d) 向在该处所内的任何人，就该等物品、文件或纪录，提出其认为适当的查询。

(2) 对于根据第 (1) 款而进行的视察，任何人如——

(a) 在根据该款获授权的任何警务人员或人士提出要求时，无合理辩解而没有出示该款所提述的任何物品、文件或纪录；

(b) 向该警务人员或人士提供任何在要项上属虚假或误导的资料；或

(c) 以其他方式阻挠或妨碍该警务人员或人士根据该款执行其职责或行使其权力，即属犯罪，可处罚款 $ 10000 及监禁 6 个月。

第 25 条　当押商的佣工、代理人等

就本条例而言，任何当押商的佣工或代理人在该当押商的业务中作出或没有作出的任何事情，或该佣工或代理人所作出或没有作出而又与该当押商的业务有关的任何事情，均须当作该当押商所作出或没有作出的（视属何情况而定）；而本条例授权当押商作出的任何事情，可由其佣工或代理人作出。

第 26 条　规例

(1) 行政长官会同行政会议可藉规例规定——

(a) 申请牌照的方式；

(b) 牌照申请书、牌照、总登记册及当票的格式；

（c）批出牌照或牌照续期所须缴付的费用；

（d）批出牌照时附加的条件；

（e）限制任何地区内所容许的当押商牌照数目；

（f）可经营当押业务的时间；

（g）当押物品的储存及保管；及

（h）任何将予订明或可予订明的事项。

（2）根据本条订立的任何规例，可规定如有人违反该规例即属犯罪，并可就该罪行规定罚款不超过＄10000及监禁不超过6个月的罚则。

第27条 修订附表

行政长官可藉命令修订全部或任何附表。

第28条 （已失时效）

第29条 现有的牌照

（1）根据已废除的条例第8条批给当押商而在紧接本条例生效日期前仍然有效的当押商牌照，在本条例生效日期后须继续有效，并据其意旨具有效力，犹如该牌照是根据本条例第5条批出的牌照一样。

（2）根据已废除的条例第8条批给当押商的牌照，如在紧接本条例生效日期前遭暂时吊销，则在吊销期于本条例生效日期后结束时须继续有效，并据其意旨具有效力，犹如该牌照是根据本条例第5条批出的牌照一样。

（3）在本条中，“已废除的条例”（repealedOrdinance）指由第28条废除的《1930年当押商条例》（PawnbrokersOrdinance1930）（第166章，1970年版）。

第30条 现有的当押协议

本条例不适用于在本条例生效日期前作出的任何贷款，亦不适用于作为任何该等贷款的抵押而当押的物品。

附表1

本条例适用的最高贷款额 ［第3及22条］

＄50000

（由1990年第169号法律公告修订）

附表2

可要求支付的最高每月单利息利率 ［第11条］

每农历月3 1/2厘

三、台湾当铺业法

第1条

为健全当铺业之经营辅导与管理，特制定本法。本法未规定者，依其他法律之规定。

第2条

本法所称主管机关：在中央为内政部；在直辖市为直辖市政府；在县（市）为县（市）政府。

第3条

本法用词定义如下：

一、当铺业：指依本法申请许可，专以经营质当为业之公司或商号。

二、当铺业负责人：指依公司法或商业登记法规定之负责人。

三、持当人：指以动产为担保，向当铺业借款之人。

四、质当：指持当人以动产为担保，并交付于当铺业，向其借款、支付利息之行为。

五、收当：指当铺业就持当人提供担保借款之动产，贷与金钱之行为。

六、转当：指当铺业以收当之质当物持向其他当铺业质当之行为。

七、取赎：指清偿债务，取回质当物之行为。

八、质当物：指持当人提供当铺业担保借款之动产。

九、流当物：指满当期日届满五日后，仍未取赎或顺延质当之质当物。

一〇、当票：指当铺业于收当质当物后，开立予持当人收执，作为取赎之凭证。

一一、质当金额：指当铺业就质当物估价后，贷与持当人之金额。

一二、满当期日：指约定取赎之最后日期。

第4条

经营当铺业应检附申请书，向当地主管机关申请筹设，但不得设立分支机构。

前项申请书，应载明下列事项：

一、公司或商号名称。

二、负责人。

三、营业所在地与保存质当物库房所在地及安全设备。

四、投保责任保险金额及契约书内容摘要。

五、资本额。

前项第一款之名称，应列有当铺二字。

当铺业之核准筹设家数，依其所在地之直辖市、县（市）人口数，自本法施行后，第一年每增加三万人筹设一家，第二年起每增加二万人筹设一家为基准。但本法施行前已经主管机关核准设立者，不在计算之列。

第一项申请筹设，由当地主管机关审查核可后，发给筹设同意书。

前项申请者取得筹设同意书后，应按指定之期限筹设完成，并向当地主管机关申请勘验，经勘验合格取得许可证后，应于六个月内办妥公司设立登记或商业登记及营利事业登记。

前项筹设经勘验不合格，且未能于指定之期限改善并申请复勘者，由当地主管机关废止筹设同意书。

前二项之筹设或依法登记或限期改善，如因正当理由，无法于指定期限完成，得于期限届满前叙明理由向当地主管机关申请展期，并以一次为限。

未依第六项所定六个月期限办妥登记，且未申请展期者，或申请展期后仍未办妥登记者，由当地主管机关废止许可。

第一项、第二项、第五项至第七项之审核筹设申请、审核发给筹设同意书、勘验、许可及废止作业程序，由中央主管机关定之。

第5条

有下列情事之一者，不得充当铺业之负责人，其已充任者，当然解任，并由主管机关通知商业或公司主管机关，废止其负责人登记：

一、曾犯组织犯罪防制条例规定之罪，经有罪判决确定者。

二、曾犯贪污治罪条例、洗钱防制法规定之罪、窃盗罪、抢夺罪、强盗罪、掳人勒赎罪、赃物罪、诈欺罪、背信罪、侵占罪或重利罪，经有罪判决确定，尚未执行、执行未毕或执行完毕未满五年者。

三、依检肃流氓条例经裁定感训处分确定，尚未执行、执行未毕或执行完毕未满五年者。

四、受破产宣告，尚未复权者。

五、使用票据经拒绝往来尚未期满者。

六、曾为当铺业之负责人，因其经营之当铺业违反第二十八条规定被废止许可者。

第 6 条

许可证如有毁损或遗失时，应于十五日内报请当地主管机关换发或补发。

当铺业解散、歇业前或废止许可后，应将许可证及筹设同意书报请当地主管机关办理注销。

第 7 条

当铺业之最低资本额，由中央主管机关定之。

第 8 条

当铺业应有固定之营业场所及储藏质当物之库房；其设置基准，由中央主管机关定之。

当铺业经营当铺业务，应于登记之营业所在地为之；保存质当物，应于登记之库房所在地为之。

前项保存质当物之库房，因受营业场所之限制须增设库房者，得于向当地主管机关报备后增设之。

当铺业应以善良管理人之注意义务，保管质当物，并不得转当。

第 9 条

当铺业开业后拟变更下列事项，应向当地主管机关申请变更许可：

一、公司或商号名称。

二、负责人。

三、营业所在地与保存质当物库房所在地及安全设备。

四、资本额。

第 10 条

当铺业停业一个月以上时，应检附停业申请书，报请当地主管机关审核；复业前，亦同。

当铺业于前项停业前，如尚有未取赎之质当物，应于停业前五日告知持当人，且停业期间，不得计收利息，并应按停业时间，顺延满当期日。

第 11 条

当铺业应于营业场所之明显处，将下列事项揭示：

一、许可证、营利事业登记证。

二、负责人或营业人员之姓名。

三、以年率为准之利率。

四、利息计算方式。

五、营业时间。

前项第三款之年率最高不得超过百分之四十八。

第 12 条

当铺业应向财政部核准之保险公司投保责任保险；其投保金额，由中央主管机关会同财政部定之。

前项责任保险，应于开业前办理投保，并持续维持有效保险契约，不得中断。

第 13 条

当铺业如遭受不可抗力之灾害，致质当物毁损、灭失时，应即通知持当人，并造列清册，通报当地主管机关、保险公司及当地同业公会会同查验，并封存剩余质当物，由当事人协议处理之。

当铺业与持当人约定因可归责于自己之事由，致质当物灭失、毁损或被盗时，持当人应放弃损害赔偿请求权者，其约定为无效。

第 14 条

当铺业应备当票，记载下列事项：

一、质当物之名称、件数及特征。

二、质当金额。

三、利率及所需费用。

四、满当期日。

五、持当人之姓名、国民身份证、驾驶执照、护照或居留证之编号。

六、当铺业牌号及营业地址。

七、遗失当票时之办理手续。

八、责任保险内容。

九、其他经主管机关规定之事项。

前项当票应备有正副二联，正联交持当人收执，副联为存根，并应编号顺序使用。

第 15 条

当铺业收当物品时，应查验持当人之身份证件，并由持当人于当票副联内捺指纹，始可收当。

前项所捺指纹，应为左手大拇指之三面清晰指纹，如残缺左手大拇指时，应捺印左手或右手其他手指指纹，并注明所捺之手指指名。但无手指者，不在此限。

第 16 条

当铺业不得收当下列物品：

一、违禁物。

二、有价证券及各种存款凭证。

三、机关印信及其他政府机关管理之财物。

四、军警制服及其他附属物品。

五、政府核发之证照及私人身分证明文件。

六、其他经政府明令禁止及管制买卖之物品。

当铺业于收当物品时发现前项第一款、第三款、第四款、第六款或其他非法持有之物品时，应通报当地警察机关。

第17条

当铺业不得收当无行为能力人及限制行为能力人之质当物。但限制行为能力人经其法定代理人同意者，不在此限。

第18条

当票持有人在满当期日前，得于当铺业营业时间随时持当票取赎质当物；取赎时，应将当票缴回当铺业，并于当票副联签注已取赎质当物。

持当人于当票遗失、破损，应向原当铺业办理挂失手续。未办理挂失者，如由第三人持票取赎者，当铺业不负损害赔偿责任。

第19条

质当物于一个月内取赎者，概以一个月计算利息及费用；逾月后之最初五日不计算，超过五日者以半个月计算，超过十五日者以一个月计算。但不得预扣利息及费用。

第20条

当铺业除计收利息及仓栈费外，不得收取其他费用。

前项仓栈费之最高额，不得超过收当金额百分之五。

第21条

当铺业之满当期限，不得少于三个月，少于三个月者，概以三个月计之；满期后五日内仍得取赎或付清利息顺延质当；届期不取赎或顺延质当者，质当物所有权移转于当铺业。

第22条

当铺业应备登记簿，登记持当人及收当物品等资料，每二星期以影印本二份送主管机关备查；收当物品于逾满当期日五日后，仍未取赎或顺延质当者，应即填具流当物清册，备主管机关查核，其流当物得拍卖或陈列出售。

第23条

当地警察机关对于当铺业得视需要予以查察。

第24条

当铺业收当物品时，如对持当人之身分或物品认有可疑时，除拒绝收当外，并应立即报告附近警察机关处理。

第 25 条

当铺业接到警察机关通报失物查寻资料后，应与收当物品详细核对，如发现有相似或可疑时，立即通知附近警察机关处理。

第 26 条

当铺业之负责人或其营业人员依本法规定收当之物品，经查明系赃物时，其物主得以质当金额赎回。

当铺业之负责人或其营业人员非依本法规定收当之物品，经查明系赃物时，应无偿发还原物主；原物主已先赎回者，应将其赎回金额发还。

第 27 条

未经许可或已废止许可或擅自设立分支机构，而经营当铺业业务者，除命令停止营业外，并处新台币三万元以上十五万元以下罚款。

第 28 条

当铺业违反第二十二条规定者，处新台币二万元以上十万元以下罚款，并通知限期改善；届期仍未完成改善者，按次连续处罚，必要时，并得命其停业或废止其许可。

第 29 条

规避、妨碍或拒绝第二十三条之查察者，处新台币二万元以上十万元以下罚款。

第 30 条

当铺业违反第五条、第十五条或第十六条规定者，处新台币二万元以上十万元以下罚款。

第 31 条

当铺业有下列情事之一者，处新台币一万元以上五万元以下罚款，并通知限期改善；届期仍未完成改善者，按次连续处罚：

一、违反第八条第一项未设固定营业场所或库房，或第九条规定未申请变更许可者。

二、违反第十一条规定未为揭示者。

三、违反第十二条第二项规定中断保险契约者。

四、违反第十四条规定未备当票或其格式不符者。

第 32 条

当铺业有下列情事之一者，处新台币一万元以上五万元以下罚款：

一、违反第八条第四项、第十条第二项或第十九条至第二十一条规定之一者。

二、违反第十三条第一项规定未通知持当人、造列清册、通报会同查验或封存剩余质当物者。

第 33 条

当铺业有下列情事之一者，处新台币六千元以上三万元以下罚款：

一、违反第六条第一项规定未报请换发或补发许可证者。

二、违反第十条第一项规定未于停业、复业前报请审核者。

第 34 条

依本法所处之罚款，由当地主管机关为之。

前项罚款，经限期缴纳，届期仍不缴纳者，依法移送强制执行。

第 35 条

本法施行前已经许可、登记之当铺业，应于本法施行后二年内，检附原证照向当地主管机关申请换发新证照。但其资本额及责任保险应符合本法规定。

届期未依前项规定办理者，废止其原许可。

本法施行前，各直辖市政府已设立之公营质借机构，准用本法之规定办理，并不得增设。

前项公营质借机构，应自负盈亏，不得以公务预算负担其人事、业务及房地租赁等费用。

第 36 条

核发、换发及补发当铺业之许可证费用，其费额，由中央主管机关定之。

第 37 条

本法所规定之各种书表格式，由中央主管机关定之。

第 38 条

本法自公布日施行。

四、商务部设立典当行及分支机构审批程序

1. 行政事项名称：典当行及分支机构设立

2. 行政事项类别：行政许可

3. 法律依据：《国务院对确需保留的行政审批项目设定行政许可的决定》（国务院令第 412 号）和《典当管理办法》（商务部、公安部令 2005 年第 8 号）。

4. 申请条件

一、典当行

（一）有符合法律、法规规定的章程；

（二）有符合规定的最低限额的注册资本（典当行注册资本最低限额为 300 万元；从事房地产抵押典当业务的，注册资本最低限额为 500 万元；从事财产权利质押典当业务的，注册资本最低限额为 1000 万元。典当行的注册资本最低限额应当为股东实缴的货币资本，不包括以实物、工业产权、非专利技术、土地使用权作价出资的资本）；

（三）有符合要求的营业场所和办理业务必需的设施；

（四）有熟悉典当业务的经营管理人员及鉴定评估人员；

（五）有两个以上法人股东，且法人股相对控股；

（六）符合典当管理办法第九条和第十条规定的治安管理要求；

（七）符合国家对典当行统筹规划、合理布局的要求。

二、典当行设立分支机构

（一）经营典当业务三年以上，注册资本不少于人民币 1500 万元；

（二）最近两年连续盈利；

（三）最近两年无违法违规经营记录。

5. 申请材料

一、设立典当行

申请人应向拟设典当行所在地设区的市（地）级商务主管部门提交下列材料：

（一）典当行章程、可行性研究报告、业务规则、内部管理（财务会计、

内部审计）制度等；

（二）设立申请（应当载明拟设立典当行的名称、住所、注册资本、股东及出资额、经营范围等内容）；

（三）出资协议和股东自己出资承诺书原件；

（四）省级商务部门认可的具有法定资格的验资机构出具的验资证明原件（包括银行询证函复印件、进账单复印件等银行出具的出资证明，每页需加盖会计师事务所公章。出具验资证明日期距申请材料报至省级商务主管部门的日期在3个月以内，资金应当保存在省级商务部门指定银行的验资账户内，直至领取营业执照）；

（五）档案所在单位人事部门出具的个人股东、拟任法定代表人和其他高级管理人员（包括拟任典当行的董事、监事、经理、财务负责人）简历及有效身份证件复印件，户口所在地县级人民政府公安机关出具的无故意犯罪记录证明复印件；

（六）具有法定资格的会计师事务所出具的法人股东财务审计报告原件（包括资产负债表、损益表或利润表、现金流量表或财务状况变动表、会计报表附注及附属明细表，每页需加盖会计师事务所公章）；

（七）具有法定资格的会计师事务所出具的法人股东出资能力证明原件（要求注明：出资额小于流动资产与流动负债的差额，且在净资产额以内；权益性投资余额不超过本企业净资产的50%）；

（八）法人股东的董事会（股东会）决议及营业执照副本（有效期距申请材料报至省级商务主管部门的日期在3年以上）复印件；

（九）符合要求的营业场所的所有权或者使用权的有效证明文件（承租或者拨付使用期限在3年以上）复印件；

（十）工商行政管理机关核发的《企业名称预先核准通知书》复印件；

（十一）所在地地级以上公安机关审核意见。

二、典当行设立分支机构（《典当管理办法》第十四条）

申请人应向拟设分支机构所在地设区的市（地）级商务主管部门提交下列材料：

（一）设立分支机构的申请报告（应当载明拟设立分支机构的名称、住所、负责人、营运资金数额等）、可行性研究报告、董事会（股东会）决议；

（二）具有法定资格的会计师事务所出具的该典当行最近两年的年度财务审计报告原件（包括资产负债表、损益表或利润表、现金流量表或财务状况变动表、会计报表附注及附属明细表，每页需加盖会计师事务所公章）；

（三）档案所在地人事部门出具的拟任分支机构负责人的简历；

（四）符合要求的营业场所的所有权或者使用权的有效证明文件复印件（承租或者拨付使用期限在 3 年以上）；

（五）省级商务主管部门及所在地公安机关出具的最近两年无违法违规经营记录的证明原件。

6. 许可程序

一、商务部依据“统筹规划，合理布局”原则，根据各地相应经济指标及现有典当行发展规模等，确定调控总量。

二、地方商务主管部门接收并核实推荐材料。

三、商务部典当行联合审批工作小组进行复核。

四、企业持商务部批准文件和《典当经营许可证》，经向当地公安机关申领《特种行业许可证》，持上述批件及许可证到工商行政管理部门申领营业执照。

7. 告知方式：批件、发证

8. 承诺时间：45 个工作日

9. 主办单位：市场建设司

10. 行政监督：行政监察部门

五、深圳申办注册典当行规定

（深贸工法字［2007］46号）

各有关企业：

根据《商务部办公厅关于2007年批准新增典当行工作安排的通知》（商办建函［2007］35号，下称《通知》）要求，我局定于4月26日起开始受理我市企业申请2007年新增典当行的业务。凡有意申报典当业务并且符合要求的企业，均可向市贸易工业局提出书面申请。现将申报新增典当行有关事项通知如下：

一、申报材料

申报企业应指定专人按商务部《通知》规定的格式及要求备好正本申报材料，同时准备副本申报材料（副本需补齐可行性报告、公司章程、业务规则、财务会计制度、内部审计制度），将相关材料装订成册后，附上申报股东企业税务编码及2006年度纳税凭证（复印件），并按要求填写《设立典当行初审推荐表》（见附件1，附软盘）。

二、必须到指定的商业银行验资

指定银行为：

1. 中国建设银行深圳市田背支行——深圳市洪湖路湖景花园南座裙楼首层。

2. 招商银行福田振华支行——深圳市振华路80号华联发大厦东座首层。

办妥后请将上述银行确认的验资证明一并装订进申报材料。

三、典当营业场所选址要求

新设典当营业场所应与现有典当行相距2公里以上，且应尽量选择临街铺面，如属租用的铺面，租用期应有3年以上，租用手续齐全。

四、申报时间、地点

1. 申报时间：2007年4月26日至5月18日。逾期申报，不予受理。

2. 申报地点：市民中心行政服务大厅12号窗口。

五、注意事项

1. 根据商务部《通知》规定，为确保新增典当行初审工作如期完成，对于提交申请新设典当行的企业凡是不符合规定和要求的申报材料，不作补正、调整和替换。

2. 新增典当行开业一年内不得变更经营场所、变更注册资本或者调整股本结构。

特此通知。

深圳贸易工业局

2007 -11 -30

六、美国当票

北县贷款与珠宝公司

密苏里州 63136 杰宁斯西弗洛里森 8950 号

（314）388 -4444

出押人姓名

037867

<table>
<tr><td colspan="2">出押人地址</td><td>贷款日期</td><td colspan="2">贷款时间</td><td colspan="3">到期日期</td></tr>
<tr><td colspan="2"></td><td></td><td colspan="2"></td><td colspan="3"></td></tr>
<tr><td>证件种类及号码</td><td>职业</td><td>出生日期</td><td>视力</td><td>种族</td><td>身高</td><td>体重</td><td>性别</td></tr>
<tr><td></td><td></td><td></td><td></td><td></td><td></td><td></td><td></td></tr>
<tr><td colspan="3" rowspan="11">以下列物品作为担保。当物状况：</td><td colspan="2">贷款金额：</td><td colspan="3">$</td></tr>
<tr><td colspan="2">（现金支付）</td><td colspan="3"></td></tr>
<tr><td colspan="2">贷款金额：</td><td colspan="3">$</td></tr>
<tr><td colspan="2">（现金支付）</td><td colspan="3"></td></tr>
<tr><td colspan="2">本息总额：</td><td colspan="3">$</td></tr>
<tr><td colspan="2">（赎当期偿还）</td><td colspan="3"></td></tr>
<tr><td colspan="2">贷款费用年利率</td><td colspan="3"></td></tr>
<tr><td colspan="5">偿还时间：</td></tr>
<tr><td colspan="5">本息偿还以上述到期日为准</td></tr>
<tr><td colspan="5">提前偿还：如提前还贷，贷款</td></tr>
<tr><td colspan="5">费用不退</td></tr>
</table>

如以下日期前赎当：	如以下日期前赎当：	如以下日期前赎当：	利息＋保管和担保费用＝贷款费用
应付：	应付：	应付：	当物没收日期：

注：利息、保管、担保费 30 天内偿还；如果签字表示你已经仔细阅读过这份协议中的日期和条件并对其表示同意。

×＿＿＿＿＿＿＿＿　　　　×＿＿＿＿＿＿＿＿

典当商签字　　　　出押人签字

七、新加坡当票

恒生当
私人有限公司
新加坡大巴窑中央区大牌七十九门牌三十七号
电话：二五一二二一三

<table>
<tr><td colspan="3" rowspan="4"></td><td colspan="2">当票号码</td></tr>
<tr><td>月份</td><td>顺序号</td></tr>
<tr><td></td><td></td></tr>
<tr><td></td><td></td></tr>
<tr><td colspan="5">典当银额</td></tr>
<tr><td>典当日</td><td colspan="2">赎回期限六个月</td><td colspan="2">截止日期</td></tr>
<tr><td>典当人姓名地址</td><td colspan="2">担保人姓名地址</td><td colspan="2">每月利息 1.5%</td></tr>
<tr><td>请参阅下面</td><td colspan="4">赎回物件时，请出示身份证</td></tr>
<tr><td colspan="3" rowspan="3">担保人姓名地址</td><td colspan="2">当票号码</td></tr>
<tr><td>月份</td><td>顺序号</td></tr>
<tr><td></td><td></td></tr>
</table>

谨此担保典当之物并非赃物______________
签 名

<table>
<tr><td colspan="2">赎当人情况</td><td colspan="2">营业时间</td></tr>
<tr><td colspan="2" rowspan="2">姓名______________
地址______________
____
身份证__________种族__________性别________</td><td>星期一至星期五</td><td>上午九时至下午五时正</td></tr>
<tr><td>星期六</td><td>上午九时至下午一时正</td></tr>
<tr><td>特别通告</td><td>注意：所当之物，以六个月为限，过期自误。</td><td colspan="2">星期日与公共假期休业</td></tr>
</table>

八、中国的国际典当师名单

（香港国际典当拍卖教育中心公布）

第二期（2005.03 香港培训）

1. 宋立军	2. 谢长江	3. 侯荣生	4. 陈　惠（女）
5. 劳启肇	6. 吴佳娜（女）	7. 张金英（女）	8. 梁剑文
9. 邢守华（女）	10. 徐　平	11. 崔友秋	12. 孙啸山
13. 苏和军	14. 胡雪飞（女）	15. 钱　磊（女）	16. 邹品英（女）
17. 曾　玮	18. 程　宇	19. 韩志坚	20. 江学元
21. 张同岭	22. 李化林	23. 潘晓峰	24. 郁国红

第三期（2005.05 香港培训）

1. 徐　海	2. 常　永	3. 陈丽敏（女）	4. 钟韶刚
5. 姜吏峰	6. 郑旭光	7. 陈　雷	8. 刘凯勋
9. 杨　禄	10. 闫规学	11. 钟丽红（女）	12. 周利仙（女）
13. 关学勇	14. 潘永忠	15. 李亚芬（女）	16. 王建祥
17. 王　敏（女）	18. 梁宇明	19. 王宗正	20. 杜　蓉（女）
21. 王　勤（女）	22. 潘秀芬（女）		

第四期（2005.09 澳门培训）

1. 李　辉	2. 李鹏宇	3. 李　军	4. 杨　崟
5. 梁丽娥（女）	6. 宋宝香（女）	7. 朱桂绵（女）	8. 梁　慧（女）
9. 陈秋静（女）	10. 匡宗瑜	11. 卞腾飞	12. 罗穗渝（女）
13. 曲丰源	14. 赵　琳（女）	15. 韩　静（女）	16. 李燕秋（女）
17. 王成英（女）	18. 徐　敏（女）	19. 徐　明（女）	20. 梁钟元
21. 肖二坤	22. 付显宁	23. 罗杰熠	24. 赖汉臻
25. 迟永庆	26. 邓立新	27. 陈远利	28. 黄壁森
29. 谭茹芬（女）	30. 谭　波	31. 谭　林	32. 梁锦荣

第五期（2005.12 澳门培训）：

1. 袁新华	2. 贺迪娜（女）	3. 林惠莉（女）	4. 林家好
5. 易　行	6. 余永华（澳门）	7. 许显彬	8. 许国成

9. 赵学伦	10. 闫芝坤	11. 牟敦海	12. 董国华
13. 周茂贤	14. 李占华	15. 张晓姗(女)	16. 雷兴斌
17. 刘兴卫	18. 陈晓玉(女)	19. 李文净(女)	20. 陈守信
21. 迟爱玲(女)	22. 张　琳(女)	23. 杨显德	24. 郭海云(女)
25. 李思慧(女)	26. 温艳静(女)	27. 范淼华(女)	28. 范博宁
29. 于思迅(女)	30. 梁宇清(女)	31. 丁志恒	32. 赵桂芝(女)
33. 杨　东	34. 潘文斌	35. 蒋文辉	36. 王　燕(女)
37. 岑志强	38. 莫思业	39. 强　伟	40. 李安亮
41. 陈仲昌	42. 王振坤		

第六期(2006.02 澳门培训)

1. 刘亚芬(女)	2. 朱　宪	3. 杏　龙	4. 姜玉忠
5. 吴　蜀	6. 牟立海	7. 瞿军业(女)	8. 晋学英(女)
9. 陈小晖	10. 朱晓明(女)	11. 周　恒	12. 史绍青
13. 吴金岗	14. 曹广顺	15. 于勃生	16. 商义明
17. 张建功	18. 王利伟	19. 吴　鹏	20. 何翠莲(女)
21. 孙高峰	22. 王志良	23. 唐玉红(女)	24. 张爱荣(女)
25. 朱　桦			

第七期(2006.05 澳门培训)

1. 蔡伯高	2. 阮伟强	3. 陈耀忠	4. 张文燕(女)
5. 冯凯燕(女)	6. 方则扬(台湾)	7. 祝文祥	8. 张旭彤
9. 张东艺	10. 张志伟(女)	11. 成　柳(女)	12. 张宝栋
13. 张丽娟(女)	14. 林　绮(女)	15. 谭良运	16. 曾秋榕(女)
17. 苏立阳(女)	18. 彭彩凤(女)	19. 陈志文	20. 蓝倡祥
21. 陈建武	22. 林文伟	23. 姚鹏科	24. 姚文尚
25. 贾　威	26. 姚登科	27. 张剑锋	28. 戚文正
29. 郭　杉(女)	30. 曹军海	31. 武富安	

第八期(2006.09 澳门培训)

1. 颜宇飞(女)	2. 徐　艳(女)	3. 肖　洋(女)	4. 李军政
5. 张少英	6. 战玉琴(女)	7. 谷大成	8. 陈炳辉
9. 田　丰	10. 林柏健	11. 周新艳(女)	12. 高惠玲(女)
13. 李　璐	14. 芦天资(女)	15. 官　兵	16. 周承瑾
17. 张　清			

第九期(2006.12 海口培训)

1. 陈邦巧(女)	2. 郭崇伦	3. 孙廷峰	4. 王孝勇
5. 陈晓莹(女)	6. 张　蕾(女)	7. 杨广臣	8. 王贵善
9. 赵毅奇	10. 石如珍(女)	11. 金　勇	12. 韩　虎
13. 门忠莲(女)	14. 侯铁光	15. 王　坚	16. 刘　祎
17. 范永庆	18. 田广乐	19. 石加龙	20. 廖帮斌
21. 罗擎红	22. 张春茂	23. 缪小庆	24. 蔡志方
25. 陈卫华	26. 史小锋	27. 王海滔	28. 王国兴
29. 高一宁	30. 李海明	31. 曲　直	32. 郎滨宇
33. 张启忠	34. 张志宽	35. 王红芳(女)	36. 张志雄
37. 崔　嵬(女)	38. 谭世俊	39. 王晓光	40. 何苏明
41. 杨卫江	42. 李雅丽(女)	43. 陈　全	44. 张志成
45. 郭世江			

国际典当师中国班(第八期,2006.09 澳门)